U0728440

巴菲特的 估值逻辑

20个投资案例深入复盘

[美] 陆晔飞（Yefei Lu） 著　李必龙 林安霁 李羿 译

Inside
the Investments
of Warren Buffett

Twenty Cases

机械工业出版社
CHINA MACHINE PRESS

图书在版编目（CIP）数据

巴菲特的估值逻辑：20个投资案例深入复盘 /（美）陆晔飞著；李必龙，林安霁，李羿译 . —北京：机械工业出版社，2017.9（2025.11 重印）

书名原文：Inside the Investments of Warren Buffett: Twenty Cases

ISBN 978-7-111-57859-8

I. 巴… II.①陆… ②李… ③林… ④李… III. 巴菲特（Buffett, Warren 1930-）- 投资 - 经验 IV. F837.124.8

中国版本图书馆 CIP 数据核字（2017）第 213274 号

北京市版权局著作权合同登记 图字：01-2017-2728 号。

Yefei Lu. Inside the Investments of Warren Buffett: Twenty Cases.

Copyright © 2016 Yefei Lu.

Simplified Chinese Translation Copyright © 2017 by China Machine Press.

Simplified Chinese translation rights arranged with Columbia University Press through Bardon-Chinese Media Agency. This edition is authorized for sale in the Chinese mainland (excluding Hong Kong SAR, Macao SAR and Taiwan).

No part of this book may be reproduced or transmitted in any form or by any means, electronic or mechanical, including photocopying, recording or any information storage and retrieval system, without permission, in writing, from the publisher.

All rights reserved.

本书中文简体字版由 Columbia University Press 通过 Bardon-Chinese Media Agency 授权机械工业出版社中国大陆地区（不包括香港、澳门特别行政区及台湾地区）独家出版发行。未经出版者书面许可，不得以任何方式抄袭、复制或节录本书中的任何部分。

巴菲特的估值逻辑：20 个投资案例深入复盘

出版发行：机械工业出版社（北京市西城区百万庄大街 22 号 邮政编码：100037）		
责任编辑：黄姗姗	责任校对：李秋荣	
印　　刷：北京建宏印刷有限公司	版　　次：2025 年 11 月第 1 版第 14 次印刷	
开　　本：170mm×242mm 1/16	印　　张：17.5	
书　　号：ISBN 978-7-111-57859-8	定　　价：79.00 元	

客服电话：（010）88361066　68326294

版权所有 · 侵权必究
封底无防伪标均为盗版

致我的挚爱娜拉以及我们
美丽的女儿陆嘉丽和帅气的儿子陆嘉豪

不同于传记类作品，本书是以 20 个关键投资案例为"珍珠"，把巴菲特传奇般的投资生涯串在一起。对于以显赫投资业绩光耀于世的"圣人"，通过巴菲特在不同时期的经典投资案例来描述其独特的投资方式，不失为一种独特而精到的方式。

对于投资者而言，本书是了解巴菲特投资哲学和投资策略的极佳途径。作者通过对每个投资案例的背景铺垫、对被投企业基本面及其价值评估的分析，把巴菲特的投资哲学和投资策略，具体而细致地予以了例解或阐述——既有定量分析，也有定性解读。

同时，就每个投资案例，作者还从当时一般投资者的角度进行了常规分析，以凸显巴菲特投资哲学和投资策略的过人之处。比如，在他投资的成熟期，巴菲特特别看重被投企业的结构性优势，并把它作为进行大规模投资的必要条件。通常，这是一般投资人易于忽略或很难甄别的投资决策要素。

此外，作者强调了巴菲特筛选投资标的的一个重要特征，即被投企业创造复利的能力。为此，作者给出了衡量企业创造复利能力的一组重要指标：已用有形资金收益率和企业利润的年增长率。这应该是巴菲特几十年的投资生涯能够保持年均复合收益率超过 20% 的秘诀之一。

总之，本书作者对巴菲特投资生涯演进轨迹的梳理分析，将使读者在较短的时间内，能够品味到价值投资的真谛，获益良多。

本书各章的译者分别为：第 1～2 章是由李拜所译，第 4 章为马聪所译，第 6～14 章为林安霁所译，第 15～17 章为李羿所译，其余均为李必龙所译，全部译稿均由李必龙校对修改。

在此，特别感谢机械工业出版社为本书的出版所做的努力与付出！

李必龙

2017 年 6 月

致
谢

如果没有众人的支持和贡献，本书不可能面世。对于他们的帮助，我真诚地表示感谢！

首先，我要感谢伦敦商学院的 Eddie Ramsden，他是鼓励我把一篇个人研究变为一本思路完整的书籍的第一人。如果不是他敏锐地意识到市场上仍然缺乏此类书籍，我还会认为，市场上有关巴菲特的书籍已经太多了，绝对不会冒险以这种方式写这种题材的书。

我要感谢哥伦比亚大学出版社的 Bridget Flannery-McCoy 和 Stephen Wesley，他们和我一起花费了许多时间，给我相关反馈并编辑我的作品。十分感谢你们的贡献和才干，若没有你们以及整个哥伦比亚大学出版社的帮助，这本书不可能以目前的面貌示人。

十分重要的是，我想感谢德国法兰克福股东价值管理公司同事们，感谢他们每个人所起的关键作用。感谢 Frank Fischer 和 Reiner Sachs，感谢你们领导的这个组织，为我创造了一个极好的环境和自由空间，使我能够持续地增进我对价值投资的理解——否则，我不可能写出这本书。你们以自己的方式诚以待人，能与你们这样充满正能量的人共事，是我的荣幸。我要特别感谢Frank，你花了大量的时间和我分享你在投资和生活中的心得。还要感谢我的同事，Suad Cehajic, Gianluca Ferrari, Ronny Ruchay, Simon Hruby 和 Cedric Schwalm，感谢你们与我就这个话题进行的频繁的讨论、在百忙之中抽出时间阅读我的手稿并给我详尽的反馈。总之，公司和同事们教会了我关于价值投资和生活的真谛。

我还要感谢位于慕尼黑的府伦家族投资办公室的前同事们，这家组织的所有人（由 Dr. Burkhard Wittek 挂帅）教授了我很多有关价值投资的知识。还要特别感谢 Frank Weippert，Till Campe，Jeremie Couix 和 Sasha Seiler，他们至今还是我切磋投资问题的极佳对手，而且依然是我在德国价值投资领域的同仁，我以是他们的一员而自豪。

我还要感谢 Norman Rentrop 和 Jens Grosse-Allermann，感谢他们在伯克希尔－哈撒韦年会上，每年主持的德国投资者聚会。我有幸参加过几次这种聚会，发现这里具有深广的资源和有益的服务，尤其是针对德国价值投资界。

我还要十分感谢其他几位贵人：RV 资本的 Rob Vinall，他帮我审阅了本书的几个章节，而且在这些年里，他向我传授了有关价值投资的不少知识，深表感谢；SEB 的 Frederik Meinertsen，他一直关照我的学术工作，并就本书的几个章节给予了宝贵的反馈；桑伯恩地图公司的 Chris Genovese，他负责该公司自成立至 2013 年的历史档案，在我调研该公司的原始资料时，给予了我很大的帮助；塔尔顿州立大学的 T. Lindsay Baker 教授，在登普斯特的案例里，他给我的帮助良多；所有的相关各位，包括 Ralph Bull 和 Daniel Teston，他们让我在本书中使用了他们的作品和照片。

最后，我要感谢我挚爱的家庭——娜拉、陆嘉丽、陆嘉豪、我的父母陆选永和唐骊珠、我的兄弟陆怡德，在我长期的写作中，他们都在默默地支持我，容忍我在家里、沙滩上以及任何地方于电脑上无休止地写作。万分感谢你们的理解、容忍和爱意！

在过往的 30 年间，巴菲特及其伯克希尔－哈撒韦公司已经家喻户晓了。同样地，对于投资界的人来说，内布拉斯加州的奥马哈再也不是美国中西部一座默默无闻的小镇了。由于巴菲特传奇般的投资业绩，许多小投资者都想像他那样投资，而许多专业投资人则想效仿他的投资策略。但巴菲特最伟大的投资项目到底是哪些？他是在什么背景下做的这些投资？从他的经历中，我们能学到什么呢？

本书的焦点就是通过梳理巴菲特投资生涯的轨迹，揭示出这些问题的答案。具体而言，我整理了巴菲特所做的 20 个投资案例——我觉得它们是对巴菲特的投资演进轨迹产生重大影响的投资项目。为此，我主要基于下述这组因素挑选了这些投资案例：投资发生时它们的相对规模、不同的投资类型以及我发现有特别信息价值的投资。

在分析这些关键投资案例时，我重点关注巴菲特做投资决策中所采取的具体行为，并设法从一个第三方的角度去理解，他或任何投资者在每个案例中所遵从的逻辑依据是什么。在可能的情况下，我会设法用同一时期研究相关企业投资分析师的角度，来凸显巴菲特独一无二的观点。与传记类的书籍不同，本书主要通过聚焦巴菲特的关键投资案例来阐述巴菲特的故事。相比其他含有相关投资信息的出版物（包括巴菲特自己的年度信函），本书旨在利用原始文档和其他可能的历史信息，进一步拓展知识。我写作本书的总体目标是：就巴菲特所做的那些关键投资项目，给予读者一个现实的分析，希望读者可以借此归纳出自己的见解和结论。

本书的前三个部分按年代顺序撰写。第一部分详述了巴菲特在1957～1968年间所做的5项关键投资。那时，他运营的是一家叫作巴菲特有限合伙企业的组织，也是他在收购伯克希尔－哈撒韦公司之前，所管理的一家私募投资合伙企业。第二部分详述了他在1967～1988年间所投的9个项目，这个时期是伯克希尔－哈撒韦作为巴菲特投资载体的第一个二十多年。最后一部分聚焦于1989年以来的伯克希尔时代。在这三个部分中，每个部分都有一个简介阐述相关的投资项目是如何镶嵌在巴菲特的投资生涯之中的，并描述美国股票市场和巴菲特投资所涉及市场那个时期的背景情况。书中每一章都围绕着一个具体投资项目展开，即把每个项目作为一个研究案例。本书的最后部分旨在反思巴菲特作为一个投资者的历史演进过程。它还概括了我的学习所得，即我对巴菲特20个关键投资案例分析的收获，以及有关他投资哲学和投资策略的学习所得。

在我深入分析巴菲特的具体投资案例之前，我想要定义一下在我的分析中所追求的系统方法。在评估一项投资时，我的方法是首先理解相关投资的定性要素和相关背景，然后才是它的估值。就估值来说，我设法寻找的是内含价值，即主要基于公司可持续盈利水平的利润来确定它的价值。通常，这包括基于企业生命周期因素所做的调整。有时，我会针对维持性的资本支出进行比较，就折旧和摊销做一些调整；有时，我就简单地采用过往一年的利润。为了保持一致性和简便，我主要采用基于标准化数据的企业价值／息税前利润，作为利润的估值指标，并把市盈率作为一个二级指标。在其中的几个例子里（即我感觉适当之处），我没有使用基于利润的估值方式（或在利用了利润估值方式之外），而采用了基于资产的估值方式。无论我选择定性评估方式还是估值方式，都不是判断这些公司唯一可接受的方式。我的分析包含了不少的解读成分，当然，有些地方的解读是需要一些其他调整来补充的，但我并没有这样做。总之，这本书的目的是想基于我所能得到的数据，给予所涉公司一个准确的投资分析。总体来说，它们也呈现了我对巴菲特投资决策的最佳理解和解读。

目录

第一部分

合伙制年代

（1957 ～ 1968 年）

沃伦·巴菲特正式的投资生涯始于 1957 年，以他的投资合伙制企业的组建为标志。巴菲特曾在哥伦比亚大学商学院学习（有完整的档案记录），本杰明·格雷厄姆是他的导师，在格雷厄姆 – 纽曼公司作为证券分析师工作两年之后，巴菲特先生组建了巴菲特有限合伙企业，该企业的资金来自朋友、家庭和关系紧密的伙伴。

巴菲特投资生涯晚期的投资思想被广泛地解读和传播，但对他合伙制时期的投资话题却鲜有明确系统的阐述。首先，人们对他那个时期投资的了解，主要是聚焦在一个关注便宜货的买家形象上。在 1962 年给合伙人的信函里，他阐述道：自己投资哲学的核心就是以便宜的价格购买资产。这种思想就是源于本杰明·格雷厄姆的传统观点，即聚焦相对于内含价值（来自对公司创造现金流能力或公司资产价值的基础性评估）价格较低的投资标的。其次，巴菲特坚信市场的波动特性，即市场要么高估一家公司，要么低估一家公司，但长期而言，市场价格是围绕着企业的内含价值上下波动的。再次，巴菲特先生还关注投资者的心理，即谁在这个市场上投资，这类投资者的想法会有什么影响。有几次，他还提到投资者是否具有稳定心态的概念，并提到几个不同时期的投资狂潮。

在经营合伙制企业的过程中，沃伦·巴菲特对其所持证券是秘而不宣的，对有限合伙人采取的是类似黑匣子的策略。在 1963 年年底给合伙人信函的附件里，巴菲特说道："我们不能谈我们当期的投资经营情况，那种大嘴的做法对我们经营业绩的改善绝对无益，而且，在某些情况下，还会严重损害我们的利益。基于这个原因，如果有人（包括合伙人）要问我们是否对某个证券感兴趣，那么，我们就不得不求助于宪法第五修正案了！"

在这个时期，巴菲特所做的相当一部分投资，都是基于价值和公司行为。有时，巴菲特合伙制企业会把其净资产的 35% 投到单一的公司，有时，只要有机会，还会收购这家公司的控股权。

在 20 世纪 50 年代末和 60 年代，巴菲特经营他的合伙制企业之时，美国正在经历一个相对温和的经济繁荣期。这段时间美国的经济并没有像其政治那样动荡不堪。在 50 年代，道琼斯指数从 1950 年的近 200 点，爬升到 1960 年的近 600 点（200% 的增幅）。虽然在这个时期的初期出现过一次小幅的经济衰退，道琼斯指数从 1961 年年底 730 多的高点，回落到 530 多点（27% 的跌幅），但及至 1965 年，道琼斯指数又攀升到 900 多点（由低点上涨了 70%）。在肯尼迪时代，经济继续增长。只是在 20 世纪 60 年代末通胀率开始快速爬升时，市场才开始显露出严重担忧的迹象。在 1968 年，关掉其投资合伙制企业之前，巴菲特发现要想找到他极力寻找的价值投资机会，越来越困难了。事实上，这就是他在业绩表现很好的情况下，要关掉合伙制企业的关键原因。

在本书中，我把第一部分论述的 5 个投资项目，视为巴菲特合伙制时代最重要的或最有趣的投资项目。

第 1 章

1958：桑伯恩地图公司

桑伯恩地图公司（Sanborn Map Company）的发展史非常有意思！在 19 世纪 60 年代，安泰保险公司聘请了一位名叫 D. A. 桑伯恩的测量师来测绘波士顿市的若干地图。安泰公司的目的是利用这些地图，评估调查区域内特定建筑发生火灾的风险。这些绘制的地图非常成功！桑伯恩也因此成立了自己的公司，也就是后来的桑伯恩地图公司（见图 1-1）。在 19 世纪六七十年代，桑伯恩进行了地域性的扩张。在 19 世纪 70 年代末期，他已经为超过 50 座城市绘制了地图。[⊖] 到 20 世纪 20 年代，在美国市场上，桑伯恩地图公司已经成为火灾保险地图领域的领导者。

为了更好地理解桑伯恩地图公司及其产品，很有必要首先了解一下火灾保险行业。火灾保险业务起源于经历过 1666 年世纪大火的英国。那次可怕的大火摧毁了伦敦市近 13 000 栋房子，造成近 20% 的伦敦居民流离失所！在 18 世纪和 19 世纪，火灾保险行业也在美国逐渐登上了舞台。美国最早的火灾保险业务由一些英国公司经营（它们都拥有皇室特许权），随后一些美国公司

⊖ Sanborn Maps, *Annual Report FY 1966*, 1–2.

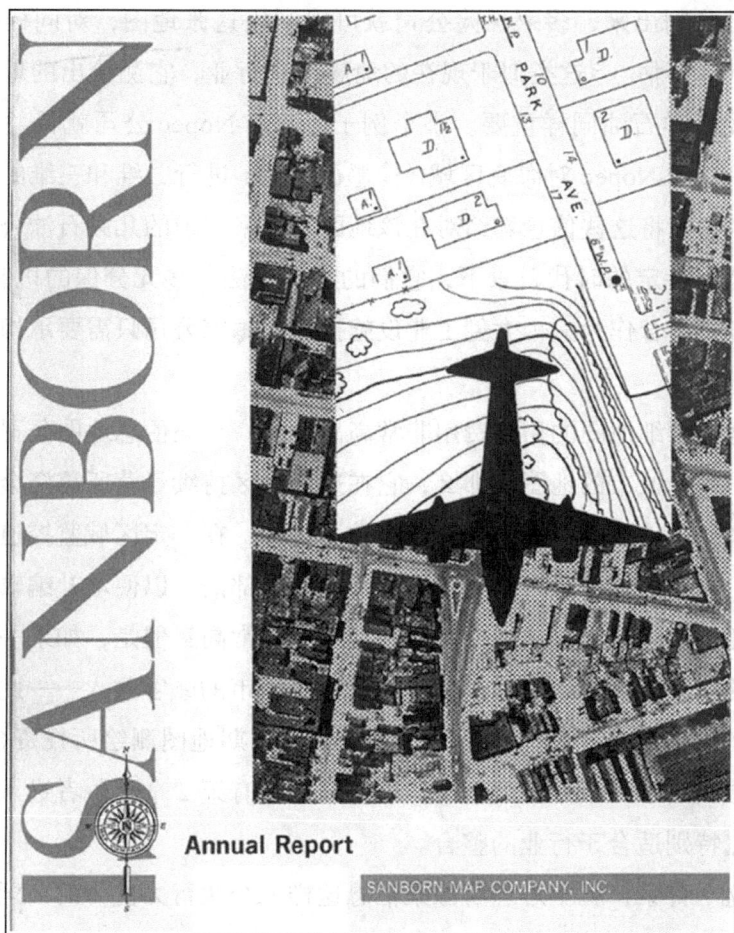

图 1-1

也加入其中，主要进行区域化经营。在 19 世纪末，具有相当规模的火灾保险公司已经出现在波士顿和费城等大城市。这些公司的业务就是承保火险。在确定价格之前，它们必须检查所涉的每个建筑的细节——它们的建筑类型、建筑材料、窗户数目和与结构相关的其他因素（包括周围的环境结构）。因此，这种方法需要有专业测量师进行实地考察。但由于实地考察费时费财，所以，若一家火灾保险公司拥有详尽的地图来合理地评估火灾风险，那么，它就会占有明显的竞争优势。首先，相比于每次只评估一个建筑，如果火灾保险公司一次能够评估一条街区甚至城市中的一个区域，那其效率和效益就不可同日而语了！更重要的是，相较所得的信息每次只为单个保险公司所用，地图有着规模优势：一旦绘制出来，多家保险公司就可以利用这张地图，对同样一组建筑结构进行风险评估。[⊖]这类似于现在的地震勘察行业，它测绘出的地图对于石油公司开发海洋石油同样重要。举个例子，TGS-Nopec 公司就得益于相似的规模优势：TGS-Nopec 对海底区域（像墨西哥湾）进行二维和三维的大面积测绘，然后，它们将这些信息卖给对在该地区有开采兴趣的几大石油公司。在桑伯恩地图公司特定的时代背景下，它们的绘图做法与多元分保的机制相适应：由多家保险公司合作为一个大型工业设施担保，每家公司只需要承担其中的一部分风险。

测绘这种详细地图的初始费用非常高昂，但一旦桑伯恩地图公司投入大量资金测绘出一个城市的地图，那么，它在这个地区持续经营所需资金就会少很多。通常来说，持续经营的工作只需少数测量师，在一定区域监控道路和建筑物的变化，并把这种信息发给桑伯恩总部的制图部门，以便增补编辑地图。这意味着，随着时间的推移，桑伯恩的利润率会非常高！但是，如果一个竞争者进入相同的市场，它就必须和桑伯恩分享这个城市的顾客收入——此时，大家从被瓜分的市场所获的收入都不多，无法收回前期地图测绘所投资金。因此，一旦桑伯恩测绘了一个城市的地图，通常就不会有第 2 个竞争者进入。这里所述的第二点特别适合于行业的整合。

鉴于这个背景，就不难理解像桑伯恩这样一个执行力优秀的公司会如此的成功——该公司将其精力集中在两个方面：培训员工，以测绘精确的高质量地图；从两个方面积极寻求扩张——内生性增长和随后的并购增长。虽然在 19 世纪末出现了其他几家地图测绘公司，如杰斐逊保险公司、赫克萨摩 – 劳克尔、佩里斯 – 布朗（在 1889 年与桑伯恩公司合并）以及唐金地图公司，但桑伯恩地图公司依旧是 20 世纪 20 年代毋庸置疑的赢家。最后一个较大的促进了这次转型的因素是保险公司对标准化的需求。当保险公司普遍倾向于以同一标准培训保险从业者的时候，一个像桑伯恩这样有系统性的测量流程，并且拥有全国规模的公司，就有很大优势。

到 1958 年，在沃伦·巴菲特投资时，桑伯恩已经在行业中占据了几十

⊖　Wrigley, Robert L., "The Sanborn Map as a Source of Land Use Information for City Planning," *Land Economics*, 25, no. 2 (May, 1949): 216–219.

年的主宰地位。如果想了解彼时桑伯恩公司原汁原味的产品，你可以找到如图 1-2 和图 1-3 [⊖]所示的、该公司于 1867 年绘制的波士顿城市地图。

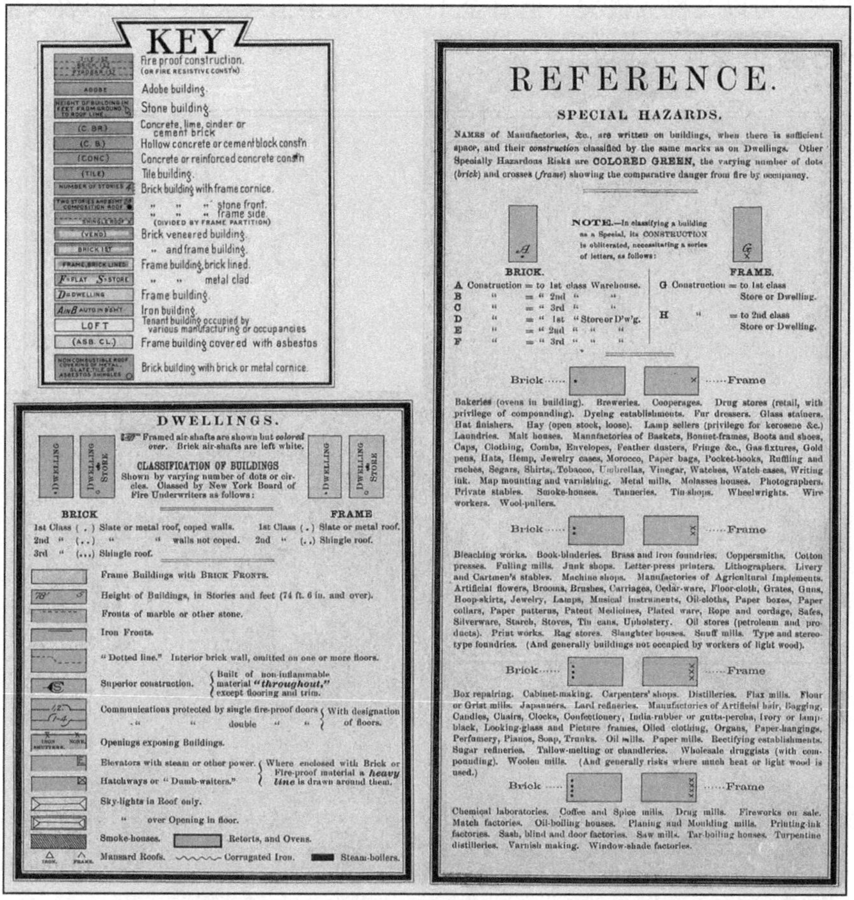

图 1-2　桑伯恩绘制的波士顿市关键信息地图（1867 年）

　　出于忠实于协助保险公司评估火灾风险的初衷，桑伯恩地图不仅有城市街道和房屋的细节，甚至还包括下述的信息：街道下面自来水总管道的直径、窗户数量、电梯井、建筑物的施工材料以及工业设施的生产线等。通常，这种卖给客户的产品是重量在 50 磅[⊖]左右的大型地图（覆盖了特定城市相关建筑及其附属物的详细的资料）。除最初所得产品销售收入外，桑伯恩还会向客户收取

⊖　D.A. Sanborn. *Insurance Map of Boston*. Map. New York: 1867. From Library of Congress, *Sanborn Map Collections*.

⊖　1 磅 =0.453 592 37 千克。

订阅费，以保持地图的更新。比如说，奥马哈这样一个中型城市，每年的订阅费大约为 100 美元。虽然这种详尽地图的适用范围已经扩大到包括公共事业、抵押放款公司以及税务机关，但直至 1950 年，桑伯恩公司 95% 的收入依旧来自那核心的 30 家保险公司。[⊖]

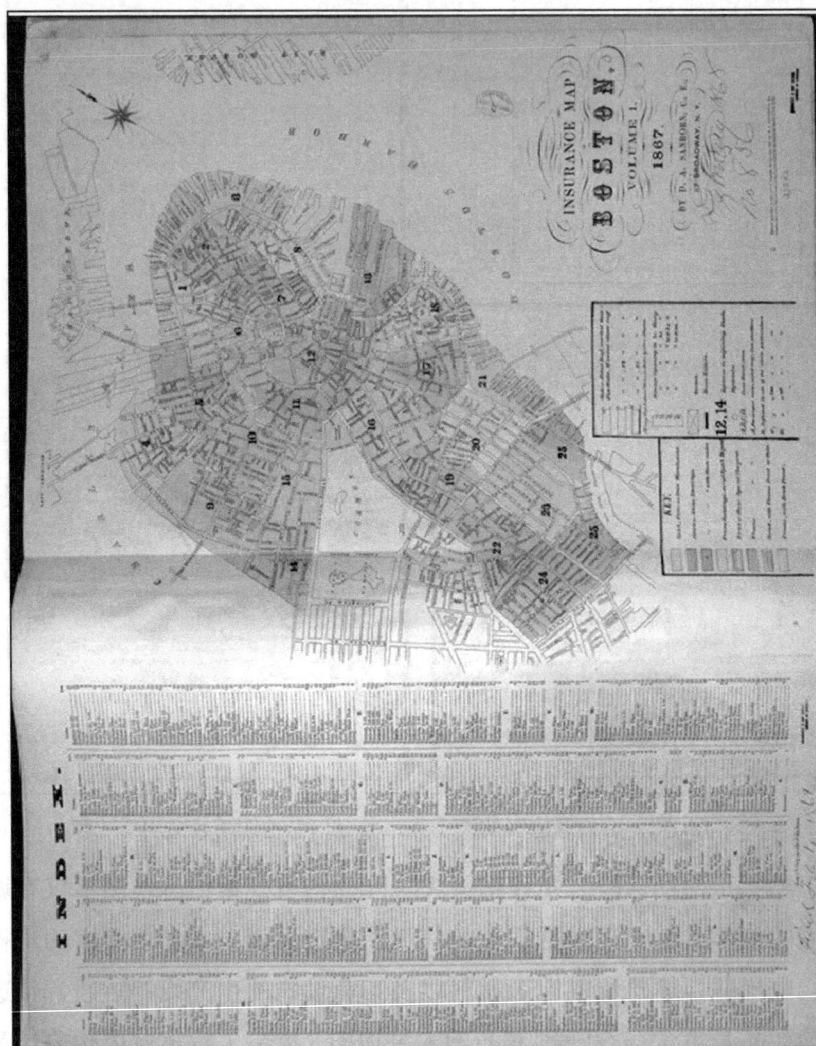

图 1-3 桑伯恩绘制的波士顿市地图（1867 年）

资料来源：D.A. Sanborn. *Insurance Map of Boston*. Map. New York: 1867. From Library of Congress, *Sanborn Map Collections*.

⊖ Wrigley, "The Sanborn Map as a Source of Land Use Information for City Planning."

　　考虑到上述所有的相关情况，桑伯恩在 20 世纪 50 年代以前，是一家一流的企业。它为顾客提供了重要的服务；作为回报，它也得到了稳定且盈利的续生收入。不幸的是，在 20 世纪 50 年代，新技术的问世导致了桑伯恩地图替代品的出现。此前是基于建筑结构和周围环境，利用地图来衡量保险所涉及的风险，但保险公司现在可以依赖基于财务信息（诸如建筑结构成本）的数学计算方法了。这种系统方法被称为"记分卡"（carding）。此时，对于桑伯恩来说更为不幸的是，这种新方法已经明白无误地被人们所接受了。到 1958 年，当巴菲特开始投资桑伯恩时，它的利润率已经急剧下滑了很多年。相较于 1938 年的每股 110 美元，桑伯恩的股价已经跌至每股 45 美元左右了（接近 60% 的跌幅）⊖。根据巴菲特写给合伙企业股东的年度报告，这个股价的滑落过程和道琼斯工业指数从 120 点左右增长到 550 点左右（360% 的增长）的过程，发生在同一时间段。

　　在巴菲特投资桑伯恩的那个时候，对于也考虑对该公司进行投资的人来说，他们的相关评估可能也是大致如下：在很长时间里，桑伯恩是一个接近完美的企业：资金的收益率高，而且是行业关键服务的唯一供应商。但在 1958 年之前的那几年，该企业的产品面临被新技术产品替代的严重问题。这次技术革新，清晰而大幅地侵蚀了桑伯恩在火灾保险业中的核心业务。尽管它有引以为豪的过往，但对于一个刚刚开始关注这个企业的分析师来说，这个企业的基本面就很差，因为它好像正经历着结构性的衰退。看看在 1960 年原始版的《穆迪行业手册》中，桑伯恩地图公司（在 1959 年被更名为第一佩勒姆公司）详尽的财务信息（见专栏 1-1 及表 1-1 ～表 1-5），人们从中可以看到，从 1950 年开始，该公司的毛利和净利就开始逐渐下降。1950 ～ 1958 年，它的净利每年都下降大约 10%。

　　然而，更为认真的分析会揭示出有点不同的结论，而且，也是巴菲特认同的结论：桑伯恩地图虽然正在经历衰退，但它肯定还不是一个没有任何希望的企业。

⊖　巴菲特致巴菲特有限合伙企业合伙人的信，1961 年 1 月 30 日。

专栏 1-1

桑伯恩地图公司财务信息节选（选自 1960 年出版的《穆迪行业手册》）
第一佩勒姆公司

发展史：1876 年 2 月 8 日，在纽约注册成立桑伯恩地图出版公司。1899 年改名为桑伯恩–佩里斯地图公司。1901 年 12 月更名为桑伯恩地图公司。1959 年 12 月 31 日改称现在的名称，详见下方"重组"一段的内容。

重组：在 1959 年 12 月 15 日，股东们核准了公司**名称变更**，并在 12 月 31 日生效——前提是把地图业务转移到被称为"桑伯恩地图公司"的一个全新的纽约公司；公司名称变更为"第一佩勒姆公司"，并且为了扩张权限及公司业务，增补了执照内容。新业务包括买卖其他公司股票、债券及其相关的有价证券。相关的结果是，公司直接参与的部分只是管理其投资资产，包括以经营资产形式收到的新桑伯恩地图公司的 315 000 份普通股。

经营范围：从 1959 年 12 月 31 日开始，投资各类证券。拥有桑伯恩地图公司的全部股票，还经营着之前的地图业务及财产。

子公司：桑伯恩地图公司，全资拥有，在美国境内及其某些管辖地的城市和集镇，测绘并出版火灾保险及房地产地图。主要销售给火灾保险公司及其相关方。此外，绘图服务也服务于社区规划、公共事业的标注和市场分析。印刷厂和总部位于纽约的佩勒姆。在芝加哥和旧金山有分支机构，在纽约和亚特兰大有销售处。

管理人员：C.P. 赫贝尔，总裁；H.E. 奥威亚特，副总裁兼办公室主任；R.E. 科尔纳，C.F. 多恩，副总裁；C.H. 卡尔，助理副总裁；F. H. 克雷斯特，财务主管；D.G. 多宾斯，助理办公室主任。

董事：D.R. 阿克曼，厄思蒙德·尤因，H.H. 弗雷格，C.P. 赫贝尔，H.W. 米勒，H.E. 奥威亚特，W.B. 利尔顿，J.S. 泰伯，W.C. 小李奇微，W.L. 诺伦，J.A. 诺斯，L.A. 文森特，P.S. 布朗，W.E. 巴菲特。

股东人数：1959 年 12 月 31 日，1475 人

员工人数：1959 年 12 月 31 日，350 人

审计师：查尔德, 劳森 & 里昂纳多

办公地址：纽约市，佩勒姆，第五大道 629

股本存量：第一佩勒姆公司普通股；补偿 25 美元

流通股——105 000 股，面值 25 美元（于 1934 年 10 月的面值 100 美元拆分而来，即针对每股 100 美元的股份，发行了每股 25 美元面值的 5 股）

表 1-1　利润表（年度截止日为 12 月 31 日）　（单位：美元）

	1959	1958
毛利润	665 693	706 168
经营费用	533 573	542 765
经营利润	132 120	163 403
其他收益（净额）	228 013	242 862
总收益	360 133	406 265
联邦所得税	77 608	103 400
净收益	282 526	302 866
留存收益（1 月 1 日）	1 664 749	1 659 351
股息	267 750	283 500
原先年份税收调整（净额）	1 752	信贷 1 465
其他扣除金额	—	5 735
出售证券所得	8	借方 9 698
留存收益（10 月 31 日）	1 681 281	1 664 749

表 1-2　利润数据（年度截止日为 12 月 31 日）

	毛利（美元）	净利（美元）	股票数目	每普通股利润（美元）
1959	665 693	282 526	105 000	2.69
1958	706 168	302 866	105 000	2.88
1957	774 785	372 185	105 000	3.54
1956	800 890	418 980	105 000	3.99
1955	1 151 648	537 078	105 000	5.12
1954	1 196 199	550 998	105 000	5.25
1953	1 170 047	513 223	105 000	4.89
1952	1 152 705	511 873	105 000	4.87
1951	1 216 617	537 742	105 000	5.12
1950	1 344 170	679 935	105 000	6.48

注：**股息从 1934 开始一直支付**。在 1934 年，1 股拆分为 4 股的时候，用库藏股支付了额外的 1 股。

　　转让代理员及注册人：米德兰海事信托公司，纽约。

资料来源：*Moody's Manual of Industrial and Miscellaneous Securities* (1960), 915.

表 1-3　资产负债表（截至 12 月 31 日）　　（单位：美元）

	1959	1958
资产：		
现金	425 831	227 852
应收账款	444 430	414 860
存货	830 331	1 068 785
预付款项	4 726	6 404
流动资产总额	1 705 319	1 717 902
固定资产（净额）	154 356	155 540
投资，成本价①	2 601 876	2 592 706
递延支出	6 000	—
资产总计	4 467 547	4 466 148
负债：		
应付工资	8 494	6 908
应付账款	29 610	19 814
联邦所得税	77 608	100 987
其他应计税款	45 555	43 140
流动负债总计	161 267	170 850
递延收益	—	5 550
存量资本（25 美元）	2 625 000	2 625 000
留存收益	1 681 281	1 664 749
总计	4 467 547	4 466 148
流动资产净额	1 544 052	1 547 052
每股有形资产净值	41.01	40.85

①市值：1959 年，7 349 323 美元；1958 年，6 972 884 美元。

表　1-4　　　　　　　　　　（单位：美元）

1935～1936 年	5.00	1944 年	4.25	1956 年	4.00
1937～1939 年	6.00	1945 年	4.00	1957 年	3.50
1940 年	7.00	1946～1947 年	4.50	1958 年	2.70
1941 年	5.00	1948～1951 年	5.00	1959 年	2.55
1942～1943 年	4.00	1952～1955 年	4.50	1960 年①	0.60

①截至 4 月 16 日。

表　1-5

价格幅度	1959	1958	1957	1956	1955
高	65	54 $\frac{1}{4}$	54	70	75
低	52	37 $\frac{1}{2}$	36	57	64

为客户提供的服务

桑伯恩

为了使我们的股东熟悉公司提供的服务类型，将在以下的段落中简单介绍一些典型的例子。

为位于宾夕法尼亚州的费城海军设施工程司令部和兰开斯特县阿特拉斯的社区避难所提供相关的设计和制作。这标志着结构区域的库存图形正被民防项目所用。

土地利用普查和最终土地利用图——涉及印第安纳弗洛伊德内 149 平方英里$^\ominus$的区域。

纽约再分区后新的选举区地图。

灌木丛的危害调查——位于洛杉矶区域的圣拉斐尔山脉和瓦多戈山脉的未开发地带灌木丛危害调查，需要勘测及列示 16 000 个建筑结构；同时，还有从圣贝纳迪诺延伸到加州的圣巴巴拉 125 平方英里的区域。迄今为止，有超过 30 000 个建筑结构被勘测和登记。

原始地图——伯利恒钢铁公司位于加利福尼亚州里士满的燃港钢铁厂和皮尔诺制造厂新设施的原始地图，修订地图——位于伯利恒、约翰斯敦和宾夕法尼亚州黎巴嫩的伯利恒钢铁公司地图的修订。

街区住宅统计——位于纽约、芝加哥、达拉斯、沃斯堡、休斯敦及圣安东尼奥这些大都市的，总计 4 000 000 多套住宅单元的统计工作。目的是为了确定雅芳公司产品的经销区域，要把这些相关的统计数据贴在地图的相应位置上。

为纽约市规划委提供了年度土地使用情况的修订服务和家庭户数统计。

为费城规划委在费城提供了土地使用情况的修正服务及土地利用变化的地域计算。

为一个电视服务项目提供了大约 50 个地区的缩略草图。

为美国自来水公司，以及位于纽约州、新泽西州、宾夕法尼亚州、肯塔基州的其他自来水公司编制和起草了自来水输送系统图。

$\ominus$ 1 平方英里 =2.589 99 × 10^6 平方米。

把12卷俄勒冈州波特兰市的系列保险地图转换成了黑白格式；在已有的地图页面添加房地产说明以及120张额外地图的勘测。

定制测绘和出版了30张艾奥瓦州苏城的桑伯恩地图；25张密歇根州底特律的桑伯恩地图以及加利福尼亚州的里士满和科罗拉多的其余地图。

在本年度，我们的图解业务还在继续扩张。在教育领域，我们为普林斯顿大学和耶鲁大学新规划提供了图解业务。我们还提升了用于保险及其他相关目的的图解业务的客户数量。

资料来源：Sanborn Maps, *Annual Report FY 1966*, 3.

当下，保险公司的合并和承保流程的革新已经减弱了地图在保险行业中的使用力度。这使我们有必要愈加认真地选择火灾保险地图的修订服务，以适应当今的要求。因此，我们从这个行业所获的收入一直在下降；但在另一方面，来自非保险业的定制测绘和地图服务的需求正在增长，并且，在将来还会一直延续下去。基于我们的研究，我们很难相信，在未来的几年里，保险公司将不会以任何形式继续需要我们的服务了。我们需要积极探索这个方向所有的可能性。

资料来源：Sanborn Maps, *Annual Report FY 1966*, 4.

通过图1-2中的地图和专栏1-1中的财务数据，可以看出虽然在20世纪60年代中期，公司确实受到新技术（计分卡）出现所带来的负面影响，甚至比1958年的影响还大，但桑伯恩这个投资标的还是有些正面的东西。

（a）即使是在那个时期，保险业还会有一部分业务会涉及传统的地图服务；传统的地图测绘业务不会一夜消失，事实上，还存在着对地图修订的服务需求。

（b）桑伯恩地图的测绘服务总会有很多的其他用途，并非都受到计分卡技术影响。

1960年年底，巴菲特在给股东的年度信中写道，彼时，还有业务价值5

亿美元火灾保险金的保险公司仍然在使用火灾保险地图，而且，桑伯恩公司依旧是盈利的——尽管其净利润率已经持续多年下降了很多。当我们重温一下穆迪的文献（见专栏 1-1），可以看到，及至 1959 年，桑伯恩传统业务的经营利润已经跌到了仅比 10 万美元多一点，但这个数字似乎趋于稳定了。更具体地说，潜在投资者可以看到一个趋于稳定的核心业务，每年可以带来 10 万美元经营利润和大约 20 万美元的投资收益。由此看来，这里的关键点好像是：在巴菲特投资期间，桑伯恩地图公司显然还是处在盈利状态。

在分析的第二部分，让我们聚焦于估值。基于每股 45 美元的市价和 10.5 万份流通股，桑伯恩地图公司的市价总值是 473 万美元。就算把始于 1960 年的可观通胀率考虑在内，这个公司还是个彻头彻尾的小公司。基于写给合伙人信函所提供的数字并参考之前的相关数据（来自经营业务的 10 万美元的经营利润，和约 200 万美元的收入）[⊖]来看，这只股票估值的计算方法是：按照未调整过的 2.4 倍的 1959 年收入和 47 倍的该年 12 个月的全年经营利润。对于一家每况愈下的企业来说，仅看它的盈利能力，这个估值看起来肯定不便宜。事实上，若你想要这家股票价格为 45 美元的公司，适用 10 倍的市盈率进行估值，那么，它的净利润必须回到 1938 年的 50 万美元才行——我认为，对于一只有着结构性风险的股票，这才是一个更合理的估值。若不考虑其他因素，即使是这种估值，一个正常的投资人也不会投一个处在结构性衰退中的企业。由此可见，巴菲特可能是在该公司业务基本面上，嗅到了一些看起来更有吸引力的东西。

在 1961 年写给合伙人的信中，巴菲特谈到提高公司运营水平的可能性，因为桑伯恩此时在经营上忽视了自己核心的测绘业务。与此同时，他好像还指出了这样一种机会：通过重新包装和使用桑伯恩地图公司收集的那些丰富的有效信息，使其成为一种对客户更有用的改进产品——指出了该公司还有另一种积极的可能性。无论如何，巴菲特的所见肯定不同于这样的分析师：只肤浅

⊖ 我的假设是：在其经营业务带来的 132 120 美元的经营利润之上，适用桑伯恩地图公司于 1959 年 27% 的税率，得到 10 万美元的净利润（取整数）。为了仅表现来自经营业务的盈利能力，我把投资收益排除在外了。在 1960 年致合伙人的信函里，巴菲特引述道，"地图业务的税后利润……在 1958 年和 1959 年，都不足 10 万美元"。

地看到桑伯恩公司外表，把它作为一个因计分卡技术的引入而即将消失的企业看待。

但是，在桑伯恩地图公司这个投资案例里最有意思的部分，并不是业务经营。巴菲特先生清楚地看到的（其他人未予以足够重视的），是桑伯恩公司1959 年资产负债表中的某项资产。[○]这份资产负债表显示，桑伯恩公司已经累积起了一个价值为 700 万美元的股票和债券的证券组合。这已经明显高于整个公司的估值。具体来说，在写给合伙人的信中，巴菲特指出这家公司具有咸鱼翻身的潜质。实际上，如果考虑到这家公司所持的投资组合的价值，它的交易价格还是负值。巴菲特进一步指出，在 20 年前，若不考虑它彼时的投资证券组合价值，这家公司的交易价格大约是 18 倍的市盈率或是每股 90 美元的价格。

最后，巴菲特坚信这是一个值得把握的机会。因此，巴菲特在桑伯恩公司上投了大约相当于巴菲特合伙企业 35% 的净资产额。在巴菲特的论述中，我发现了一个非常有趣的细节：他了解到董事会缺乏战略焦点，而且，他们与经营管理层不合拍。相对于大多数投资分析师，似乎在这个投资案例里，巴菲特通过更为详尽的视角，看清了该公司内那些关键的利益相关方。具体而言，似乎和管理层一样，他也看到了能够改善测绘制图业务的清晰的运营杠杆。但由于董事会拒绝改变，最终管理层面没有继续他们的诉求。

> 在我进入董事会之前，14 名董事中的 9 名都是来自保险业的知名人士，但他们总共才持有 10.5 万股中的 46 股……第 10 位董事是公司的律师，持 10 股。第 11 位董事是一位银行家，也只持有 10 股，但他认识到了企业的问题，积极地指出这些问题，并随后增加了他的持股量……管理层有能力意识到企业的问题，但他们受限于董事会，处在从属的地位。

○ 当你再次查看桑伯恩公司的财务数据（穆迪文献所示）时，潜在投资者应该能够确认这个投资组合的存在，但只有关注细节的投资者才能看清这个信息。事实上，这份资产负债表的相关数字仅仅表现了以成本价 260 万美元确认的这些投资资产。你需要看下面的注解：这里提到了这些资产的市值是 730 万美元。

　　他写道：为了获得这个企业价值并释放投资组合的价值，1958 ～ 1961 年，通过收购桑伯恩公司的多数股权，使自己的股份数量变为**控股**程度。在 1961 年，通过成功地将桑伯恩地图公司分拆为两个独立的实体，巴菲特就基本实现了他的投资目的。首先，他采用明确的步骤将基础的地图业务部分从董事会的控制下分离出去，使这项业务的运营改进得以推进。而且，根据分拆协议，若这个实体的经营状况能够成功扭转形势，那么，它还会获得 125 万美元的股票和债券准备金，作为追加资本。其次，投资组合价值的剩余部分，将用于交换桑伯恩地图公司股票，这涉及桑伯恩地图大约 72% 的流通股。作为最后一个亮点，这项交易还包含一个聪明的缴税结构，将节省股东大约 100 万美元的公司资本利得税。

　　若回头总结这项投资，似乎最终有两个因素起到了关键作用。一个就是体现于证券组合中清晰的资产价值——仅需要一种方式去实现之。此外，不可忽视的是其基本业务，虽然处于结构性衰退之中，但还没有破产或现金流殆尽之虞——就像那种交易价格低于其现金价值的项目所常见的情况。事实上，在这个企业里，巴菲特多半看到了立即改进的可能性以及完成一个惊天逆转的潜质。在这个案例中，巴菲特为此获得了企业控股权地位，使他能够实现这项投资的价值。当然，这自然也和他做交易的能力有关。

　　桑伯恩地图公司的故事并没有结束于 20 世纪 60 年代。事实上，在接下来的几十年中，这家公司作为一个经营实体而继续运营。它设法在传统的火灾保险地图服务的基础上，创造了多条不同的业务线。大多数投资人并不知道，及至 2015 年，桑伯恩地图竟然依旧屹立不倒。该公司作为一家独立实体一直运作到 2011 年，才成为英国媒体康采恩 DMGT 的子公司，此后，在一次管理层收购中，被卖给了该公司的管理层。今天，该公司的主要业务包括地理空间数据可视化技术、三维地图、空中摄影、现场数据采集、与雨水相关的软件服务、森林库存管理以及与野火相关的保险风险评估。事实上，这其中的很多服务还与桑伯恩公司的地图测绘、数据采集及其分析的传统业务相关。

第 2 章

1961：登普斯特农具机械制造公司

　　1878 年，查尔斯·登普斯特在内布拉斯加州的比阿特丽斯市，成立了登普斯特农具机械制造公司（Dempster Mill Manufacturing Company）。在南北战争之后，很多人移居到西部，开始了自己新的生活。登普斯特先生认为，当这些人安顿下来之后，他们会对风车、水泵及其他相关机械产生需求。他想要为这些人提供这类所需之物。

　　一开始，登普斯特公司以零售店的形式成立，货物都是由内布拉斯加州奥马哈市的一个分销商供应。随后，登普斯特认为，如果他的公司能拥有自己的品牌（见图 2-1），并能控制产品的质量，就可以带来更好的收益。在 1885 年后，他开始建立自己的生产设施。在 19 世纪 80 年代末和 20 世纪 30 年代之间，登普斯特公司成为大平

图 2-1　登普斯特公司 20 世纪早期的钉头扣

资料来源：Photograph by Ralph Bull.

原地区发展风车和农业灌溉系统的先驱之一，它的很多风车（见图 2-2）都成为众所周知的农田景观。[⊖]

在那段时间，风车是驱动水泵的主要能量来源，水泵带来的地下水可用于灌溉、喂养牲畜以及作为农场经营的其他基本用水。从这层意义看来，那时的风车及其相伴的水利系统机械是土地开发的组成部分，对任何移民都是一项重要的投资。登普斯特并不是这个行业唯一的一家公司，但是，它的确是少数几个拥有良好声誉的成功企业。除了风车，登普斯特还制造一些与水利系统相关的产品，比如说，水泵及灌溉机械等。

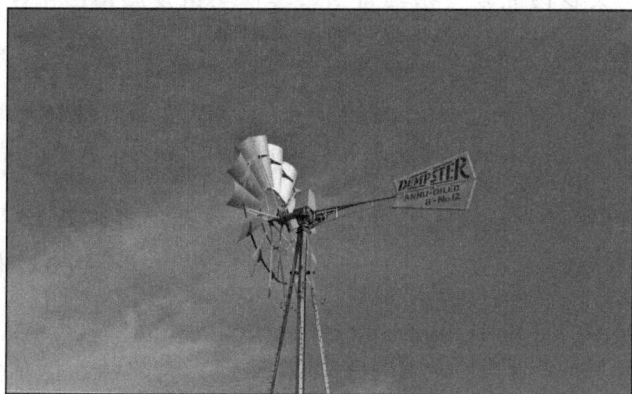

图 2-2　登普斯特公司的风车

资料来源：Photo used with permission from Daniel Teston, © 2013.

及至 20 世纪 60 年代，风车及其相关配件市场开始了其缓慢下行的过程。相关的背景是，在经济大萧条期间和之后，联邦政府的刺激措施，帮助扩大了电网在美国中西部郊区很多地方的覆盖。这导致了很多由风车驱动的水资源，被电泵取代。电泵的主要优势在于无论什么时候需要水，它们都可以启动运作；在风车驱动水泵的情形之下，农场主通常仅有水库的水可用——只是利用风车系统为水库进行增水，但这种增水的速度是不可预知的。因此，电泵更为方便。

在 1961 年，登普斯特农具机械制造公司的销售额是 900 万美元。也是在那一年，巴菲特第一次将这个公司写在了给巴菲特合伙制企业（BPL）的年度

⊖　T. Lindsay Baker, *A Field Guide to American Windmills* (Norman: University of Oklahoma Press, 1985).

信中。在 1961 年的年度信中，巴菲特论述道，在过去 5 年中，合伙制企业在逐渐买进这家公司的股票。虽然最初是以一般价值投资的思路购买登普斯特的股票，但最后却成为控股股东。在 1961 年年底，巴菲特合伙制企业已经拥有该公司 70% 的股份，另外还有 10% 是通过合作伙伴间接持有。

在讨论该企业的财务情况之前，基于我们现在所知，快速概括一下对登普斯特公司业务品质的理解。虽然在规模上登普斯特公司所在行业此时并没有什么增长，但它也不是一个立即就要消亡的行业。首先，就所有的风车公司来说，还是有新设备及其备件的销售和维修（售后服务）业务。对于任何生意来说，售后都是一个长尾业务；也就是说，在原有设备销售后，还有一个长期的经常性的收入流。而这个收入流保护了这个行业，使其不会过快衰退。此外，在 20 世纪 60 年代，登普斯特公司的业务已经扩展到其他领域。除了原有销售风车的核心业务，该公司也销售不同种类的农业设备。这些设备包括播种机（用于种植谷物的机器）以及化肥施用器械（用于将液体肥料注入土地）。虽然这些业务的规模当时相对来说还比较小，但它在 20 世纪 60 年代是一个不断增长的业务。[⊖]

在 1961 年，登普斯特公司还一直处在平淡无奇之状，但从业务质量的角度来看并不算糟。虽然风车业务（曾经优异的核心业务）仍在下滑，但这种下滑是一个逐渐的过程，因为在安装了原始设备之后，相关的服务和零配件还在不断创收。[⊖]另外，新产品（有些是在不断增长的细分市场中）也给予公司更多的途径，部分抵消了核心业务下滑的影响。在这里必须指出的是，在风车业务领域，尽管登普斯特公司有良好的品牌形象以及不多的竞争对手，但它在新产品上并未享有同样的优势。在这些市场上，登普斯特公司有很多竞争对手，其中有一些在农业设备行业比登普斯特更为知名。然而，相关证据已经能指

⊖ 源自林赛（教授，得州行业史研究会主席，塔尔顿州立大学）与作者的相关讨论。

⊖ 我们可以基于巴菲特在他的年度信里的一个评述，对登普斯特售后服务所得的收入百分比做一个粗略的估算。在这封信里，他说道，当哈利·巴特勒（他雇用的经理）提高了零配件的价格时，每年新创的利润额就是 20 万美元。如果我们假设他把这个价格提升了约 20%（就我的经验来说，当一家企业的售后策略开始从无到有时，这是一种可能的做法），那么，我们可以推测：该公司每年零配件的销售额大约在 100 万美元。如果我们假设还存在着一个相同金额的服务收入，那么，我们的推论是：该公司总收入的 20%～25% 是来自售后——这肯定是一个有意义的收入金额。

出，像登普斯特这种企业，良好的业务执行力，还是能够带来高于资金成本的回报。

在巴菲特给合伙人的信件中，登普斯特公司是为数不多的能看到非常详细财务状况的公司之一。表 2-1 是登普斯特农具机械制造公司截至 1961 年年底的资产负债表的相关摘要。

表 2-1　汇总资产负债表（1961 年）　　　　　　（单位：千美元）

资产	账本数字	估值比例	调整的估值	负债	
现金	166	100%	166	应付票据	1 230
应收账款（净额）	1 040	85%	884	其他负债	1 088
存货	4 203	60%	2 522		
预付费用等	82	25%	21		
流动资产	5 491		3 593	负债总计	2 318
寿险现金价值等	45	100% 拍卖估计净值	45	账面资产净值	4 601
工厂和设备净值	1 383		800	资产净值经过调整后可快速实现的价值	2 120
资产总计	6 919		4 438	每股调整过的价值（60 146 份流通股）	35.25

资料来源：Warren Buffett to Buffett Partnership Limited, January 18, 1963, 6.

巴菲特在这份资产负债表上列示了主要科目。正如大家可以从表 2-1 中看到的，包括现金、应收账款、存货、预付费用、工厂和设备以及其他科目在内的资产总计是 692 万美元。在负债方，如果考虑到债务、应付账款及其他债务，那么，这些负债的账面价值是负的 232 万美元。仅从资产负债表看，该企业的总价值为 460 万美元，意味着每股 76.48 美元。

巴菲特这里采用的投资方法，让人联想到本杰明·格雷厄姆在许多投资中所看重的：重资产价值，轻盈利能力。实际上，巴菲特并没有通过企业的账面价值来估值，因为他认为采用资产的账面价值还不够慎重小心，所以，他是通过对所有资产采取大幅折价的方式，对企业的公允价格给出了一个估值：他对应收账款采取了 15% 的折扣，对存货则采用了 40% 的折扣。在负债方，巴菲特则保守地接受了 100% 的账面价值。采用这种方法，巴菲特给予该企业的公允估值是大约每股 35 美元。

就企业的收益和盈利水平，巴菲特并没有给出具体的数字，但他的确给了我们线索。他指出："过去 10 年的经营状况是：销售额停滞不前、库存周转率低下、没有实际利润（相对已投资金成本而言）。"

当把企业的经营状况描述成"销售额停滞不前"和"没有实际利润"这种负面评价时，它的有些内涵比它表面的意思更重要。也就是说，登普斯特公司并不是一个急剧恶化的企业，也不是一个正在耗尽现金的企业。事实上，登普斯特公司依旧在盈利。就像本章专栏 2-1 所示，这与 1960 年《穆迪行业手册》的财务信息是一致的，同时，它还显示该公司在 1958 年和 1959 年同样也有正的盈利。接下来，我将要论述为什么这一点很重要。

就他为登普斯特所支付的价格，巴菲特给我们提供了确切的数字。在 1962 年年末的年度信中，他说道，自己从很多年前就开始购买该公司的股票，有时价格低至每股 16 美元。在 1961 年，他从市场外的交易中，以每股 30.25 美元的价格，购得大多数的股份。就平均而言，他每股支付的价格是 28 美元。基于这个估值，巴菲特是以每股面值 63% 的折扣购买的这些股份，而且，相对于他自己保守计算的公允价值，也有一个 20% 的折扣。这显而易见有一个较大的安全边际。

虽然罕见，但即便是当下，也不是不能找到这类交易价格远远低于账面价值的公司。问题是，公司交易价格低于账面价值并不能确保投资的成功。很多时候由于这种或那种原因，交易价格低于账面价值的那些公司，都是一些资产净值远低于其账面价值的企业。

在这个案例中，有两件事巴菲特很可能看得最为清楚。首先，可能第一眼看上去，登普斯特公司就是一家将死的企业，但事实上，它并不是处在一个快速崩溃的过程中。这家企业一直停滞不前，同时，也没有创造很多利润。但它的衰落很可能是一个渐进的过程，而且，它的现金并没有被蚕食。更有可能的事实是，登普斯特公司的经营有很大的改善空间。

此外，这个公司的大多数资产都可以被出售或转化为现金。具体来说，巴菲特所看重的大部分资产价值并不在工厂、财产和设备上，而是在存货和应收账款里。巴菲特一定知道，这家企业可以在 12～24 个月实现这些资产的价值。

从这个意义来讲，登普斯特农具机械制造公司事实上是一个经典的交易价格低于资产净值的企业：这里只需加总其流动资产净值，就能冲抵其所有负债，然后，只要拿走该余额的 2/3，这个价值依旧能超过其股票的市价总值。[⊖]上述内涵非常重要，因为以账面资产很大折扣出售的公司，其账面资产往往都是无法套现的。举个太阳能电池制造商的例子：它的账面上有很多的产能以及很大的重置价值，但是没有人愿意购买这些资产，因为市场根本就没有相关的需求。

　　除了以一个很好的价格购买一家可以确保没有急剧恶化的公司外，巴菲特还采用了一个非常直接的策略。因为他看到了这样一个机会：提升它的经营水平，并通过把存货转换为现金的方式来实现资产价值，而且，还可以用这笔现金进行投资。为了做到这一点，巴菲特果断地拿下了该公司的控股权。鉴于在 1961 年年底之前，该公司管理的总资产大约是 720 万美元，那么，对登普斯特公司的投资代表了巴菲特合伙制企业总资产的 20% 多（基于他对该企业每股 35 美元的估值）。同样，这又是一笔大投资！

　　此外，我们还应该对登普斯特公司的管理层给予更多的关注。当巴菲特初期投资公司的时候，简而言之：管理团队不是很能干。有明显的迹象表明，管理层并没有设法去利用那些最基本的能够改善经营的机会。举一个例子，最初的公司经理并没有为需要更换的零配件和初始设备的零配件之间设置差价。对于一个有零配件供应的公司来说，它的标准价格架构是：为这些零配件设定更高的价格，因为受制的买家别无选择，必须购买兼容组件，因此，它们对价格敏感度较低。这种定价模式提高了利润率 。正因如此，当后续的管理团队推出差异化的定价模型时，利润立即在没有影响销量的情况下大增！

　　虽然巴菲特认识到原来管理团队的缺点，但他仍然尝试着与他们合作，以便提升资金利用和业务运营的效率。不过，在屡试屡败之后，巴菲特被迫引进了他自己的管理团队，以哈利·巴特勒为首。在后续几年的年度信中，巴菲特都非常积极地谈到了这位经理人。在巴菲特有关哈利·巴特勒的论述中，似乎

⊖　就流动资产净值法（net-net）的概念来说，有许多种定义，我采用的定义是：仅用流动资产（现金、应收账款、存货和其他流动资产），减去所有负债，并取该差额值的 2/3。根据这个定义，登普斯特公司的估值方法如下：流动资产净值 =[（549.1 万美元 − 231.8 万美元）/ 60 146] × 2/3= 每股 52.75 美元 × 2/3= 每股 35.17 美元。这比巴菲特支付的每股 28 美元高 20%。

反映了他基于 3 个重要标准对公司进行管理的基本思路。

（a）关键绩效指标（KPI）：哈利·巴特勒受到清晰的关键绩效指标的物质激励，并基于关键财务指标进行企业管理。这些指标包括把高企的库存转化为现金，削减 50% 的销售管理费以及关闭不盈利的分支机构。

（b）首先办棘手的事情：哈利是一个敢于采取必要行动的人，其中就包括上述非盈利设施的处置。同时，他还会及时处理或注销失去价值的产品。

（c）勤奋：巴菲特将哈利·巴特勒形容为专注于手头任务的人，并说："我喜欢和知道如何做正确事情的人打交道。"

1962 年和 1963 年的合伙人信揭示了，按照巴菲特的保守折现法计算，登普斯特的价值是如何从每股 35 美元，上涨到 50 美元，之后再涨到 65 美元。我们可以参看下 1962 年年度信函中的资产负债表（见表 2-2）。

这种价值增长的根本要素是哈利·巴特勒的能力，即他那几乎是以 100% 的账面价值实现资产价值的能力。就像运作一只现代私募股权基金，巴特勒利用运营资金创造现金流，并借此还清了大多数的债务。此外，这些现金随后还被逐渐用于投资构建了一个证券组合账户——巴菲特在运作投资其合伙制企业的剩余资金时，顺手一起构建的。看起来，这就像巴菲特效仿了他之前投资桑伯恩地图公司的经验：赋予经理人的这种能力以价值，然后，利用这种能力创造的现金流进行投资。在 1963 年年底，巴菲特有机会通过一次私募交易退出了这个项目，而且，他通过这次投资所实现的总价值相当于每股 80 美元：一笔相当可观的利润！

有趣的是，在关于巴菲特的传记中，艾丽斯·施罗德披露说：这次经历也使巴菲特知道了自己非常讨厌作为一个积极投资人的角色。尽管从本次投资中获得了可观的收入，但巴菲特也绝对不想从那以后，再重复这种销售资产和解雇员工的工作。○有人说，也就是在这个案例之后，巴菲特就极力设法避免介入企业的具体经营——无论作为一个经理人还是投资人。

○ Alice Schroeder, *The Snowball*: *Warren Buffett and the Business of Life* (New York: Bantam, 2008), 246.

表 2-2　汇总资产负债表（1962 年）　　　（单位：千美元）

资产	账面数字	估值比例	调整过的估值	负债	
现金	60	100%	60	应付票据	0
有价证券	758	1962 年 12 月 31 日的市值	834	其他负债	346
应收账款（净额）	796	85%	676	负债总计	346
存货	1 634	60%	981		
寿险的现金价值	41	100%	41	资产净值（按账面价值计）	4 077
可抵扣所得税	170	100%	170		
预付费用，等	14	25	4	资产净值（按快速可实现的价值调整的）	3 125
				加：进项款（来自哈利·巴特勒可能行使期权的支付款）	60
流动资产	3 473		2 766	流通股份（60 146）	
其他投资	5	100%	5	加：在外流通的 2 000 份潜在股份，总股份数为 62 146	
工厂和设备净值	945	拍卖价值的预估净值	700	调整过的每股价值	51.26
总计	4 423		3 471		

资料来源：Warren Buffett to Buffett Partnership Limited, January 18, 1963, 7.

专栏 2-1

登普斯特农具机械制造公司

历史： 1886 年 6 月 15 日注册于内布拉斯加州，始建于 1878 年。

佛罗伦萨桌椅制造公司（孟菲斯，田纳西州），一家原来的下属公司，于 1935 年清算。

在 1959 年 5 月，收购了哈勃克制造公司。

业务： 公司制造风车、水泵、气缸、水务系统部件、离心泵、钢罐、供水设备、化肥设备、农具等。

财产： 在内布拉斯加州的比阿特丽斯市，工厂占有 8 英亩土地。位于下述地区的分厂：内布拉斯加州奥马哈市；密苏里州的堪萨斯城；南达科他州的苏福尔斯市；科罗拉州丹佛市；俄克拉何马州俄克拉何马城；艾奥瓦州得梅因市和得州阿马里洛市和圣安东尼奥市。

下属公司：登普斯特制品有限公司；哈勃克制造公司。

管理人员：C.B. 登普斯特，董事长兼总裁；J.H. 汤姆森，执行副总裁兼总经理；E.R. 加夫尼，R.E. 普克斯，副总裁；C.A. 奥尔森，副总裁兼财务主管；A.M. 威尔斯，办公室主任。

董事成员：C.B. 登普斯特，J.H. 汤姆森，E.R. 加夫尼，R.E. 赫克斯，黑尔·麦考恩，G.S. 基尔帕特里克，C.R. 梅西，R.C. 登普斯特——比阿特丽斯市，内布拉斯加州；C.A. 奥尔森，R.M. 格林——林肯市，内布拉斯加州；W.E. 巴菲特。

年会：2 月份的第一个星期一。

股东人数：297 人——1959 年 11 月 30 日。

雇员人数：451 人——1959 年 11 月 30 日。

办公地点：比阿特丽斯市，内布拉斯加州。

利润表，年度截止日为 11 月 30 日。

利润表（年度截止日为 11 月 30 日）		（单位：美元）
	1959	1958
净销售额	7 157 738	6 108 556
销售成本①	5 453 331	4 776 200
销售等的相关支出	1 312 631	1 188 003
经营利润	391 776	144 347
其他收益	60 316	49 864
收益总计	452 092	194 211
其他扣除	124 604	115 088
所得税	176 400	36 600
特别费用	5 063	16 724
净利润	**146 025**	**25 799**
原有留存收益	3 108 013	2 600 258
从准备金转入的利润	—	500 000
股息	72 175	18 044
留存收益（11 月 30 日）②	3 181 863	3 108 013
每普通股利润	2.43	0.43
普通股数量	60 146	60 146

① 内含 95 068 美元（1958 年，95 135 美元）折旧费。

② 还有 73 850 美元尚未确定。

抵押贷款：这是 1959 年 11 月 30 日的余额为 35 万美元、利率为 6%，并按年度付息的票据，但期限一直到 1963 年 11 月 30 日；这笔贷款是由位于内布拉斯加州比阿特丽斯市的工厂的第一抵押权做担保，而且，还质押了登普斯特制品公司的所有股权和预付给子公司的票据。公司可能不付投资人股息，但不包括 1958 年 11 月 30 日以后的利润、也不包括之后的股票回购行为——这会使留存收益降至 3 108 013 美元以下。

资产负债表（截止日为 11 月 30 日）		（单位：美元）
	1958	1959
资产：		
现金	613 690	399 809
美国政府证券	197 958	—
应收账款（净额）	562 421	657 639
存货①	2 595 181	2 336 960
预付账款	69 447	70 809
流动资产总计	4 038 747	3 465 217
土地和建筑等	2 643 494	2 607 944
折旧和摊销	1 551 897	1 458 226
财产净值	1 091 597	1 149 718
投资	243 075	35 076
递延费用	27 293	40 939
商誉等	1	1
总计	5 400 713	4 690 951
负债：		
应付票据	50 000	—
应付账款	187 062	153 281
应计账款	248 414	201 758
所得税款	174 283	18 808
流动负债总计	659 759	373 847
应付票据	350 000	
普通股	1 202 920	1 202 920
资本盈余	6 171	6 171
盈余公积	3 181 863	3 108 013
总计	5 400 713	4 690 951
流动资产净值	3 378 988	3 091 370
每股有形净资产	73.00	71.78

① 预估成本或重置市场价格孰低。

运营资金必须维持在不少于 275 万美元。在 1959 年 11 月 30 日，73 850 美元的留存收益没有受到这种限制。

实收资本： 登普斯特农具机械制造公司的普通股：面值 20 美元：

(单位：美元)

1920 年	14.00	1937 年	6.25	1950 年	12.50
1921～1925 年	6.00	1938～1942 年	5.00	1951 年	11.00
1926～1930 年①	7.00	1943 年	6.25	1952～1955 年	6.00
1931 年	3.50	1944～1947 年①	6.00	1956 年	1.50
1932～1936 年	Nil	1948～1949 年	7.50		

① 还有股息：1929 年，5%；1944 年，20%。

已授权股份： 10 万股；流通股，60 146 股；面值 20 美元（在 1956 年 2 月，从每股 100 美元面值转变为每股 20 美元面值，对已发行的每 100 美元面值的股份拆分为 5 个 20 美元面值的股份）。

投票权： 一股一票。

股息：（自 1919 年以来一直在支付）

1956	0.90	1958	0.30
1957	1.20	1959	1.20

就每股面值 100 美元的股份：

	1959	1958	1957	1956①	1955
高	25 ½	18 ½	18 ½	23	115
低	18 ½	14 ½	17	17	106

① 每股面值 20 美元；旧的 100 美元面值，110-110。

就每股面值 20 美元的股份：

价格区间——

转让代理人： 在公司办公室做的股票转让和登记。

资料来源：*Moody's Manual of Industrial and Miscellaneous Securities* (1960), 217.

第 3 章

1964：得州国民石油公司

  之所以把得州国民石油公司（Texas National Petroleum Company）的投资作为一个案例来审视，是因为这是巴菲特在给股东的年度信函中明确论述过的、仅有的几个练习（workout）案例之一。实际上，这是一个并购套利的投资项目——是许多涉足特定情形投资的投资基金的焦点领域。

  在 1964 年，得州国民石油公司还是一家较小的原油生产商，正处在加州联合石油公司收购的过程之中。更准确地说，加州联合石油公司已经公告了一个交易条件具体详尽的正式要约，但还有待于得州国民石油公司接受。因此，这是一个已经公示要约，但尚未完成的交易。

  和任何并购套利交易一样，这里有三个要素，是投资者彼时审视标的公司时，所要考虑的。首先，他们想要知道收购要约的具体条款，如收购价格和收购形式等。其次，他们想知道收购活动所涉的时间表，如并购所处阶段、预期交易需要多少个月才能结束。再次，投资者想要清楚交易失败的风险是什么。这种风险可能是由于所需的监管核准来自收购方和被购方股东的批准以及收购要约条款中制定的其他规定。

在某种程度上，并购套利投资项目具有很浓的数学属性。如果投资者能以精确的方式拥有上述所有相关信息，那么，他需要做的只是为这项投资计算年化收益率，看看它是否足以确保这项投资具有合理的收益。

就相关的历史背景来说，在 20 世纪 60 年代的美国南部和中西部的油气行业，兼并和收购是相当普遍的现象。此时，正逢美国石油生产的鼎盛时期，这种类型的交易并非什么难得一见的异类之举。[一]因此，肯定会有一些其他类似的交易，人们可以从中找到自己的楷模，并借此提振自己的信心。事实上，就并购公司而言，加州石油公司就是频频出手的玩家：它曾在 1959 年并购了伍利石油公司，随后在 1965 年兼并了纯石油公司——当时石油行业最大的兼并案例之一。[二]

回到得州国民石油公司的案例，我们可以看到，在收购公告发布之时，该公司有三种流通证券。为了做必要的调研，首先必须基于该公司披露的信息进行，因为它们是投资者相对容易得到的。在给股东的年度信函里，巴菲特在论述这项投资时，也给出了一些相关细节。

首先，该公司有尚未偿付的债券，需要按照其面值的 6.5% 年率支付息票金额。公司可以按照 104.25 美元的面值赎回这些债券——这也是这次并购结束时的计划。同时，本次收购被公告的 1963 年 4 月，也是一个前置的付息日，所以，投资者多半可以指望在重组套利期间收到相应的息票金额。这笔尚未偿付的债券总值为 650 万美元。其次，该公司有 370 万普通股——在这次交易中，它们打算出手的普通股的预估价格是每股 7.42 美元。事实上，该公司普通股的 40% 是由内部投资者所拥有，其余为外部投资者所持。再次，还有 65 万份的流通权证——它给予持有者以每股 3.5 美元购买该公司普通股的选择权。这意味着，如果按照普通股每股 7.42 美元的预估价格，那么，在这次交易里，这些权证具有每份 3.92 美元的预估价值。

不同于当今大多数的兼并交易，（就我们所知）当时不会正式公布这类兼并的精确截止日，所以，不知道这项收购会在何时完成。不过，要想得到这项收购的大致完成时间，有两个信息来源可资利用。第一个来源是所涉各方所做的相关信息披露，比如，由得州石油公司或加州联合石油公司给出的相关信

⊖ David Johnson and Daniel Johnson, *Introduction to Oil Company Financial Analysis* (Tulsa: PennWell, 2005), 238–239.

⊖ Union Oil Company of California Records 1884–2005, UCLA Department of Special Collections.

息。另一个来源是从其他过往类似交易推断而来的信息。

就前一个而言，得州国民石油公司的确提供了一些信息。在给股东的信函里，巴菲特阐述了他与得州石油管理层的对话。在这次对话里，巴菲特有限合伙企业极力促使这项交易能在 1963 年 8 月或 9 月完成。如果这项交易的预期完成时间是 9 月底，那么，这就意味着巴菲特认为，从 4 月份的公告算起，这项投资需要持续 5 个月的时间。

通常，投资者会设法理解一家企业的内生品质。但在这类项目里，只有在交易失败，投资者成为公司股东时，这种内生品质才有用。而且，对该企业基本面评估涉及对石油或矿业资产的理解，这显然不是该投资的焦点所在。这里应该做的是直接进行这项交易的价值评估。在这项收购公告发布之后，该企业三类证券的价格状况大致如下。⊖

（a）就 6.5% 年率的债券来说，相应的价格是 98.78 美元，比 100 美元的面值稍低一点。

（b）就那些普通股而言，相应的价格是 6.69 美元（低于要约价格 0.74 美元或约 11%）。⊖

（c）就那些权证来说，相应的价格是 3.19 美元，有一个与普通股类似的折扣。

如果你的推测是，完成交易需要 5 个月，付款还需要 1 个月，总投资期为 6 个月，那么，基于要约价格的预期收益率应该是：

（a）就这些债券来说，投资者将会得到调整为年率 6.5% 的息票金额。如果假设这个交易需要 6 个月的时间完成，每份息票相应支付的金额就会达到 3.25 美元。此外，投资者还会预期一个 5.47 美元的增益（104.25 美元 −98.78 美元）。因此，总的绝对收益是 8.72 美元。以购买价格的百分比计，这大约是

⊖　我采用了巴菲特年度信函里的细节，基于他的收购价格，计算预期收益率。由于巴菲特是在几个月的时间段里购买这些证券，所以，所有的数字都是估计数，都是建立于我们能得到的或具体购买价格的反映了平均收益率的所得之上。我还做了相关的假设，即相对于预估的交易价格，权证和普通股都是按照类似的折扣进行交易的。

⊖　具体就普通股价格来说，可以计算出巴菲特购买的平均价格大约在每股 6.92 美元。不过，我认为，由于他的规模行为是发生在 1962 年 4 ~ 10 月，该普通股的价格在 4 月份是较低的，而且，是一个与总收益率一致的金额。

9% 的收益率或 18% 的年化收益率。这看起来相当有吸引力，所以，如果投资者确信这项交易会成功，那么，他们多半会购买这个债券。

（b 和 c）就普通权益股和可转换为权益股的权证来说，相关的计算很简单。如果你预期获得一个 11% 的收益率（要约价和市场价的利差），那么，在 6 个月的时间内，你可以预期一个 22% 的年化收益率。这会是一个很有吸引力的收益率。如果这项交易所用时间比预期的更短，那你的收益率就会更高。如果要约价格上涨了，也会如此。反之，如果交易花了更长的时间，那基于年化的收益率就会差些。

总之，要约价格和即期价格的价差，看起来肯定有吸引力。剩下来唯一要考虑的问题是，交易是否能完成的风险。要想评估这个风险，你首先要考虑股东（需要他们通过收购案）否决这项交易的概率。由于是得州国民石油公司的管理层主导了这次交易，而且，他们自身拥有了公司流通股的 40%，所以，你会很快得出结论：股东批准的可能性相当之大。事实上，只要交易价格看起来有那么一些合理性，投资者就会确信这项交易会获得批准，因为这里仅需要外部票数的 10% 就能成行。因此，就股东批准的风险问题，巴菲特的结论应该也是基本如此。

要想更进一步的话，你还可以看看可能存在的法律合规和反托拉斯的问题。就这些问题来说，不清楚相关的风险是什么，但相关的事实是：在前几十年里，这个市场已经完成过许多类似的并购交易，有些较小的勘探公司被较大的公司所整合。这些都说明这是一个很直白的项目。因此，虽然投资者彼时肯定会请专业律师来把关，但这看起来并不是一个什么大问题。

针对这些担忧，巴菲特自己做了透彻的调研；就任何潜在的法律风险和关键的法律进展，巴菲特都给我们做了完整的阐述。[⊖]具体来说，巴菲特通过详尽的阐述，说明这项交易的产权检索和法律意见几乎都没有什么问题，仅有的一个主要障碍是：需要一个与南加州大学相关的税收裁定——因为它是一个非营利机构，而且，是此时某些石油高产费的所有者。虽然这只是一个可能会延缓某些流程的额外障碍，但巴菲特并没有把它视为整个交易的威胁，因为南加州大学已经示意，为了帮助完成这个交易，它甚至愿意放弃自己接受经济接济

⊖　巴菲特致巴菲特有限合伙企业合伙人的信，1964 年 1 月 18 日。

的法定地位。

在这个案例里，潜在的收益很明确。对于一位个体投资者来说，通常很难像巴菲特那样准确地评估这项交易的相关风险。在类似的实践中，我肯定会求助于这个领域的律师，并做一个一手调研。对于一个小的投资基金来说，这是一个可做的项目，因为这类基金通常都有一个触手可及的专业人士的人脉网。不过，个体投资者做起来就比较费劲了。在任何情况下，如果你对相关的风险有把握，就像巴菲特对这个项目一样，你就可以预期从这种另类投资中获得不菲的收益。

在这个投资案例里，巴菲特最终投了所有这三种证券，购买了总面值为 26 万美元的公司债券、60035 份普通股和 83200 份可购买普通股的权证。虽然这个交易所用的时间比预期的要稍长一点（这些债券的收益回收期是 11 月中旬，股票和分期付款权证的收益回收期是 12 月和次年的年初），但整体的收益要比最初计算的还要略高一点（每股 7.59 美元而非每股 7.42 美元）。鉴于这一点，巴菲特评述道："这揭示了一个通常的模式：①这类交易所用时间要比最初预期的要长；②这类项目的回报率一般要比预估得好一些。就得州国民石油公司这个项目而言，多花了 1～2 个月的时间，但我们多得到了 1～2 个百分比的收益。"

就这些债券来说，它整体的年化收益率接近 20%；就股票和权证而言，它们的年化收益率则接近 22%。

总而言之，这是一个特殊情形投资的案例，具体说，是一个兼并套利的机会。就债券而言，这里的价差就意味着一个较高单位数的绝对收益率，而权益类证券则有 10% 的收益率。就年化收益率来看，投资者就这笔投资可以预期一个接近 20% 的收益率。然而，这里的焦点问题是对于交易风险的评估。虽然上述的正面因素是从事这次投资所必需的正当理由，但促使投资者敢于追求这笔投资的信心，却是确信这笔投资的风险较低。为了使相关的风险最小化，投资者要么对与交易相关的资产和业务，具有非常好的本能性的直觉，要么是在对所有的兼并套利案例，在做过应该做的认真仔细的一手调研后，仍然信心满满！这里的一手调研会涉及与律师沟通相关的法律事宜，而且还应涉及详尽分析原先的兼并案例。总之，如果你愿意像巴菲特在这个案例里那样深入挖掘的话，相应的回报应该是水到渠成的事。

第4章

1964：美国运通

在某种程度上，美国运通（American Express）似乎是沃伦·巴菲特投资的一家高科技公司。在20世纪60年代初，美国运通（见图4-1）就代表着新颖。随着美国民众喜欢上了航空旅行，用旅行支票支付就成为一个越来越普遍的趋势。与此同时，美国运通也引领了第一批塑料信用卡的使用。这两种无纸化支付形式的主要优点是：它们不仅真实可信，并且，无须现金就可进行交易。在处理大笔资金交易或国际旅行时，用现金显然不太合适。当商人或供应商收到一张美国运通旅行支票时，他们知道这种支票是可信的。此时，处理大量资金和国际支付的另一种方式是信用证，但这麻烦得多，因为它涉及银行不少的文书工作。在这种情况之下，美国运通率先推出了一款卓越的产品，但它随后还有更多的惊人之作！

然而，在1963年，美国运通遭遇了一场大灾难，后世称之为"色拉油骗局"！该年11月，美国运通旗下一家子公司位于新泽西巴约纳的一家仓库，给一家叫作联合植物油精炼公司的储物签发了收据，而该公司将此收据作

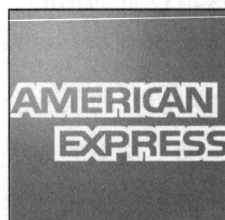

图 4-1

为了银行贷款的抵押物。就如后来的结果所示，这家公司是在行骗。在该公司破产后，银行来收取担保物时，仓库管理人员发现，他们认为应该装满有相当价值的色拉油的油罐，装满的却是海水！在高达约 1.50 亿美元债务的重压之下，联合植物油精炼公司与美国运通的那家子公司申请了破产保护。作为母公司，美国运通是否应该担责，当时并不明确。然而，由于担心损害美国运通的声誉，董事长兼首席执行官霍华德·克拉克总裁发表了一份声明，美国运通公司愿意从道德的角度，确保这些债务的偿付。○

当时，坊间传言，美国运通可能面临破产倒闭之虞。在此丑闻之前，该公司股票的交易价格是每股 60 美元，但在越来越多的负面报道的重压之下，及至 1964 年年初，它的股票价格已经下跌至每股 35 美元。○那时，有一种关于美国运通的说法是，它面临着"数目不详的庞大债务"。除了负面报道外，美国运通的股东还起诉了霍华德·克拉克，因为他向债权人提供 6000 万美元赔偿，而股东认为这是一种不必要履行的道德义务。相比于美国运通公司当时 7800 万美元的账面价值，这看起来是一笔非常大的金额！

根据洛温斯坦的记述，沃伦·巴菲特从这场丑闻中嗅到了潜在的机会，并认真地开始做一手调研。他找奥马哈的餐馆经营者和餐馆客户聊天，看看他们的使用习惯是否已经改变。他还去了银行和旅行社，甚至还和美国运通的竞争对手交谈过。无论他去哪里，他得出的结论都是：尽管有丑闻存在，美国运通旅行支票和信用卡的使用似乎是稳定的。他由此推测美国运通将继续经营，声誉损害不会持久，公司的品牌与产品地位仍然坚实。他还得出结论：这家公司不太可能资不抵债。○

行笔至此，看看投资者是如何看待美国运通，会相当有益。（美国运通在 1963 年年度报告中的几个关键页面副本，包括综合财务报表，参见表 4-1 至表 4-3。）○在此，大家可以看到，在题为"十年财务概要"一节（该报告的第 4 ～ 5 页），美国运通公布了过往整个 10 年的利润数据。这里立刻吸引你的是：1963 年前十年的美国运通，是一家多么强健的公司！

○ Roger Lowenstein, *Buffett: The Making of an American Capitalist* (New York: Random House, 2008), 80.

○ 注意：在这期间，约翰·肯尼迪遇刺，这对股票市场产生了负面影响。

○ Lowenstein, *Buffett*, 81.

○ American Express, *1963 and 1964 Annual Reports*. Original annual reports of American Express 1963, 1964 (hardcopies provided by Guildhall Library, London).

（单位：百万美元，除每股数据）

表 4-1 十年财务摘要（1954～1963 年）

经营概况	1963	1962	1961	1960	1959	1958	1957	1956	1955	1954
销售额	100.4	86.8	77.4	74.7	67.1	59.0	53.8	47.9	42.2	37.1
营运利润	1.4	2.0	2.9	2.7	2.5	2.4	0.9	1.4	1.3	1.2
经营费用	85.9	76.8	69.1	65.9	60.0	52.9	46.6	42.0	37.3	33.1
美国和海外所得税计提	4.7	1.8	2.0	2.5	1.2	0.9	1.2	1.0	0.8	0.5
净利润	11.3	10.1	9.2	9.0	8.4	7.6	6.9	6.3	5.4	4.7
每股净利润	2.52	2.27	2.06	2.02	1.89	1.70	1.54	1.42	1.22	1.05
每股股息	1.40	1.25	1.20	1.20	1.05	1.00	0.95	0.83	0.64	0.60
年末股东人数①	24 055	23 366	23 814	24 665	24 335	25 341	25 111	25 302	25 366	25 642
现金及到期存款	266.6	187.3	169.2	155.6	124.6	124.7	141.1	149.0	131.2	125.6
证券投资	443.8	463.5	473.5	461.9	453.6	443.2	445.8	453.2	423.9	390.2
贷款与贴现	172.4	141.5	85.1	58.4	39.3	29.0	24.5	15.7	11.5	8.0
总资产	1 020.2	915.2	876.5	787.8	732.7	680.1	667.6	700.1	629.3	621.0
旅行支票和信用证余额	470.1	421.1	386.4	365.5	358.7	337.5	320.3	304.4	282.8	259.6
客户存款和信用贷款余额	366.5	337.2	303.5	286.1	223.8	215.6	243.0	266.8	243.1	222.8
股东权益	78.7	68.4	64.8	60.1	56.4	53.0	49.9	47.2	44.3	41.7

项目										
年末雇员人数										
国内	5 530	4 944	5 138	5 326	5 213	4 839	4 114	4 054	3 847	3 638
海外	5 424	5 333	5 107	4 927	4 770	4 609	4 698	4 657	4 580	4 397
合计	10 954②	10 277	10 245	10 253	9 983	9 448	8 812	8 711	8 427	8 035
年末机构数量										
国内机构	115	105	108	99	96	96	96	91	85	77
海外商业机构	110	105	98	99	102	94	90	87	84	75
海外军事基地的机构	177	179	173	181	186	183	213	208	203	197
合计	402	389	379	379	384	373	399	386	307	349
美国运通代理商	5 921	5 902	4 631	4 551	4 541	4 465	4 478	4 399	4 351	4 267
美国运通其他销售网点	75 738	70 471	69 338	67 614	67 736	66 280	64 271	66 436	64 457	63 294
美国运通信用卡服务机构	85 580	81 989	50 676	46 982	41 455	32 183	—	—	—	—

① 所有数字都是基于每股面值5美元和4 461 058股股票所计。

② 包括富国银行的601名员工。

资料来源：American Express, 1963 Annual Report, 4–5.

表 4-2 综合利润表（1963 年） （单位：美元）

	1963	1962
利润：		
经营利润	100 418 244	86 771 484
证券销售利润	1 435 903	2 028 125
合计	101 854 147	88 799 609
费用和税收：		
薪金与工资	41 308 088	36 289 997
金融票据、其他印刷品和办公用品费	4 854 346	4 168 274
邮费、话费、电报费和上网费	3 605 062	3 333 282
旅行、快递和其他运输费	2 995 345	2 492 998
财产及设备支出	7 602 788	6 939 640
广告与宣传资料	5 700 052	4 595 985
其他费用	14 920 469	14 828 141
美国和海外所得税以外的税收	4 889 298	4 200 086
合计	85 875 448	76 848 403
未计美国和海外所得税的利润	15 978 699	11 951 206
美国和海外所得税计提	4 714 858	1 820 263
净利润	11 263 841	10 130 943
年初盈余	46 051 152	41 499 546
贷记盈余：		
特别销售证券的利润——扣除适用税款	4 376 996	—
净资产高出相关投资的金额——产生于1963 年 1 月 1 日富国银行的整合	892 784	—
合计	62 584 773	51 630 489
借记盈余：		
股息	6 194 506	5 537 114
其他支出（净额）	—	42 223
合计	6 194 506	5 579 337
年底盈余	56 390 267	46 051 152

资料来源：American Express, *1963 Annual Report*, 26.

表 4-3 综合资产负债表（1963 年） （单位：美元）

	1963	1962
资产		
现金及到期存款	266 637 122	187 306 540
证券投资——成本价		

（续）

	1963	1962
美国政府债券	141 208 249	102 201 433
市政债券	229 784 429	225 241 401
其他债券	39 614 783	92 676 747
优先股	18 968 863	19 451 610
普通股	14 198 704	23 908 432
证券投资合计（当时的市价总值：1963 年，450 500 000 美元；1962 年，479 010 000 美元）	443 775 028	463 479 623
美国政府的存款债券	35 000 000	35 000 000
贷款与贴现	172 410 264	141 505 217
应收账款和应计利息（减去储备金：1963 年，2 741 819 美元；1962 年，1 714 232 美元）	51 660 293	42 832 134
美国运通公司股份回购——成本价（1963 年，33 340 股；1962 年，37 700 股）	1 436 565	1 627 535
子公司及关联公司未合并投资——成本价（净资产类权益：1963 年，4 096 000 美元；1962 年，5 654 000 美元）	3 580 002	4 791 987
土地、建筑、设备——成本价（减去储备金：1963 年，11 927 151 美元；1962 年，10 461 370 美元）	14 347 038	12 669 124
客户承兑负债	18 873 203	15 225 152
其他资产	12 486 135	10 741 415
合计	1 020 205 650	915 178 727
负债		
旅行支票和旅行信用证	470 126 789	421 063 300
客户在美国运通公司的存款与信贷余额	366 490 835	337 237 710
与美国政府存款债券有关的存款负债	35 000 000	35 000 00
未付汇票	18 903 238	15 690 404
其他负债	50 989 231	37 830 871
合计	941 510 093	846 822 285
股东权益：		
股本——授权 5 000 000 股，每股面值 5 美元，发行 4 461 058 股	22 305 290	22 305 290
盈余	56 390 267	46 051 152
股东权益合计	78 695 557	68 356 442
合计	1 020 205 650	915 178 727

资料来源：American Express, *1963 Annual Report*, 28–29.

1954～1963 年，美国运通的收入从 3700 万美元增长到 1 亿美元。更令人印象深刻的是，在这一时期，没有任何一年的收入比上年同期下降。公司每股收益和总账面价值的表现也反映了公司收入持续增长情况：每股收益从 1.05 美元增长至 2.52 美元，账面价值从 4200 万美元增加到 7900 万美元。因此，按年复合增长率计，过去的 9 年中，美国运通公司收入的年复合增长率是 12%，净利润的年复合增长率是 10%。

在 1963 年这个财年于 12 月 31 日结束时，美国运通在收入 1.004 亿美元的基础上，净利润达到了 1120 万美元（每股 2.52 美元，446 万流通股）。税前利润为 1600 万美元（报告的是"未扣美国本土和海外所得税前的利润"）。只需简单计算，就可把这个数据转化为 16% 的经营利润率和 11% 的净利润率——这两个指标都意味着相当不错的盈利能力。

乍一看，若只是基于财务数字，美国运通各方面的运营似乎都不错，并且已经维持了相当长的一段时间。然而，要想真正了解一个企业，并确定它是否是一个真正的优质企业，你要看的不仅仅是财务状况。若要了解美国运通的业务究竟如何，又是如何年复一年地创造良好的财务业绩，那么，重要的是要分析公司的经营部分及其下属公司经营的竞争环境。

在 1963 年的年度报告中，美国运通较好地详述了其相关的经营部分。总体来说，这份报告详细介绍了公司 10 个独立的业务。不幸的是，美国运通公司当时并没有分别介绍各业务单元的规模和利润率。不过，从年报阐述的顺序和深度，可以明确地推断哪些业务是核心业务，哪些是二级业务。按业务规模的大小排序，它们分别是：旅行支票、汇票、水电账单、旅行、信用卡、商业银行业务、海外汇款、货运、富国银行、赫兹租车和仓储。

在讨论主要业务的运作之前，需要指出美国运通公司有 10 个独立的业务部门，它并不是一个传统意义上只涉及单一业务的企业。不过，如果好奇的投资者想要详细了解各项业务，他大可放心的是，我们只会讨论它们的业务模式和相关的人，而非它们的复杂技术。

在这份报告中，首先阐述的是最大的业务，也就是旅行支票业务。该业务的内涵是：美国运通公司出售纸质支票给打算出国旅行的客户——他们在出国旅行前，可在许多地方购买这种支票，随后可在国外许多场馆和银行使用（后者会将这些支票兑换成相关的外币）。美国运通向客户收取现金和一小笔费用，同时，为客户提供一个国际银行和场馆的关系网——借此，客户的现金兑换需求将会得到保障。为了鼓励更多的国际商人接受这种产品，美国运通为接受旅行支票的商人支付一小笔佣金。

当时，美国运通旅行支票的主要替代品是银行的信用证。一个客户（假设还是同一个国际旅行者）需要去一家银行，使用存款、抵押品或以前的关系，获得银行发行的信用证。该信用证将由客户提交给外国银行，后者既可为客户提供外币，也可使客户在国外付款。

与信用证相比，旅行支票有几个关键的优势。首先，旅行支票很容易在美国运通的任一隶属机构购买，而获得信用证的过程取决于特定的开证行，通常涉及大量的文书工作，并要耗时好几天。其次，因为旅行支票没有那么复杂，所以，美国运通的这种解决方案，也意味着更低的交易成本。再次，相比现金，当旅行支票被偷时，很容易替换之，因此，为客户提供了额外的保障。

此外，旅行支票不仅是对它的客户有好处。据美国运通的说法，签发银行把旅行支票看作引进新客户、从事交叉销售其他产品的一种方式。在这样的情况下，银行只需要花费很少的费用，并且还能减轻开立小额信用证的工作负担。对接收银行来说（即会接受信用证也会兑现旅行支票的银行），也有一个非常重要的优势：因为信用证由开证银行做担保，接收银行有时不得不单独评估发证机构的信用状况；与此相反，美国运通旅行支票都是由美国运通担保，而且，此时的美国运通已经成为国际知名机构，信誉卓著。因此，兑现旅行支票要比信用证容易得多！

虽然说起来旅行支票的优点显而易见，但有哪些定量的证据能支持它们呢？具体看看表 4-1 中美国运通的 10 年财务概要，就可以看到旅行支票余额已经从 1954 年的 2.6 亿美元增长到 1963 年的 4.7 亿美元。若以年率计，在过去 10 年间，旅行支票业务余额每年增加 7%。

这些信息和美国运通总裁兼首席执行官霍华德·克拉克在年度报告中给出的积极定性的细节，$\ominus$ 足以向投资者证明：旅行支票业务取代很大部分信用证市场份额的趋势已经延续了许多年（事实上是几十年）。作为旅行支票的市场领导者，

$\ominus$　American Express, *1963 Annual Report*, 2–3.

美国运通将是这一发展过程的主要受益者。总之，美国运通的旅行支票业务看起来好像是一个非常好的业务，不仅发展迅速，且与同行相比优势明显。

美国运通年报阐述的第二个业务是，汇票和公用事业账单业务。这项业务要追溯到19世纪80年代，当时为了反制邮政管理局推出的邮政汇票业务，美国运通也开发出了相应的竞争产品。该产品的目的很简单：通过资金的快递或邮递服务，实现资金的安全交付。到1963年，在同类产品中，美国运通的汇票是最畅销的商业票据。它是唯一一个在50个州出售的商业汇票。⊖及至此时，虽然这项业务已经增长乏力，但它本身基础坚实，能为用户提供有用的服务，并可作为旅行支票的补充业务，继续发挥作用。

美国运通的第三大业务是旅行业务。就卖轮船巡游票和组织国际旅游观光来说，美国运通的旅行业务在国内外有许多规模各异的竞争对手。就其本身而论，这似乎是一个以执行力为基础的业务，几乎没有进入的门槛。这块业务每年的业绩表现都会参差不齐，成功就是意味着比同行有更高的回报率。从1963年年度报告的相关论述来看，1963年是这一业务重组的第2年。这次重组的目的就是为了得到更高的效率，方法是建立一个非中心化的商业模式，聚焦于为客户提供更好的服务。

这里论述的第四项业务是信用卡业务。及至1963年，尽管它还谈不上是一个规模庞大的业务，但它已经是公司业绩增长的一个重要的新驱动力。虽然信用卡是由西部联盟公司在20世纪10年代首创，并由大来卡公司在20世纪50年代把它以目前的形式予以商业化，但美国运通公司凭借其强大的网络和品牌影响力，迅速成为这一细分市场的领导者！在1958年，第一张美国运通信用卡由美国银行与银美卡公司（BankAmericard）联合推出。尽管此时客户的使用率增长很快，但运营问题妨碍了该部门的早期盈利能力。不过，及至1963年，这项业务已经盈利两年了。⊜

在这份年度报告中，美国运通公司披露了持卡会员持续增长，会员首次超过100万名。

如图4-2和图4-3所示，年度的信用卡账单金额增长得更快。

⊖ American Express, *1963 Annual Report*, 10.
⊜ American Express, *Case Study*, 1996.

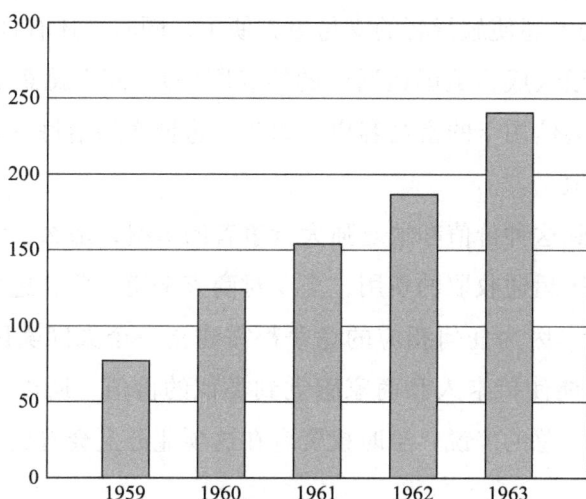

图 4-2 年度信用卡账单金额（单位：百万美元）

资料来源：American Express, *1963 Annual Report*, 13.

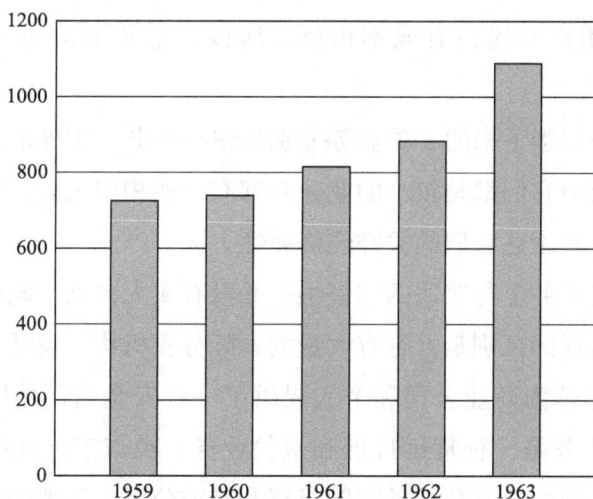

图 4-3 持卡人——年末（单位：千人）

资料来源：American Express, 1963 *Annual Report*, 13.

基于收取商家一个百分比提成以及持卡人年费的商业模式，美国运通信用卡分部找到了利用信用卡业务赚钱的方式。此外，鉴于这种商业模式的核心是广泛的持卡人和接受信用卡的商户，所以，美国运通品牌的良好声誉就是其天然的优势，尤其是在旅游和国际商务中。银美卡（首先针对商人和富人的旅行和娱乐卡）迅速取得了成效。除了为客户提供一个声誉卓著的签账卡这个"很酷的元素"，银美卡还使旅行者的支付更方便了，同时，还有许多额外的好处，如旅行保险（这很快成为美国运通卡的签名服务）。商人愿意支付佣金是为了吸引使用美国运通信用卡的富裕客户。因此，这种产品给每一方的交易都提供了明确的客户价值。

如果你考虑到这种价值和缺乏强大竞争者的情况，那么，它的价值可能远远超出了那时美国运通收取的费用，至少对商家来说如此。这里还暗示着某种隐形的定价能力。因为任何相应的竞争都需建立一个如同美国运通一样广泛的竞争网络，才能使持卡人和商家感觉到类似的价值，所以，美国运通就此占有明显的优势。总的来说，当时投资者在这项业务上会看到非常有吸引力的前景。

诚然，几十年后万事达和威士卡的发展是很难预见的。但足够精明的投资人还是可以预见到这种结果：不像一些受网络经济驱动的那些最安全的产品，信用卡对用户来说持有成本很低，所以，它并不妨碍一个用户持有多个卡。

美国运通公司接下来的5项业务分别是银行业务、国外汇款、货运、富国银行和赫兹。因为它们都是较小的业务并都有一些相似之处，所以，我将把它们作为一个组群来论述它们的关键经济属性。

商业银行在业务上与普通的零售银行并没有太大区别，同样是做存款和贷款业务。美国运通的区别是，它有大量的国际分支机构，包括在军事基地的分支机构。外国汇款为商业公司和个人提供了一种安全简便的国家间资金转移的方式。货运业务是一种货运代理和报关业务，类似于现在美国的货运代理业务。接下来的两个业务分别是富国银行和赫兹公司。前者的业务涉及运输现金和贵重物品，很像今天的装甲运输业务。后者则是与赫兹公司共建的合资企业，它是一家在美国以外的地区经营轿车和卡车出租业务的公司。美国运通公司在这家赫兹公司拥有49%的股份。有趣的是，这两个名字现如今都是大家耳熟能详的名字。事实上，当今著名的富国银行是由美国运通的创始人亨利·威尔士和威廉·法格创办的。而赫兹仍然是当今世界上最大的汽车租赁公司之一。

看着这组五项业务，你可以得出一个结论：虽然它们明显都是对美国运通主要业务的补充，但与当时其他成熟同行相比，这些看起来都不像是美国运通有特别竞争优势的业务。

美国运通的最后一个业务是它的现场仓储业务（遭受丑闻打击的那个业务）。这项业务主要是为客户的存货以及其他资产提供真实可靠的收据，以便这些客户可以使用这些资产作为抵押物，从银行和其他金融机构获得贷款。传统的仓储收据业务模式涉及公共仓库。在这种商业模式中，客户将其存货送到一个公共仓储设施，由一个托管人对存货进行管理和监控。对于需要陈化的产品，如烟草和酒，把它们存到公共仓库并进行融资，也很寻常。然而，在某些情况下，有些存货是无法进行运输的，因为它们很笨重或难以运输。在这样的情况下，可能会在客户或借款人的所在地建立现场仓储。在美国运通参与的这类业务中，现场仓储公司会有检查人员，在客户或借款人的仓库实施控制和监督。

就联合植物油精炼公司而言，美国运通派了一个巡回监察员在新泽西州的巴约纳联合公司的储存罐监控存货，并雇用一些联合植物油精炼公司中自己的人作为监护人。在这个案例里，美国运通的巡回监察员并没有实际盘点存货。

我稍后将会在详述丑闻的时候，论述具体事件和问题的严重程度。但就整体业务来说，现场仓储业务似乎是一个相当简单的轻资本业务，而且像美国运通这样声誉卓越的公司似乎比同行更具优势。这里的核心风险涉及美国运通在合同中承诺的详细法律条款，特别是他们是否为所有开出收据的抵押物做担保。

总而言之，美国运通看起来好像是一家杰出的企业，在其核心业务上有显著的结构优势。一些较小的业务部门（如旅游、富国银行和货运业务）似乎与同行相比没有什么大的优势，而最重要的业务，包括旅行支票业务和信用卡业务，则是具有特许经营特质的一流业务，充溢着长期持续增长的前景。

为了使这一结论更加坚实，我们需要再看看美国运通公司公布的综合利润表和综合资产负债表（如表 4-2 和表 4-3 所示）。在这两张表中，相关数据为我们提供了两个额外的洞见，加深我们的评估厚度。

为了快速概括，我们来看看 1963 年年底美国运通资产负债表上几个重要数据点。在资产方面，有 2.67 亿美元的现金和 4.44 亿美元的投资证券（其中绝大多数是美国政府、州和市政债券），3500 万美元的政府债券（大概是为客户保管，因为在负债方还有一个匹配对应的科目），1.72 亿美元的贷款，应收账款 5200 万美元和 1400 万美元的土地、建筑和设备——成本价。合计，资产总额为 10.2 亿美元。在负债方面，有 4.70 亿美元的旅行支票，3.66 亿美元的客户存款，3500 万美元的美国政府债券的对冲负债（刚好与资产方的相应科目相匹配），还有几个较小的其他负债。合计，负债总额为 9.42 亿美元。由此得到的股东权益总额为 7800 万美元。

第一，可以从资产负债表中得出的一个结论是：美国运通与一家银行或一家保险公司非常相似。作为一家能自身产生以现金和可投资证券形式表现的资产以及旅行支票形式负债的企业，美国运通公司创建了一个类似于保险公司浮存金的科目（即便不考虑它拥有的银行业务）。在 1963 年年报里，反映了这么一个事实：美国运通的资产总额超过其股东权益的 10 倍多。事实上，当客户存款和旅行支票余额计入后，美国运通实际上从客户那里就得到了 8.37 亿美元。像银行和保险公司一样，它将这些资金投资于债券、股票和贷款，从中获得收益。

第二，在看该企业所用资金的收益率时，你会发现美国运通整体的实物资金并不多。在使用通用的首选指标"资金收益率"时（用所有者利润⊖除以已用资金⊜），可以得出一个粗略的计算结果。如果你假设净运营资金为零，则已用资金收益率就是 78%，因为该企业只有 1400 万美元的土地、建筑和设备，而且，它的净运营资金还是负值——若考虑到客户存款和旅行支票的浮存金因素。如果充分考虑运营资金的负值情况，该公司已用资金的总额也是负值，那么，已用资金收益率则是无限大。本年度的净利润为 1120 万美元。值得注意的是，在这个计算中采用的是净利润，而不是所有者利润这个首选指标，因为此时还没有现金流量表，无法有效地计算所有者利润。在任何情况下，对于一家正常的企业来说，78%（或甚至更高）的已用资金收益率意味着一个非常大的特许经营价值（它使这家企业创造的收益率远远超过它的资金成

⊖ 就所有者利润来说，我首选的指标是扣除了维护性资本支出的现金利润。

⊜ 就已用资金而言，我首选的指标是：未计商誉的有形资金和无形资金总额，加上运营资金净额。

本）。这也意味着企业只需再投入非常少的额外资金发展业务，因为用多数现金回馈股东或从事收购，将会更加有益。

霍华德·克拉克给股东的信似乎支持了这一观点。在这封信中，克拉克解释说："在截至 1963 年 12 月 31 日的 4 年里，在几乎没有增加员工数量的情况下，综合营业收入增加了近 50%，税前经营利润的增幅超过了 100%，税后经营利润的增幅约为 60%。"

精明的投资者可能会发现这样一个问题：鉴于这家企业固有的高财务杠杆，用正常的已用资金收益率作为衡量业绩标准，存在着问题。这种担忧并非空穴来风。如果从净资产收益率来看财务业绩（这对金融机构是更常用的指标），就会得到一个高于 14% 的净资产收益率。这并非什么惊艳之果，但远高于资金成本，说明这是一家不错的企业！

在我们转到美国运通的估值之前，还有一个应该讨论的要素是管理层（在任何投资案例里，都应如此）。就我们所知，霍华德·克拉克（美国运通的首席执行官和总裁）是在 3 年前（也就是 1960 年）加入美国运通的。在经营上，他为美国运通做了两大工作：一是稳定了信用卡业务，二是着力提升了营销在公司经营中的分量。

当克拉克加入美国运通时，信用卡事业部正在亏损，主因是后台的信用卡付款交易处理流程，被日增的信用卡交易巨量之重压得变形了。克拉克制定了下述紧急措施，减轻了美国运通的这种负担：引入持卡人在 30 天内偿还所有债务的要求；建立了更加严格的信用审批原则；提高了商户和持卡人的所付费用。在营销方面，克拉克增加了每年的广告预算，他聘请奥美广告公司制定和实施了美国运通第一个现代广告活动。总的来说，在解决美国运通面临的经营问题时，克拉克显然是一个有能力、有决断力的领导者。[⊖]

除了解决经营问题，在美国运通总公司的责任还没有确认的情况下，克拉克承诺要解决色拉油丑闻的问题。从这个意义上说，克拉克好像是一个极正直的人，而这正是巴菲特看重的品质。

至此，我们已经对美国运通的业务及其经营者有了相当清楚的认知，随

⊖　American Express, *Case Study*, 1996.

后，让我们来看看巴菲特购买美国运通时的相关估值。巴菲特没有在 1964 年年底的合伙人信中，透露他收购美国运通的相关细节，但在巴菲特收购美国运通期间，该公司的股票价格降到了大约每股 35 美元。假设巴菲特以每股 40 美元的平均价格收购了他的股份，但由于他收购的数量不小，并且，不大可能完全抄底，所以，他的收购价格应该看起来大致如下所述（至少乍一看如此）。就 446 万流通股来说，基于 1963 财年 1100 万美元的净利润，巴菲特所持美国运通股份的估值是其市盈率的 16 倍。就过往一年的企业价值 / 息税前利润（EV/EBIT）来说，巴菲特是按 8 倍的估值支付的（考虑到美国运通的现金、财务投资及其净金融债务金额）。虽然有人可能会对投资资产的真正价值提出异议，但我相信上述计算是一个保守的估算，因为投资资产都是按成本计算的。如果更保守些，将该公司的净现金值视为零，由此产生的企业价值倍数将为 11 倍。

按照巴菲特的标准，无论如何怎么说，这都不是一个便宜的价格——哪怕是在动荡前，该企业股票以市盈率 24 倍的价格交易过。那么，这就有点令人费解了！虽然大家知道美国运通的优越品质，但基于巴菲特通常的标准，这个估值似乎仍然高了些。这是一种极为特殊的情况，因为该公司因"色拉油丑闻"而面临的责任还是未知的！要想了解这次收购的完整动因，剩下的关键问题似乎就是估值了。行笔至此，我的判断是：要么是巴菲特愿意为优秀企业支付高价格，或者是估值并没有看起来那么高。

首先，我们必须了解与这个丑闻相关的或有负债。它最详细的解释来自美国运通的管理层，他们在 1963 年的年报中用了两页讨论这个问题。假设我们可以相信管理层（他们似乎开诚布公且值得信赖），这笔负债显得有些模糊，好像不足 1 亿美元，明显低于市场预估的 1.5 亿美元。在这份报告中，该公司指出美国运通为大豆油开的验证凭证为 8200 万美元（这并未考量容器中高质量的海水，实际上也有一定的市场价值）。除此之外，还有一个 1500 万美元有争议的提货单。在价值 3900 万美元的葵花籽油收据中，有 1/3 被发现是伪造的——对这部分，美国运通似乎并没有任何义务。虽然无法判断最终的负债程度，但基于信息来看似乎介于 2000 万美元到 8000 万美元之间，而且，最有可能的结果是：管理层走高尚的道德路线，主动支付因他们错误所致的所有负债（这是管理层在这份年度报告中所陈述的计划）。若要就此给出一个粗略的数字，那么，真正的预期负债应该是 6000 万美元减去 2000 万美元的潜在合法避税额（就是按照 34% 的企业税率所减少的利润），或是 4000 万美元的净现金负债。

就是否有足够的资产偿付这笔负债的问题，只要查看一下资产负债表，就会发现美国运通的基础业务能产生如此多的现金流，公司肯定会有足够的现金应付这笔债务（当时，美国运通的库存现金已经超过 2.5 亿美元）。由此看来，他们无法支付这笔债务的唯一情况是：他们的客户停止使用他们的服务！从这个意义上说，似乎霍华德·克拉克的重点是维护公司声誉的完整性——为此，即使意味着支付一些不一定有法律义务的债务，也是可以理解的。然而，对估值的影响而言，4000 万美元的成本就意味着，对每股 40 美元的价格来说，投资者在收购时将要支付更高的倍数，大体是 20 倍的市盈率及 11 倍的企业价值/息税前利润。

这些都是巴菲特几乎肯定不会支付的价格！那么，缺失的环节是什么呢？经过更多的认真考量，好像在巴菲特的眼里，美国运通的经营利润只是故事的一部分。由于美国运通与保险公司有许多相似之处，其中一个关键的相似性好像是，来自浮存金的投资收益并没有显示在经营利润中。事实上，旅行支票所产生的浮存金，似乎是美国运通不必明确支付利息的负债。还有，如果仔细看看 1963 年的综合利润，[⊖]很明显的是，除了 1100 万美元的经营净利润外，美国运通还挣了一个 440 万美元的税后已实现的投资利得——直接贷记到了股东权益。事实上，这些导致了股东权益增加了约 1000 万美元，尽管该年的股息支付总额达到了 640 万美元。这个金额是除了约 100 万美元的投资收益之外的（这部分含在报告里那 1100 万美元总的经营净收益里）。

在 1963 年，440 万美元可能是一个非典型的超常增益，但至少还应该有更多这类投资收益是来自这种浮存金。假设旅行支票的偿付期为 2 个月，截至 1963 年年末的未付旅行支票总额为 4.7 亿美元，那么，来自旅行支票的连续性浮存金应该是 8000 万美元。假设这笔资金的投资回报为 5%，那么，它每

⊖ American Express, *1963 Annual Report*, 27.

年可以产生约 400 万美元的收益。这纯粹是一种假设的例子，而且无法准确计算来自旅行支票、信用卡业务（负浮存金）以及银行的浮存金数量，但我认为，总体上，旅行支票的浮存金所固有的盈利能力相当可观，并可以作为附加的经营利润。

以 1963 年 440 万美元税后额外收益为例，按调整后的利润（包括投资利润和经营利润）是按 11.5 倍的市盈率及 6.5 倍的企业价值 / 息税前利润，估值每股 40 美元的美国运通股票。在经历了 4000 万美元的丑闻债务之后，调整后的市盈率为 14.2 倍，企业价值 / 息税前利润则是 8.5 倍。就估值而言，这似乎更合理，而且鉴于这家企业的优异品质，这就显得是物有所值了！

除了浮存金外，另一种争论是：美国运通信用卡业务，从根本上说，也是一个高品质的业务，只是它刚刚从相关的经营问题中恢复过来。正如前面提到的，1963 年只是它盈利的第 2 个年份。因此，可以断言，1963 年的利润并没有把信用卡业务内涵的盈利能力充分表现出来——它此时只是"小荷才露尖尖角"。

最终，对巴菲特而言，美国运通并不是一个廉价的收购案。由此看来，巴菲特是致力于寻找一个真正优秀的企业，即一家有结构性竞争优势的企业，并从全盘考虑，愿意以一个合理的价格对这种企业进行投资。综上分析，巴菲特的投资决策似乎是受益于他对浮存金的深度理解，以及他对美国运通公司核心业务优势的高度认同。这些优势使得美国运通公司只需运用有限的额外资本，就可获得具有高收益的增长。他还为这笔投资做了第一手调研，帮助他评估色拉油丑闻是否会影响公司的核心业务。这里应该指出的是这个丑闻只是涉及美国运通一个附属小公司的一笔一次性债务，并未直接影响到公司的核心业务。

与巴菲特其他早期的收购不同，这笔投资不是一个雪茄蒂⊖型的投资。也许正是这笔投资随后的成功，促使巴菲特后期更倾向于，为收购优质企业而支付一个公允的价值，胜于为了一个很好的价格而购买一家平庸的企业。

⊖　就指投资而言,专有名词"雪茄蒂"通常是指一种收购策略,即以极低的估值收购品质较差的企业,但有时,它也指价值很高的那种投资。人们往往把这种投资策略与本杰明·格雷厄姆联系在一起。

第 5 章

1965：伯克希尔 - 哈撒韦

及至今日，伯克希尔 - 哈撒韦（Berkshire Hathaway）的名字几乎是人人皆知。但在 1962 年，巴菲特开始这家公司的收购流程时，很少人知道它的早期历史或当时状况。

伯克希尔 - 哈撒韦公司起源于两家可以追溯到 19 世纪的新英格兰的纺织生产企业。伯克希尔，原来叫作伯克希尔棉业织造公司，曾经纺织了全美 1/4 的优质棉布。

哈撒韦织造公司（以创始人霍雷肖·哈撒韦的名字命名），在第二次世界大战（简称"二战"）专司降落伞材料生产之前，也涉足过很多产品。随后，哈撒韦公司逐渐成为人造丝套装的最大生产商。在 1955 年，这两家公司合并为一家实体，即伯克希尔 - 哈撒韦公司（见图 5-1）。⊖

BERKSHIRE HATHAWAY INC.

图　5-1

在战后这段时期，伯克希尔 - 哈撒韦公司虽然处于盈利状态，但直到 20

⊖　Andrew Kilpatrick, *Of Permanent Value: The Story of Warren Buffett* (Mountain Brook, AL: AKPE, 2006), 153.

世纪 60 年代前，它已经蜕变为原来公司的一个躯壳。

就像巴菲特在 1966 年 1 月 20 日给股东的年度公开信（1965 年年末的年度公开信）所述，伯克希尔 – 哈撒韦公司在 1948 年的税前利润额为 2950 万美元，拥有 12 家工厂和 11 000 名雇员，但到 1965 年之前，它的利润所剩无几，工厂只剩 2 家，雇员仅余 2300 人。

巴菲特把这归结为行业环境的变化和无法适应这个变化的孱弱的公司管理层。鉴于这些数据，一位投资者推断道：这家企业是处在结构性的下滑之中。最明显的原因就是，更便宜的纺织品从海外源源不断地流入，冲击着美国市场。

然而，就这家企业的内在品质来说，我不得不说，这个案例并非像当下多数人所想象的那样显而易见。以回望往事之便来看，很容易认为巴菲特没能认识到或未能充分考虑到伯克希尔 – 哈撒韦是处在结构性下滑之中。

在数次接受采访时，巴菲特都承认，购买伯克希尔 – 哈撒韦是一个错误的行为。这进一步强化了人们的上述看法。但在彼时，这种情况并没有当今人们想象的那么清晰。

首先，伯克希尔 – 哈撒韦以窗帘和其他家纺产品直接进入零售渠道，此外，它把织布卖给其他的服饰生产厂家。当然，前者才是品牌业务。

对此，肯定还存在着不同的看法，例如相对于进口品而言，伯克希尔 – 哈撒韦还是手握具有议价能力的细分产品（虽然这个细分市场可能处在收缩状态），但该公司还是在这个市场占有一席之地。

此外，就像所有与零售相关的业务一样，伯克希尔 – 哈撒韦所涉的显然是一种受到管理决策左右的业务。你可以从巴菲特的信中看出来（虽然是 1965 年之前许多年的事情了），这家企业的管理是比较差的，只是刚刚被以肯·切斯为首的管理团队接管（巴菲特视切斯为一位出色的经理人）。

由此，不难想象当时有几个因素预示伯克希尔 – 哈撒韦的业务将会反弹。

事实上，就像你将在表 5-1 中所看到的，在伯克希尔 – 哈撒韦公布的 1961～1965 年间 5 年的财务简报里 ⊖（正当巴菲特收购了该公司的多数股权之时），该企业利润表最上面的数字应该看起来还算稳定（一年上升一年下降，而非直线下降）。

⊖ Berkshire Hathaway, *1965 Annual Report*, 11.

表 5-1　5 年财务简报（1961～1965 年）

（单位：美元）

财年→	1965	1964	1963	1962	1961
销售额	49 300 685	49 982 830	40 590 679	53 259 302	47 722 281
扣除联邦所得税之前的净利润所得税	4 319 206	175 586	-684 811	-2 151 256	-393 054
相当于联邦所得税的已付（或应付）金额	2 040 000	50 000	-280 000	-1 140 000	-240 000
净利润（亏损）	2 279 206	125 586	-404 811	-1 011 256	-153 054
在外流通的普通股每股净利润（亏损）	2.24	0.11	-0.25	-0.63	-0.09
已付现金红利	—	—	—	160 738	1 205 535
每股已付现金红利	—	—	—	0.10	0.75
财产、工厂和设备的增加	811 812	288 608	665 813	3 454 069	4 020 542
运营资金	17 869 526	14 502 068	17 410 503	16 473 783	19 844 122
每股运营资金	17.56	12.75	10.83	10.25	12.35
股东权益	24 520 114	22 138 753	30 278 890	32 463 701	36 175 695
每股股东权益	24.10	19.46	18.84	20.20	22.51
在外流通的普通股	1 017 547	1 137 778	1 607 380	1 607 380	1 607 380

注：这里重复表述了从 1961 年年底到 1964 财年年底的净利润（亏损）和普通股每股利润（亏损），是为了强调相当于联邦所得税已付（或应付）的那笔金额。"在外流通的普通股"表现的是财年末所有在外流通股全额。

资料来源：Berkshire Hathaway, *1965 Annual Report*, 11.

当然，应该记住的是，在 1965 年以前，巴菲特利用自己的影响力，促成了一次该公司管理层的变化，即把肯·切斯引进到公司的决策执行层面，随后，切斯马上开始释放价值。这种做法让人联想起哈利·博伊尔在登普斯特的所为。

若要从 1965 年投资者的视角概括伯克希尔－哈撒韦的企业品性，我会把这家企业归为"执行类"的企业，即一家执行力居关键位置的企业，但相对于竞争对手来说，它却是一家没有内在结构性优势的企业。

这看起来，仍然像是一个出色的管理层就可以带企业走出困境。通常，这对一个精明的投资者来说，可能是一个非常难应对的投资项目，但如果不是单纯只看伯克希尔企业 1963 ～ 1964 年的表面情况，那么，你的看法会更正面一些。

不过，话又说回来，这家企业的长期风险依然如故，而且，在 20 世纪 60 年代之前，它的收入一直处在下滑状态。就伯克希尔－哈撒韦来说，它的关键问题是：相对于糟糕的管理而言，由结构性问题所引起的业绩下滑，到底占有多大的分量！

沃伦·巴菲特这项投资的第 2 根支柱，显然是这家企业的估值。

巴菲特在 1962 ～ 1965 年，购买了伯克希尔－哈撒韦的股票，单股价格在 7.60 ～ 15 美元（均价为 14.86 美元）。⊖就估值来说，你必须考虑一位投资者在彼时会如何评估这家企业。

表 5-2 和表 5-3 中⊜含有伯克希尔－哈撒韦 1965 年 10 月 2 日财年结束日的利润表和资产负债表。最近，伯克希尔－哈撒韦在 2014 年年报中附了一份 1964 年年报的复印件；这可能是有兴趣的读者会参考的另一份文件。

表 5-2 利润和留存收益的综合报表（1964 ～ 1965 年）

（单位：美元）

利润综合报表	1965	1964
净收入	49 300 685	49 982 830
销售成本	42 478 984	47 382 337
毛利润额	6 821 701	2 600 493
销售、管理和行政开支	2 135 038	2 072 822
经营利润	4 686 663	527 671

⊖ 巴菲特致巴菲特有限合伙企业合伙人的信，1966 年 1 月 20 日。
⊜ 非常感谢哈佛商学院贝克图书馆历史收藏室的工作人员，他们给予我机会，让我接触到了原始文件。

（续）

利润综合报表	1965	1964
其他减计项，净值	127 348	126 060
闲置工厂开支	240 109	226 025
	367 457	352 085
扣除联邦所得税之前的净利润	4 319 206	175 586
相当于联邦所得税的已付（或应付）金额	2 040 000	50 000
净利润	2 279 206	125 586
折旧和摊销	862 424	1 101 147
留存收益综合表		
年初余额	19 417 576	22 241 990
本年净利润	2 279 206	125 586
来自联邦所得税预付金额的多余金额所得税	2 040 000	50 000
库存股的清零	−2 967 714	—
将要销售财产的预计亏损额	−300 000	−3 000 000
年末余额	−20 469 068	−19 417 576

资料来源：Berkshire Hathaway, *1965 Annual Report*, 8.

表 5-3 综合资产负债表（1964～1965年） （单位：美元）

资产	1965	1964
流动资产		
现金	775 504	920 089
可转让证券（包括260万美元的短期存款）计入了接近市场的成本	2 900 000	—
应收账款（减：呆账准备金，1965年为280 302美元）	7 422 726	7 450 564
存货	10 277 178	11 689 145
预付的保险、税款和其他支出	196 391	190 563
流动资产总计	21 571 799	20 250 361
财产、工厂和设备		
财产包括土地、建筑、机器和设备	28 019 742	33 635 553
减：累积的折旧和摊销	19 593 163	21 853 689
	8 426 579	11 781 864
减：将要出售财产的预计亏损	1 809 132	4 210 621
	6 617 447	7 571 243
应收的抵押票据和其他资产	33 141	65 412
总资产	28 222 387	27 887 046

负债和所有者权益	1965	1964
流动负债		
应付票据——银行	—	2 500 000

（续）

负债和所有者权益	1965	1964
应付账款	2 581 585	2 096 726
应计未付工资和薪水	296 256	294 764
应计未付州和地区税款	441 951	365 112
应付的社会保障和预付税款	382 481	491 691
流动负债总计	3 702 273	5 748 293
所有者权益		
普通股（面值 5 美元）授权了 1 843 214 股，发行了 1 137 778 股	5 688 890	8 036 900
留存收益	20 469 068	19 417 576
	26 157 958	27 454 476
减：库藏普通股的成本（120 231 股）	1 637 844	5 315 723
	24 520 114	22 138 753
负债和所有者权益总计	28 222 387	27 887 046

资料来源：Berkshire Hathaway, *1965 Annual Report*, 6–7.

利润估值

假设伯克希尔 – 哈撒韦的股票价格是每股 14.06 美元（巴菲特累积计算的该公司股票的均价），回溯的企业价值 / 息税前利润（EV/EBIT）和价格 / 利润倍数（P/E），应该是表 5-4 所显示的相关数据。[⊖]

就像你所看到的，此时的伯克希尔 – 哈撒韦是这样一种典型企业：由于经营不善，导致盈利不稳，很难对估值倍数做出一个公允的评估。事实上，就在 1964 年的前一年，伯克希尔的税前折旧摊销利润值就是负的。

而且，如果投资者在 1965 年就认真阅读过这份年报（就像巴菲特肯定会做的那样），那么，他肯定会意识到正在发生一些有利的结构性变化。

就像肯·切斯在这份年度报告中"经营回顾"的部分所述，在 1965 年，美国国会通过了一项立法："规定延长棉花单一价格政策至 1970 年 7 月 31

⊖ 我计算企业价值（EV）的方法是：用 14.69 美元的股票价格，乘上流通股数量（1 017 547），再加上来自 1965 年年度报告资产负债表上 368 万美元的净现金额。我使用的企业价值是 1130 万美元（市价是 1490 万美元）。注意，在这一年，伯克希尔 – 哈撒韦从公开市场上回购了 120 231 份自己的股票——该年初的流通股数量是 1 137 778。在 1965 年，每股利润计算所用的流通股数量是 1 017 547。

日——这个价格能够使美国的纺织厂商以美国政府原来制定的价格继续购买美国的棉花（这也是卖给国外的棉花价格）。"

这项立法的第一次延期是在 1964 年通过的——这使得美国的纺织厂能够享受到美国政府所定价格带来的低成本棉花，帮助它们降低了所售产品的成本。

如果你把下述两种情况结合起来看，那么，你就会理解上述这些的确对当时的巴菲特产生了积极的影响：一是相当低的已售产品成本（显示在 1965 年的利润表里），二是这种政策的延期保障了下一个五年工厂有了某种合理的棉花定价。

借助于这些理解，如果你采用接近 1965 年的利润率（低于 1964 年及其之前的水平），那么，基于 1965 年的息税前利润的 2.4 倍的 EV/EBIT 估值，看起来非常低。即便可持续的利润率不是 1965 年的 9.5%，而是区区的 7.5%，那么，仅仅基于利润表顶层的数字，也应该是一个 3 倍的 EV/EBIT 估值（见表 5-4）。

表 5-4 EV/EBIT 倍数

EV/EBIT	1964 年的实际值	1965 年的实际值
收入（百万美元）	50.0	49.3
息税前利润（百万美元）	0.53	4.68
息税前利润率	1.1%	9.5%
EV/EBIT	21.3	2.4

在 1965 年，肯·切斯报告了每股净收益（考虑了 47% 的税率）。他这样做的目的是为了"避免在没有结转亏损时，可能产生对未来收益的误解"。

在 1964 年和 1965 年间，这些税收还不是真正的成本。事实上，在 1965 年年末，伯克希尔还有大约 500 万美元没有结转的亏损，所以，在未来的 1～2 年，这些税收都不是真正的成本。就此，我在表 5-5 中包括了如同报告所示并经过调整的市盈率数字——它是基于伯克希尔公司该年份实际真正净收益的市盈率（PER）。

表 5-5 市盈率倍数

单位	1964 年实际值	1965 年实际值
每股利润（如报告所示）(美元)	0.11	2.24

（续）

单位	1964 年实际值	1965 年实际值
市盈率倍数（如报告所示）	134	6.6
每股净利润（调整过的）(美元)	0.15	4.24
市盈率倍数（调整过的）	98	3.5

在 PER 的词义里，有一个与 EV/EBIT 类似的情况：波动很大的盈利状况。鉴于先前同样的逻辑，基于 1965 年数字的 PER 看起来相当便宜，但和 EV/EBIT 相比还不是太便宜，因为伯克希尔还有 360 万美元的净现金头寸（每股 3.62 美元）。

另一个要点是：基于真实利润（我会在有关资产估值的下一节论述），该企业现金流的创造力要明显好于报告中净利润所示的可能性。

资产估值

在分析伯克希尔 – 哈撒韦公司资产的过程中，我将用表 5-6 和表 5-7 快速介绍下相关的信息。

表 5-6　净金融负债 / 现金项目

	1964 年实际值	1965 年实际值	变动额
现金（百万美元）	0.92	0.78	−0.14
可转让证券（百万美元）	0	2.90	+2.90
金融负债总额（百万美元）	2.50	0	−2.50
净现金头寸（百万美元）	−1.58	3.68	+5.26
每股净现金（美元）	−1.39	3.62	+5.01

表 5-7　净运营资金项目　　　　　　　　　　（单位：百万美元）

	1964 年实际值	1965 年实际值	变动额
应收账款	7.45	7.42	−0.03
存货	11.69	10.28	−1.41
应付账款	−2.10	−2.58	−0.48
净运营资金总额	17.04	15.12	−1.92

就像你能看到的，在 1965 年，甚至是在把股票价格与每股账面价值做比较之前，伯克希尔 – 哈撒韦公司的 500 万美元正向现金流就已经赫然在目了。依托这些现金，它偿付了 250 万美元的负债，并购入了一组市价 290 万美元

的可转让证券。这些现金流部分来自净运营资金（肯·切斯显然改善了不少），但大部分源自现金利润（就像前面提及的，这一块比财报中给出的大，因为"税收"成本没有成为实际的成本）。

但最令人惊讶的是，一家总市值接近 1130 万美元的企业，在一年的时间里，创造的正现金流为 530 万美元！这意味着，如果伯克希尔－哈撒韦公司再有两年这种情形（即便在没有完全考虑已经实现的净现金流的情况下），投资人就可以无代价地获得整个企业了！相比于只是调研分析该企业的基本面或盈利状况来说，投资人只需要意识到这一点就会使得这个机会的吸引力大增！

以每股 14.69 美元的价格为基准，你可以从 1965 年 10 月 2 日为截止日的资产负债表的相关数据中看到，伯克希尔－哈撒韦公司的股票交易价格是低于其账面价值的。事实上，它的交易市价要低于下述两项价值的 20% 以上：净运营资金；净现金（以现金形式和可转让证券的形式持有）。

作为最后的要点，还没有考虑伯克希尔这家企业的土地、建筑和机器。如果认真阅读了该企业 1965 年的年报，你就会注意到在第 5 页肯·切斯的所述：在金－飞利浦分部的多数机器已经被出售，并会在来年把工厂的剩余部分处理掉。虽然它们的销售额会低于其账面价值，但就现金流而言，仍然是正数——说明这里还是蕴含着一些价值（见表 5-8 和表 5-9）。

表 5-8　面值科目

	1964 年实际值	1965 年实际值	变动额
净现金流（百万美元）	-1.58	3.68	+5.26
净运营资金（百万美元）	17.04	15.12	-1.92
土地、建筑和机器（包括抵押票据）（百万美元）	7.64	6.65	-0.99
其他流动资产（百万美元）	0.19	0.20	+0.01
其他负债（百万美元）	-1.15	-1.12	+0.03
权益总计（百万美元）	22.14	24.53	+2.39
每股面值（美元）	19.46	24.11	+4.45

表 5-9　价格／面值和价格／（净运营资金＋净现金）

	1964 年实际值	1965 年实际值
股票价格（采用的）(美元)	14.69	14.69
每股面值（美元）	19.46	24.11

（续）

	1964 年实际值	1965 年实际值
价格 / 面值	0.75	0.60
每股净运营资金 + 净现金流（美元）	13.59	18.48
价格 /（净运营资金 + 净现金）	1.08	0.79

如果你把所有这些信息拢到一起，那么，巴菲特在伯克希尔 – 哈撒韦所看中的东西，就会明显地浮现出来。对于详尽审视了这家企业的分析师来说，下述两项可实现价值的组合使得伯克希尔 – 哈撒韦这家企业看起来非常有吸引力：账面价值，创造现金流的强大能力。

通过阅读 1965 年 11 月 1 日和 1966 年 1 月 20 日巴菲特给股东的信函，你可以看到巴菲特在某种程度上，详述了伯克希尔 – 哈撒韦的面值折扣问题。他阐述道，在 1965 年 12 月 31 日，仅运营资金（在我的定义里包括净现金流）每股就有大约 19 美元。他接着说道，在计算伯克希尔 – 哈撒韦权益的公允价值时，他评估的企业价值在"净流动资产和账面价值之间……流动资产按全额计，固定资产按半价计"。基于来自资产负债表的数字，这意味着巴菲特看到的公允价值大约是（1/2）×24.11+（1/2）×18.48=21.30 美元 / 股。每股14.69 美元的价格意味着对该公司公允价值做了一个 31% 的折扣。

显然，这里包含一个资产价值的安全边际，而且，在某种程度上，这个案例让人想起登普斯特工厂和本杰明·格雷厄姆收购的那种流动资产净值法（net-net）。不过，要注意：在这个案例里有一个明确的与众不同之处（特别是按 1965 年的现金收益来看），伯克希尔 – 哈撒韦公司有很强的能力实现超出其已有资产价值的价值。

总之，看来伯克希尔 –哈撒韦公司在估值上起作用的是一组资产的价值，外加创造现金流的潜力。1965 年，在巴菲特购买了这家企业的大部分股份时，实际上，它已经历了若干积极的变化。

首先，在那个时候，对于所有织造工厂来说，政府政策的改变通常被视为一种积极的因素。其次，更重要的是，一个更有能力的新管理层刚刚接管企业。这家企业虽然处在一个暗藏风险且困难重重的市场，但若不是进行回溯，很难看出这是一家好的管理层能够做出一些改变的企业。

事实上，在 1965 年，巴菲特就评述道："伯克希尔很难像施乐、仙童照相器材公司或市场竞争极为激烈的美国影视公司那样，有着丰厚的利润，但它是一个握在手里很舒服的那种东西。"⊖总的来说，在我看来，伯克希尔 – 哈撒韦就是一项明智的投资，就像那个时代流动资产净值法的投资一样；然而，它并不是那种能解决终极问题的投资。

从事后的认知来看，显然，对伯克希尔来说，截至 1980 年，对美国纺织业不利的市场风险，已经达到了它无法承受的地步。后来，巴菲特开玩笑说，在遵循格雷厄姆雪茄蒂投资原理的过程中，人们通常会设法寻找还有最后一点价值的雪茄蒂，而伯克希尔则是连最后一点价值都没有的那种雪茄蒂。⊜此外，还应该注意到，虽然这项投资常常被巴菲特说成是"错误"的，但从绝对意义上看，巴菲特并没有真正在此项目上亏钱。鉴于伯克希尔 – 哈撒韦 1965年的盈利能力（肯定还包括 20 世纪 60 年代和 70 年代的几年），人们应该知道，这家业务萎缩的企业实际上还为巴菲特提供了一定的资金，投资了一些其他的公司，比如，始于 1967 年的国民保险公司收购案。

总的来看，伯克希尔 – 哈撒韦这个案例的投资经验和教训，好像要基于长期数据来梳理。其中的一个教训是：要十分小心收入或毛利已经经历了十年下降的企业，即便它的毛利在最后两三年还是正数。实际上，那些还延续了几年正数利润的企业，可能只是一支出色管理团队努力的结果。但即便是再出色的管理团队，也无法克服那些结构性问题（它会使投资这类企业的投资人长时间地感到心焦难受）。另一个教训是，对于按照流动资产净值法进行的投资，并不意味着要长期持有这种企业。也就是说，也许购买这家企业不是一个大的错误，但问题是不把它卖掉或不对其施加控制且没有退出规划。在前面讨论过的按照流动资产净值法进行的投资（桑伯恩地图和登普斯特）里，在投资这些企业的几年之后，巴菲特有着明确的退出想法。但在伯克希尔 – 哈撒韦这个案例里，他却没有这种明确的打算。

总之，伯克希尔闻名遐迩的历史由此起步，而且，巴菲特自此与这家公司形影不离，即便是几年以后他修订了自己的投资标的（包括了那些可能不会总

⊖　巴菲特致巴菲特有限合伙企业合伙人的信，1966 年 1 月 20 日。

⊜　Alice Schroeder, *The Snowball: Warren Buffett and the Business of Life* (New York: Bantam, 2008), 277.

带来最佳收益，却有利于其员工利益的持股公司），也始终不离不弃。

行笔至此，让我们暂时偏离一下主题，看看当今的企业环境：在过往的十几年间，零售业遭遇到类似结构性问题的强袭。但这次的肇事者是互联网，而不是海外的进口。这里的经典案例莫如博德斯公司所遭遇的惨状以及某种程度上巴诺书店的遭遇。互联网模式的结构性效率（明确地彰显于亚马逊这类公司），使传统实体零售书店的业务模式逐步分崩离析。对博德斯来说，这意味着破产倒闭。但互联网并没有以同样的方式影响所有的零售企业。虽然巴诺公司的最终成功还有待于证明，但它在自己的书店内加入咖啡屋的做法，正在帮助它以阅读生活驿站的商业模式鹤立鸡群。在此，令人印象深刻的是，史密斯连锁书店（英国同行），在过往的十几年间，把它的连锁店转移到了人们的出行站点，如机场和火车站等，并增加了一些方便类商品，如盒装午餐、饮料和点心等。史密斯在把自己从一个书籍零售商转变为一个方便产品的零售商。

虽然书籍和杂志占据了货架空间的50%以上（仍是很大比重的销售额），但具有启示意义的是：如今史密斯顾客的平均消费低于5英镑（相当于7美元），这意味着多数购买都是冲动型。目前，该书商仍然面临着相当的风险：它接近一半的书店仍然处在非出行站点位置。但至少在集团层面，史密斯在过去几年不仅有了经营利润，而且利润还在持续增加！

我虽然不知道这个故事最终的结果，但它至少说明，面对凶恶的结构性衰退，有时还是能做一些事情的，虽然在更多情况下，人们可能还是无计可施。因此，一位慎重的分析师必须清楚，一个具体的项目或投资，到底是可预测的，还是不可预测的。

巴菲特合伙年代的反思

我最初认为，巴菲特在早期的合伙年代，主要聚焦于便宜的雪茄蒂类投资，但事实彰显的却是，他涉及了许多不同种类的投资。此间，他既没有局限于投资本杰明·格雷厄姆型的雪茄蒂类便宜的投资机会，也不仅限于那些品质一流的企业。桑伯恩地图和登普斯特更多的是属于前一种类型，而美国运通公司只能归为后一类别。在这两者之间，巴菲特也投了一些特殊的项目，如在得州国民石油公司项目中的兼并套利项目，而且，就像在登普斯特的案例中所表现的，他乐意控制局面，在看到机会合宜时，快速实施变革。事实上，他还明显地使用了另一种投资策略，即中远期的配对交易。在 1965 年 1 月 18 日，在给予客户的年度公开信里，巴菲特写道："我们最近开始了一种策略型做法，有望在很大程度上减少来自估值标准的巨变所引起的风险……（指那些价值被相对低估的公司）。"在巴菲特的合伙年代，虽然他所投的企业类型五花八门，但它们也表现出了几个关键的共性。首先，巴菲特似乎在有意避开处在这种情况之下的公司（即企业的基础面完全散架或正在烂掉）。即便是在桑伯恩地图、登普斯特和伯克希尔的案例里，巴菲特之所以做出投资决策，主要是基于它们的资产价值而非盈利能力（伯克希尔 - 哈撒韦是个例外，它两者兼之），而且，这些企业还都是处在尚有积极动能之时。通常，像伯克希尔和登普斯特这类企业存在执行的问题，会有一个管理层的变化，即一个有能力的新经理人领头取代一个糟糕的前管理团队。在桑伯恩地图、登普斯特和伯克希尔 - 哈撒韦的案例里，巴菲特明确地甄别出了这些企业在经营上需要改善的地方——这里需要一个积极的催化因素介入。最重要的是，在所有分析的案例里，巴菲特似乎只投那些仍然盈利的企业。具体到登普斯特这个案例里，虽然这家公司几乎要不盈利了，但它还是有那么一点利润。巴菲特回避那种快速烧钱的公司。我发现这是很重要的一点，因为市价低于资产净值的公司（虽然不常见）并非罕有。不过，在这类公司中，许多都是烧钱的类型，而且要使自己确信这类企业会鲤鱼翻身，也是很危险的——如果这种反转没有立刻发生的话，你就会失去整个投资。对于仍然盈利并有某种积极动能的公司来说，那种风险就会低得多。

其次，巴菲特会就其投资的企业做全面的基础性调研。这种调研包括对相关企业基本功能的详尽了解——在审视这些案例之前，我对此是有疑心的。此外，它还包括了一个对管理层和所有权结构的全面了解，而且，相关事务详尽程度到了一种令我瞠口呆的地步！在桑伯恩地图这个案例里，巴菲特当时就清楚地知道，其董事会是由哪些经理人所构成，甚至还清楚他们对桑伯恩的看法。在伯克希尔这个案例里，巴菲特不仅非常清楚这个企业的管理层，也熟稔该企业的前老板。

再次，对于那些不仅有主营业务的企业（最突出的例子就是美国运通），巴菲特还会极力去理解每个分支业务自身的经济性，他从不局限于只是从一个整体财务的视角去看待这类企业。由于这个缘故，在美国运通的这个例子里，他多半看到了其信用卡业务会有一个快速的增长（只是暂时受抑于公司的经营问题），而且，在 1963 年，这种恢复和增长的征兆就已显现。他还多半看出登普斯特并非唯一的一家风车业务完全衰颓的企业。这些所揭示出来的价值是，投资者不要仅仅聚焦于企业的财务指标。这些指标通常是在集团层面呈现，而且就理解企业的核心功能以及这些功能如何影响公司的财务走势来说，这些指标对投资者的作用极为有限。

在此，让我在巴菲特的投资研究和当代欧洲流行的投资研究之间，做一个类比。最近，我拜访了一家英国的媒体公司——每日邮报与综合信托有限公司（DMGT）。虽然它最初只是一家报业公司（一个经营着《每日邮报》的家族企业），但自 20 世纪 90 年代末以来，该公司逐渐累积了一批 B2B 的订阅业务。及至 2012 财年，这些 B2B 业务已经占据了其总收入的约 50% 和息税摊销折旧前利润的 70%。剩余 50% 的收入和 30% 的息税摊销折旧前利润，则仍然来自原来的报纸业务——为方便之故，我称之为 B2C（零售）业务。[⊖]

在没有太深地审视 B2B 和 B2C 业务的基本经济机理之前，投资者基于其过往十年间的综合财务数据所能看到的，是该公司徘徊不前的收入和利润。根据每日邮报与综合信托有限公司的综合财务数据，它在 2001 财年的收入是 19.6 亿英镑和相应的息税前利润 1.92 亿英镑（9.8% 的息税前利润率）。在 2011 财年，对应的收入和息税前利润分别是 19.9 亿英镑和 2.134 亿英镑

⊖ 为了更准确地理解，我们应该注意：这部分业务会有些不同于每日邮报与综合信托有限公司自己的这部分业务——它包括的业务比报纸的相关业务稍稍多一些。

（10.7% 的息税前利润率）。

　　仅仅基于财务数据，投资人会很容易地得出结论：这家企业没有太多的变化——总体而言，它是处在徘徊不前的状态。然而，真相远非如此！如果投资者深入探究这两个子业务的基本商业经济机理，就会看到更多的东西。例如，B2B 业务的资本密集度要远远低于报纸业务，但经营利润率要高出不少。这里的相关含义是：随着报纸业务规模上的萎缩，B2B 业务却在逐渐成长。而且，它的重置资本支出的需求，要远低于每日邮报与综合信托有限公司所要扣除的总体折旧水平，使它的现金创造力远高于利润处在停滞状态所具有的现金流能力。就集团的总体数据而言，这些数字内涵并不那么容易看出，因为有各种与报纸业务收缩相关的、意外的和重组的成本数据繁复其间。但如果你着力于理解这些独立的业务及其固有的特性，我相信你会更容易地看到那些表层之下的意味。实际上，说一千道一万，更佳的现金流创造力（它正在持续地增长）才是问题的核心，因为那才是投资者购买其股票的动因所在！

　　总之，若把巴菲特的这些案例与每日邮报与综合信托有限公司的案例联系起来看，我发现，如果一个投资者没有像巴菲特通常必做的那样，深入探究企业的各个分支业务，那么，他就会漏掉一个投资项目的许多方面，并且，这些可能就是他投资主体的核心部分！

第二部分

中期

（1967～1988 年）

1967 ~ 1988 年，沃伦·巴菲特逐渐放弃了自己的投资合伙企业，开始带领伯克希尔 – 哈撒韦公司做投资，并将其作为自己的投资载体。此期，他开始更多地投资非上市企业，不仅在保险行业和区域银行逐渐积累自己的资产池，而且，在诸如内布拉斯加家具卖场和喜诗糖果等还获得了控股权。我们也观察到巴菲特投资风格的逐步改变：从投资资产价值大于交易价格的标的，转变到在决策投资时更多地考虑定性因素。

1967 ~ 1988 年，整个经济环境比较复杂。

在 20 世纪 60 年代末，证券市场牛气冲天，指数高企，几乎没有什么有价值的投资机会。就是这种市场环境，促使巴菲特在 1968 年关闭了自己的投资合伙企业。1969 年，证券市场最终爆发了首次崩盘，随后持续多年发生了一系列市场暴跌事件！ 20 世纪 70 年代成为证券市场最为难熬的时期，期末的标普 500 指数跌回最初的水平。这期间还有两次主要的经济衰退，一次发生于 1974 年，还包括了现代证券史最大的崩盘事件之一，另一次是 1979 年。20 世纪 70 年代后期通货膨胀开始失控，期末利率攀至 15%！

20 世纪 80 年代，由于保罗·沃尔克（Paul Volker）所执行的政策，通胀的势头得到了控制。随后，公司债繁荣、垃圾债崛起、并购盛行。此时，大型蓝筹公司也没有了安全感，因为出现了像伊万·波斯基（Ivan Boseky）这样的搅局者。不过，在 1982 年短暂的经济下行之后，出现了一个较长的经济繁荣期和金融市场的稳定期，一直到 2000 年。

第 6 章

1967：国民保险公司

国民保险公司（National Indemnity Company）的故事述说着，在巴菲特早期投资生涯中，它所扮演的过往角色。这家公司的所有者是杰克·瑞沃茨（Jack Ringwalt）。在巴菲特当初创建自己的投资合伙企业时，正是这位奥马哈商人拒绝了 5 万美元投资巴菲特合伙制企业的机会。瑞沃茨公司的业务是对难以定价的风险提供保险服务，他公司的口号是"没有坏的风险，只有坏的费率"。了解瑞沃茨的人介绍，瑞沃茨的企业运作很成功，他似乎只在受挫于某事、处在特别沮丧之时，才有出售公司的念头，而且，这种念头大约一年也只有一次！ 1967 年年初，通过一个共同的熟人，巴菲特了解到瑞沃茨正处于这种沮丧的情绪之中。根据艾丽斯·施罗德的讲述，此时伯克希尔 – 哈撒韦的收益率不佳，巴菲特正在寻找一家企业来优化这种状况，即期望将伯克希尔 – 哈撒韦公司的现金流，能够投入到一家收益率更为稳健的企业。国民保险公司正好完全符合巴菲特的要求。在一个简短的会晤和坚定的握手之后，巴菲特给瑞沃茨出价 50 美元 / 股买下公司——尽管他对该公司的估值只是 35 美元 / 股

（见图 6-1）。⊖

　　显而易见，巴菲特在这种基石性的业务里看到了巨大的发展前景！成立于
1941 年的国民保险公司主要承保专项险，最初主要做出租车责任险。在 1967
年之前，公司已经逐步拓宽业务范围，几乎成为一家更加通用的火险和伤害险
的经营者。但使国民保险公司与众不同的是瑞沃茨的经营哲学。国民保险公司
的创始原则是：对每一种合规的风险都有合适的费率，保险公司的核心永远都
是做正确的评估，使承保利润落袋。所以，不像同时期的典型车险公司，国民
保险公司愿意给长途卡车、出租车和租赁车辆提供人身意外伤害险。此外，还
与同行相异的是，在某种承保业务没有利润的情况下，国民保险公司绝不追求
这种业务的收入。这个原则也是国民保险公司管理良好的另一个核心要素。

图 6-1

　　在 1968 年致股东的信中，巴菲特论述了购买国民保险公司这个案例。他
对瑞沃茨大加赞赏："公司的一切都跟广告所言一致，或者比广告更好。"当一

⊖ Alice Schroeder, *The Snowball: Warren Buffett and the Business of Life* (New York: Bantam, 2008),
302.

些保险公司刻意追求保费收入的增长时，国民保险公司却以盈利为目的，相对保守谨慎。

对于一家未上市公司，个人小额投资者无法获得国民保险公司的财务信息，但可以看到一个全景图：这家公司从一个四人的运营实体，成长为一个规模较大的企业，还是一家盈利的保险公司。不过，像巴菲特这样打算买下整个公司的投资人，很有可能获得公司的详细财务信息。当然，我们现在也可以从不同的来源获得这些财务信息，比如巴菲特致股东的信。1967 年，国民保险公司的已赚保费为 1680 万美元，净利润为 160 万美元。1968 年（作为伯克希尔 – 哈撒韦公司子公司的第 1 年），国民保险公司的已赚保费增长到 2000 万美元，净利润增长到 220 万美元。⊖对潜在投资人而言，国民保险公司至少是一个利润率稳固的成长型公司。

显然，巴菲特很看重这家公司的内在品质，并于 1967 年 3 月支付了 860 万美元买下国民保险公司（以及国民火灾和海洋险公司——它的附属公司）。基于公司 160 万美元的净利润计算，860 万美元的购买价格对应的市盈率是 5.4 倍。仅就表面价值而言，即使假设承保利润具有天然的波动性，但对于任何一家运营良好的企业，这个估值水平也是相当便宜的。在 1969 年给合伙人的信里，巴菲特评述道，能创造接近 20% 的已用资金收益率的企业，意味着它可能内含某些结构性优势——这就使得相应的购买价格更有吸引力。⊜

更为重要的是，只要看看公司的资产构成就会发现，在企业的利润之外，巴菲特还得到了某种有意义的资产。那时，国民保险公司连同国民火灾与海洋险公司一共拥有价值超过 2470 万美元的债权投资组合，以及价值 720 万美元的股权投资组合——因此，巴菲特还可以管理一个超过 3000 万美元的投资组合。⊜这个价值超过他 860 万美元购买对价的 3 倍多！尽管这家公司作为保险企业必然同时拥有相应的赔偿责任（意味着这笔资金不能简单返还给股东），但是，巴菲特似乎已经认识到这种企业的核心品质——募集资金并把它们投资

⊖　Robert G. Hagstrom, *The Warren Buffett Way: Investment Strategies of the World's Greatest Investor* (Hoboken NT: Wiley, 1997), 7. 此书中文版已由机械工业出版社出版。

⊜　巴菲特致巴菲特有限合伙企业合伙人的信，1969 年 1 月 22 日。

⊜　Hagstrom, *The Warren Buffett Way*, 6–7.

于股票的能力。在第 17 章，我将对这种保险浮存金进行更为详细的论述。简而言之，浮存金的含义是：一旦顾客购买保单，保险公司立刻获得保费；在未来某个时点，当保单持有人索赔时，保险公司面临赔偿责任；保险公司将收取的部分保费留作应对每年的索赔之用，而余下的保费则可用于投资。这种保险公司持有但并不拥有的钱被称为保险浮存金（float），而巴菲特能用这些钱投资获益！

在买下国民保险公司不久，巴菲特开始成功地对它的保险浮存金进行了投资。在对国民保险公司（包括国民火灾与海洋险公司）的浮存金进行两年的组合投资后，它的投资组合价值从 3200 万美元上升到 4200 万美元。这就是巴菲特毕生痴情于保险企业的滥觞！此后，他持续不断地组织保险浮存金，并借此进行更大规模的投资！

第 7 章

1972：喜诗糖果公司

1972 年，蓝筹邮票公司（伯克希尔－哈撒韦公司的子公司）的总裁告诉巴菲特：喜诗糖果公司（See's Candies）正在出售！喜诗糖果公司于 1921 年由查尔斯·喜诗和他的母亲玛丽·喜诗在加利福尼亚州帕萨迪那创立，之后一直由喜诗家族经营，但是公司最后的主人哈利·喜诗想专心打理位于纳帕谷的葡萄园，于是想出售公司。蓝筹邮票公司的投资顾问罗伯特·弗兰赫提把这个交易机会介绍给总裁比尔·郎姆兹，比尔随即给巴菲特打了电话。

巴菲特立刻对它产生了兴趣——当然，不仅仅是因为他的妻子苏西非常喜欢吃糖。喜诗糖果不仅在加州家喻户晓，而且拥有一流品质的悠久美誉：在"二战"时的"糖配给"（原料短缺）时期，当别的糖果公司偷工减料，喜诗不仅保持配方不变，而且从不囤积居奇。喜诗有继续保持从前有利经营状况的潜质，和巴菲特曾经投资的有些企业大不相同！它不是一个"雪茄蒂型"的投资标的，而是一家拥有长期成功保障的高品质企业。尽管巴菲特曾经投资过高品质的成长企业，如著名的美国运通公司，但对喜诗糖果的收购则反映出他对这类企业的偏好，以及对这类企业做非公开交易的偏好。

　　由于喜诗糖果公司是一个非上市公司，潜在投资者可能无法轻易获得它的财务信息。假如他们有能力获得的话，那么，他们所见的喜诗糖果公司的财务状况，就会如下所示：1972年的收入为3130万美元，税后利润为210万美元（基于当时48%的公司所得税率计算，税前利润接近400万美元），企业的有形资产净值为800万美元。在运营方面，公司于1972年年底拥有167家店铺，年销售糖果1700万磅。⊖

　　以上数据计算出的已用有形资金收益率为26%。⊜对于生产商品且无法享受轻资产商业模式的企业而言，这个水平的已用有形资金收益率无疑意味着一家高品质的企业——它能够提供的复合收益率要远远高于资金成本。潜在投资人可能会问：这个可观的大于25%的税后收益率可持续吗？换句话说，相比于一家拥有同样资产的可比公司，这家公司能够持续地产生更好的回报吗？有趣的是，根据伯克希尔－哈撒韦公司致股东的信，喜诗糖果这个品牌的影响力很大，尤其在美国西部——该公司的糖果产品占据了西部市场的主导份额。此外，喜诗糖果没有采取授权加盟模式，而且，遍布各地的自营连锁店匹配的都是忠诚度很高的雇员。⊜此外，喜诗糖果不仅几乎没有行业技术风险，而且，过往的财务业绩也持续稳定！总的来说，对于一个潜在投资人而言，这家公司看起来可以保持竞争优势，并可持续提供超过25%的已用有形资金收益率。

　　此外，作为潜在投资人，我要寻找的第二个特性是这家公司的成长性。通常，价值投资人并不愿意为成长性支付对价。但在这个案例里，估值的核心部分是公司"创造复利的能力"，所以，理解公司的成长性是不可或缺的。而且，即使一个公司有很高的已用有形资金收益率（ROTCE），但如果业务没有增长，那么，哪怕因此它比同行少投资，也得不到什么好处。评估一家产品导向的公司，我通常研究它历史上的产品销量和单价数据。鉴于喜诗糖果是以直营店作为自家产品的主要销售渠道，所以，我想看看它的单店可比数据以及门店数的增长。由于无法得到1972年之前的数据，考虑到喜诗糖果的业务较为稳定，因而，我们假设1972年之后的数据可以代表1972年之前的运营情况。表7-1

　　⊖　1984年3月14日，巴菲特致伯克希尔－哈撒韦公司股东的信。

　　⊜　此处已用有形资金收益率=NOPAT/有形资本。

　　⊜　1984年3月14日，巴菲特致伯克希尔－哈撒韦公司股东的信。

汇总了这些相关数据。

表 7-1 喜诗糖果运营数据（1972 ～ 1976 年）

	单位	1976	1975	1974	1973	1972
收入	千美元	56 333 000	50 492 000	41 248 000	35 050 000	31 337 000
税后净营业利润	千美元	5 569 000	5 132 000	3 021 000	1 940 000	2 083 000
糖果销量	千磅	20 553 000	19 134 000	17 883 000	17 813 000	16 954 000
自营店	个	173	172	170	169	167
单店收入	美元	325 624	293 558	242 635	205 396	187 647

资料来源：基于 1985 年 2 月 25 日巴菲特致伯克希尔－哈撒韦股东的信第 6 页所呈数据重新汇总。

如表 7-1 所示，喜诗糖果每年的收入、税后营业利润到单店收入的每一个指标都保持增长（除 1973 年外）。1972 ～ 1976 年，税后净营业利润（NOPAT）平均每年增长 16%。因此，喜诗糖果既有较高的已用有形资金收益率（ROTCE），也有持续增长的潜力。在考虑当代潜在投资人如何看待它的业务之后，下一步需要研究两个相关问题：喜诗糖果公司的估值以及巴菲特支付的价格。

巴菲特花了 2500 万美元买下整个喜诗糖果公司。[⊖]基于前面提到的盈利数据，购买价格对应的市盈率为 11.9 倍，企业价值 / 息税前利润倍数为 6.3 倍。这显然不同于对伯克希尔－哈撒韦公司等公司的收购。若从极端低估值（5 倍或以下）的传统理念来看，喜诗糖果的投资估值并不便宜。这更像美国运通的投资案例，巴菲特为这家企业支付了公允的价格。不同于一个以低于5 倍市盈率所购买的公司，要使喜诗糖果（以 11.9 倍市盈率所购）具有**安全边际**，那么，只有这家企业能够创造远高于竞争对手的复合内部收益率才行。换言之，对于一个缺乏成长的公司，10 ～ 12 倍的市盈率可能是公允的价格，但没有安全边际！同样，若一家企业能够增长，但其边际资本成本的增长，无法大大低于其增长价值，那么，这种增长的价值有限。所以，为了拥有安全边际，投资标的既应该有增长，还应有较高的已用有形资金收益率。由此看来，巴菲特似乎在喜诗糖果的项目上认可了增长的价值，并至少为它的一些成长性支付了对价。

为了理解成长性是如何在巴菲特的购买价格里定价的，让我给出一个相关

⊖ 1984 年 3 月 14 日，巴菲特致伯克希尔－哈撒韦公司股东的信的附件。

的例子。为了确定购买股票时所愿意支付的价格，价值投资者通常会基于公司当期利润估算企业价值，随后，会加上一个 30% 的**安全边际**。但如果这位价值投资者并没有基于当期利润加上一个安全边际，而是愿意支付全价，那么，就会引出这么一个问题：价值投资者要求多快的增长才能弥补 30% 的安全边际？换句话说，要求多大的盈利增速才能使一家公司的内在价值，比另一家当前盈利水平相同，但没有增长的公司的价值高 43%？⊖ 从数学上来说，这很直观明了。用喜诗糖果 1972 年的净利润 210 万美元作为基础。在不为成长性支付任何对价的情况下，假设这类公司的公允市盈率是 10 倍，要求 30% 的安全边际，那么，投资人愿意支付的价格就是 1470 万美元。在这个例子里，公司的公允价格是 2100 万美元，扣除 30% 安全边际的折扣后，得到愿意支付的价格 1470 万美元。再假设另一个投资人愿意支付全价 2100 万美元，那么，多快的增长才能提供 30% 的安全边际？为了获得这个百分比增幅，这家成长性企业所需的内含价值为 3000 万美元（即 2100 万美元的 143%）。用永续年金公式⊜：现值 $=C/(r-g)$，就可以计算出，为得到 3000 万美元公允价值所需的净利润增幅。⊜ 这里具体的计算是：现值 = 公允价值 $=30.0=C/(r-g)=2.1/(0.1-g) \rightarrow (0.1-g)=2.1/30.0 \rightarrow 0.1=0.07+g \rightarrow g=0.03$，即解出的结果是年度增速为 3%。这可能会让人有些吃惊，但为了获得 3000 万美元喜诗糖果的公允价值，数学上所要求的净利润增速确实是每年 3%！

实际上，现实世界会稍稍复杂一些——但不会很复杂。首先，为实现 30% 的安全边际所需的 3% 的年增长是永续的年度增幅，而实际上没有一个企业能够实现永远的增长。但考虑到这里所用的 10% 的较高贴现率，那么，最初几年的增长价值量最大。换言之，一个按永续增幅增长 10 年的企业已经获得了永续增长的大部分价值。其次，前面提到的 3% 增速是在不需要额外成本的情况下达成的，这对喜诗糖果这样的公司是不实际的。例如，喜诗糖果的已用有形资金收益率大约是 25%；若公司增长 3%，该增幅所需的资金大概是

⊖ 43% 超过了必要的水平，因此要扣除其中的 30% 才能得到 100%，即，$143 \times 0.7=100$。

⊜ Richard A. Breadley, Stewart C. Myers, and Franklin Allen, *Principles of Corporate Finance* (New York: McGraw-Hill, 2010), 46.

⊜ 注意，这里我用的是 10% 的折扣率，暗含着 10 倍市盈率的公允价值乘数，这里假设公允价值 $=PV=C/0.1 \rightarrow$ 公允价值 $=10 \times C$。

这个增量的 1/4（假设新增业务与整体业务的资本密度一样）。考虑到业绩增长对额外资本的要求，像喜诗糖果这样的公司，实际需要大约 4% 的增速（而非 3%）来实现 30% 的投资安全边际。

　　总体而言，即使考虑到了一些现实的复杂性，但还是要看清楚两个至关重要的点。第一，如果投资人对未来净利润增长有切实信心，即使它的增速并不高，每年仅有 4% 或 5%，但这个增速还是有很大的价值——这相当于投资一个净利润几乎不增长的企业时，得到了一个 30% 的安全边际。第二，考虑到巴菲特给喜诗糖果 11.9 倍的市盈率估值，我们推测，他应该至少预测喜诗的业务能实现每年 5% 的净利润增长，并为此支付了对价。他还认为这种增长速度会持续好些年，因为他一般对类似投资标的只支付 7 倍的市盈率价格（估值用 10 倍市盈率，减去 30% 安全边际所需部分）——这里不考虑增长的因素。

　　现在，让我们回到对喜诗糖果业务质量的整体分析。看起来很明显的是，这家公司的业务满足了较高的已用有形资金收益率和高成长性的双重要求。在 1972 年得到这个投资机会时，巴菲特应该理解了这一点，而且还灵活地支付了在不考虑成长性时，不会支付的全价——在 1972 年年初，他有机会这么做。事实上，在 1984 年 3 月给股东的信里，巴菲特继续将自己对喜诗糖果未来前景的明确看法与其内在的运营水平联系起来：喜诗糖果比账面价值要值钱得多。它是一个品牌企业，它的产品能够以高于生产成本的价格销售，并且在未来也会继续拥有这种定价权。

　　喜诗糖果这个投资机会是一种非公开的交易，一般投资人很难获得这种机会。然而，这是巴菲特此期聚焦投资的、具有下述特征的好案例，即只需有限的额外资金投入，就能实现持续的成长。

　　从现在的视角来看，喜诗糖果可能是巴菲特最为成功的投资之一！ 2010 年，喜诗糖果的收入为 3.83 亿美元，税前利润为 8200 万美元。2010 年年末的账面净资产为 4000 万美元，这意味着自 1972 年以来，该公司只投入了 3200 万美元的额外资金。如果采用同样的 11.9 倍市盈率，使用现在更为普遍的公司所得税率 30% 计算，喜诗糖果 2010 年的估值为 6.83 亿美元。在不考虑分给股东的股息现金的情况下，喜诗糖果现在的估值已经超出了最初购买价格的 25 倍！

第8章

1973:《华盛顿邮报》

1877 年，斯蒂尔森·哈钦斯创立了《华盛顿邮报》(*Washington Post*)，但在之后几十年里被几个私营业主不断购买和出售，其中包括《辛辛那提问询报》的所有者约翰·麦克莱恩。在经过麦克莱恩儿子的糟糕管理之后，《华盛顿邮报》在 20 世纪 30 年代陷入了资不抵债的惨境。

1933 年，公司破产清算后被尤金·梅耶收购。之后梅耶的女婿利普·格雷厄姆和女儿凯瑟琳·格雷厄姆都在这份报刊的历史上，扮演了重要的角色。作为一家公司，1971 年，《华盛顿邮报》(见图 8-1) 挂牌上市。然而,1973 年，董事长弗里茨·毕比意外去世，凯瑟琳·格雷厄姆成为第一个《财富》500 强公司的女董事长。

也就是在 1972 ~ 1973 年，巴菲特开始逐渐购入这家公司的股份。及至 1973 年年底，巴菲特已经累计购买了该公司大约 10% 的

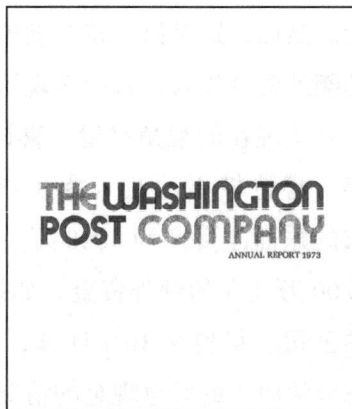

图　8-1

股权。○

在巴菲特开始投资《华盛顿邮报》之前，该公司 1971 年和 1972 年的年度报告提供了潜在投资者应该知晓的信息。我在本章末尾摘录了其合并的财务报表。

首先，我们需要认真分析一下这家公司的相关业务。《华盛顿邮报》公司有 3 个主要业务部门。○笔者基于它们 1972 年的相关财务数据，已在表 8-1 中概述了每个业务部门在整个公司的相对重要性。

通过表 8-1 可以看出，报纸部门那时明显还是最重要的部门，占了整个公司利润的近一半。但其他两个部门在财务上也有相当的重要性。

表 8-1　业务数据总览（1972 年）

业务	收入（百万美元）	收入占比（%）	息税前利润占比（%）	息税前利润率（%）
报纸出版	99.8	46	47	10.2
杂志与书籍出版	93.8	43	26	6.0
广播	24.3	11	27	24.4
总计	217.9	100	100	10

资料来源：The Washington Post Company, 1972 *Annual Report*, 2.

更仔细地研读这份年报可以很快发现，它所含信息量比其他大多数上市公司的年报都大，对重要运营指标有很多的论述。笔者认为，这表现出该公司的管理团队是一个专注的管理团队，是一个明白自己在干什么的管理团队。

报告始于约翰·普雷斯科特对报纸业务的论述。具体来说，他详细叙述了《华盛顿每日新闻》（*Washington Daily News*）1972 年 7 月停刊时，这个市场上所出现的结构性变化。这对该公司有兴趣的投资者来说，是一个极其有意义的事件。首先，这件事让华盛顿市场上三份日报中的一份从此消失，也就自动使得那些还想读报的读者转向剩下两家。此外，相比于三个竞争者的多寡头垄断环境，其中的玩家更喜欢双寡头垄断的市场环境，至少笔者观察的竞争动态如此。通常这种情况下，竞争行为会更加理性，意味着更少的价格战和更高的利

○　Roger Lowenstein, *Buffett: The Making of an American Capitalist* (New York: Random House, 2008), 193.

○　Washington Post, *Annual Report* 1972, 2.

润率。

就运营指标来说，下述这些相关的实际数据可谓绝对地给力！广告数量增长了650万条，比前一年的7300万条增长了近9%。就市场占有率来说，这个数字意味着本地都市报所有广告数量的63%。它的日报的发行量增长了1%（约6000份），周日刊的发行量增长2%（约15000份）。尽管看百分比数字并不惊艳，但是报告指出：相比于剩下的那个主要竞争对手《星报》（Star-News），它们已经高出了许多。这表示《华盛顿邮报》正在获得更多的市场份额。普雷斯科特引用了一家叫西蒙斯的独立机构出具的市场研究数据，它显示这个市场上3/5，也就是60%的成年人在阅读《华盛顿邮报》！接着，他将这些数字和美国其他具有领先市场地位的报刊进行比较。笔者发现这个做法非常具有说服力：约翰·普雷斯科特不仅说明《华盛顿邮报》公司的确是一个很好的企业，而且，也显示自己是一个依据关键指标决策且熟悉竞争态势的管理者。总的来说，《华盛顿邮报》公司的核心报纸业务非常出色！

第二个论述的业务部门是杂志与书籍出版部门。它主要的资产就是杂志《新闻周刊》（Newsweek），按当时的广告收入计，它在全国所有杂志中排名第4。部门主管欧斯本·伊利奥特说，对于《新闻周刊》来说，1972年是创纪录的一年：收入同比增长8%，每周发行增量是12.5万份（约5%），从每周260万增长到275万。就像报告的他处所呈，这些数据都是来自独立的第三方（美国出版商信息局）。

在运营上，1972年是一个标志性的年份：资深的《新闻周刊》管理团队重新接掌这家报纸的管理责任（他们在60年代做得非常成功）；强化了部门管理，包括伊利奥特本人接任了编辑主管一职，而吉布森·麦凯布和罗伯特·坎贝尔分别转而去领导运营和出版。他们专注于读者重视的内容，使《新闻周刊》在那年赢得了11个重要的新闻奖项，包括全美律师协会木槌奖（American Bar Association Gavel）、杰拉尔德勒布奖（G.M. Leob Award）和海外记者俱乐部奖（Overseas Press Club Award）。看起来，《新闻周刊》不仅像《华盛顿邮报》一样运行完全正常，还在最终表现了它面临的继续向海外扩张的发展机会。

《华盛顿邮报》公司的最后一个业务是广播电视业务"后新闻周刊"（Post-

Newsweek)。部门负责人拉瑞·伊斯雷尔所呈的具体市场份额数据和第三方奖项要少些。然而，你还是可以感觉到有关这些业务非常的积极动态。伊斯雷尔说到了一个成功完成的收购（康涅狄格州哈特福德的 WTIC-TV），但他主要阐述了广播电视业务所创的本地媒体内容有多么成功！

不过，就这个部门来说，不可能万事如意，还是有些负面的信息。有两个电视台（杰克逊维尔的 WJXT-TV 和迈阿密的 WPLG-TV）的许可证展期面临着两大竞争挑战。伊斯雷尔精心尝试着淡化这类风险，用成功的先例和审判类似案例相关的法律原则，来说明集团的积极解决方案。但对于不了解广播电视法规内在运作的投资者来说，他们不可能完全信服这种解说。实际上，这就是需要评估的风险之处。

抛开这个潜在的结构性问题，我们可以通过 1972 年年报第 2 页这个部门的数字，来量化它的成功程度。1972 年，广播电视业务收入同比实现从 2080 万美元，增长 17% 到 2430 万美元，营业利润从 380 万美元，同比增长 55% 到 590 万美元。若考虑到这是出自相同的一组电视频道与无线电台，而且这种业务是一类相对稳定业务，那么，这种财务表现就的确惊艳了！尽管当时论述了一个 WTIC-TV 的大宗并购项目，但是直到 2013 年 1 月才完成。所以，笔者认为既然在 1972 年的部门回顾中没有谈到别的并购项目，那么，前面提到的财务业绩增长就算不全是，也应该大部分来自内生性的有机增长。

如果从集团层面综合来看业绩，总的经营情况应该是非常出色，作为一位当代的投资者，我坦率地说，这些是都难以置信的！如果报纸和杂志部门展示的不是客观独立的市场数据，笔者的确会因为怀疑管理层过于乐观，会设法去核查原始数据。

年报附注的第 1 项是《华盛顿邮报》的 10 年回顾（年报的第 22～23 页）。在这 10 年间，收入每年都在增长，从 8550 万美元到 2.178 亿美元，录得了 11% 的年增幅。报告期的营业利润有些波动，并非每年都在增长，却显得更为实际。如果我们来看这 10 年的整体情况，营业利润从 940 万美元增长到 2180 万美元，10% 的年增幅略微低于同期的收入增幅。这意味着利润还没有从正不断扩张的业务所得中大规模地表现出来，但是笔者并不将其视作不利因素。如果 1972 年的利润跃上一个高峰（营业利润率从 1971 年的 7.9% 增长到

10%）是我的担忧之一，那么，这 10 年间 7.8% 到 12.2% 的营业利润率波幅范围则会让人安之若素，因为这使得 1972 年 10% 的利润率正好居中。这意味着如果管理层称职的话（年报里也的确有些这种表现），利润率很有可能会随着运营效率的提升而增长。事实上，由于 1972 年业务体量比 1968 年更大，那么，可以合理推测，在良好的管理之下，潜在利润率将会比 1968 年的 12.2% 更高！

现在，让我们转到《华盛顿邮报》的财务评述和财务报表。对于潜在投资者来说，这里有两个令人担忧的科目，需要进一步核实。第一，表中的退休账户部分。像当时其他媒体企业一样，《华盛顿邮报》有针对雇员的固定福利退休养老金负债。这一直是一个大问题，尤其在欧洲公司。它制造了不确定性，而且如果管理不当，很可能会造成重复的资金需求。这份年报的第 14 页说道，"这些养老金计划的应付费用和义务所需资金完全到位"，但是在年报这部分的后面，有一组和报纸经销商激励计划有关的部分，其资金没有到位。在 1972 年，这组计划项下支出的费用金额高达 360 万美元。这并非小事一桩，但是整体来说，在没有进一步核查的情况下，退休养老金计划看起来还是一个可控的问题。

第二，有关股本存量和股票期权（阐述于 1972 年年报第 16 页）。1971 年上市时，公司实行了优先认股计划，保留了 365 000 股普通股，其中 279 650 股为对应发行在外的股票期权，64 175 股可以之后分配。尽管 1971 年前已经有了发行在外的股票期权，且两类普通股的存在让事情更加复杂，但为了简单起见，我们只看 1972 年年底的 279 650 股发行在外的股票期权，并关注它们何时行权。

根据英国保险业协会的定义，[⊖]一般好的做法是 10 年内分配不超过 10% 的股本，也就是每年 1%。尽管 1972～1975 年的数量超过了这个经验法则，但是像这样首次公开募股（IPO）时多给一些期权，也并不罕见。让人感到放心的是，首次公开募股的价格是每股 25.18 美元，[⊖]这些期权平均行权价格

⊖ 英国保险业协会出版了有关股份激励计划的指南（内含一些被认为是公平合理的优良习惯做法）。最新一版的出版时间是 2012 年 11 月。

⊖ 首次公开发行的细节是出售了 621 375 份 B 类股，筹资 15 025 000 美元，意味着 IPO 的价格是每股 24.18 美元，或 15.9 倍的市盈率（基于 1971 年未计特殊项目的每股 1.52 美元稀释利润）。

是每股 26 美元，略高于首次公开募股价格，或上下波动于即期的市价（见表 8-2）。所以总体来看，这些事就没有那么令人担忧了。

表 8-2　股票期权分析（1972 年）

可行权日期	股数	平均期权价格（美元）	稀释影响（占流动股数比例）(%) [1]
1972 年年末	65.625	26	1.4
1973 年年末	71.300	26	1.5
1974 年年末	69.800	26	1.4
1975 年年末	69.050	26	1.4
⋮	⋮	⋮	⋮
1960 年年末	3.875	26	0.1
总计	**214.025**	**约每股 26**	**5.8**

① 这是用 1972 年流通普通股数的加权平均数计算的，即 4 806 802。

最后，让我转到公司的财务报表（在 1972 年年报的第 17 ～ 21 页）。要想评估《华盛顿邮报》整体的业务质量，投资者需要计算它的已用有形资金收益率，因为这是衡量企业一种重要能力的指标，即一种业务是否可以创造高于可比业务成本的收益指标（见表 8-3）。

表 8-3　已用资金总额分析（1972 年）

项目	已用资金（百万美元）	占收入比例（%）
固定资产	46.2	21.2
未计商誉的无形资产	0 [1]	0.0
存货	3.8	1.7
应收账款	25.8	11.6
应付账款	−19.4	−8.9
已用资金总额	**56.4**	**25.6**

① 基于《华盛顿邮报》年度报告第 14 页对资产负债表项目的定义，"商誉与其他无形资产"为"收购日收购子公司超过有形资产相关公允价值的部分"，笔者假设所有商誉与其他无形资产均为商誉，且没有要摊销的无形资产。

为了计算已用有形资金收益率，如果我们把未计 1000 万美元特殊项目的税后净营业利润作为收益，并把 5580 万美元作为已用有形资金，那么，我们得到的就是 17.9% 的已用有形资金收益率。这个数字说明企业有非常好的内生性的复利增长能力。因为过去 10 年间企业每年增长 11%，所以，我们可以肯定这家企业是一个很好的复利生成器。

最后，轮到对企业进行估值了。一个理性的做法是使用传统的估值指标：

企业价值/息税前利润和市盈率。在1975年年底给伯克希尔－哈撒韦股东信的第3页中，巴菲特阐述了公司"（当时）最大的股权投资是用1060万美元买下了《华盛顿邮报》467 150股B股"。巴菲特大概每股花了22.69美元。注意，467 150股大约占了该公司当时普通流通股总数的10%。从股票价格波动的其他记录来源可知，《华盛顿邮报》的股票在上市后的第一次挂牌交易价格是每股26美元，但在1973年却跌至每股16美元。⊖这是基于第三方对当时股票市场信息的记录所得，但笔者相信这次下行是由于受到了下述双重因素影响的结果：宏观经济不良预期；与《华盛顿邮报》相关的负面舆论。这种负面舆论与《华盛顿邮报》对水门事件的调查有关（这次调查导致了尼克松总统的辞职），还有前面提到的广播电台许可证延期危机（也被认为很可能是出自尼克松之意）。事实上，在年报第5页，毕比和格雷厄姆做了相关的暗示，"政府和媒体间的对手关系不足为怪，和合众国一样古老。但对新闻界的我们，过去几年这种强烈的敌意关系一直令人不安。"

就每股22.69美元的股价（巴菲特逐渐买入该股的均价）来说，它对应的企业价值/息税前利润和市盈率的回溯倍数应如表8-4和表8-5所示。⊖注意：这个价格大约比该股1973年52周的低位高出40%。

表　8-4

企业价值/息税前利润	1971年实际	1972年实际
收入（百万美元）	192.7	217.8
息税前利润（百万美元）	15.2	21.8
息税前利润率（%）	7.9	10.0
企业价值/息税前利润	7.7倍	5.3倍

以今天的标准来看，像《华盛顿邮报》这样高质量的公司，5.3倍的企业价值/息税前利润估值（基于过往一整年的数据），看起来就非常便宜了。然而，这里可能有些误导。从利润表中我们发现，1971年和1972年公司支付的

⊖　Andrew Kilpatrick, *Of Permanent Value: The Story of Warren Buffett* (Mountain Brook, AL: AKPE, 2006), 201–202. 注意：基尔帕特里克是用拆分调整过的价格来求取该股票未经调整的价格；我乘上了一个4。

⊖　我计算企业价值的方法是：22.69美元的股价乘上流通股数量，加上1972年年末730万美元的净负债（来自年报的资产负债表）。我使用的企业价值是1.163亿美元（当时的市价总值是1.09亿美元）。

总税率分别达到了 50.2% 和 49.5%，和现在多数公司支付的约 30% 税率相比，可以说十分不利。实际上，从表 8-5 中可以看出，这种现象是因为当时非常流行的联邦企业所得税政策所致。

表 8-5

市盈率	1971 年实际	1972 年实际
每股收益（调整后）(美元)	1.52	2.08
市盈率	14.9 倍	10.9 倍

实际上，1973 年更高的税率意味着：对于相同的息税前利润，当时股东所能得到的现金利润要少于当今股东的所得。如果对这个因素进行调整，在今天 30% 税率下可比企业的价值 / 息税前利润应为 7.5 倍。当说到可比性时，这里具体是指：企业价值 / 息税前利润中的息税前利润，是能带来 1973 年《华盛顿邮报》实现的、可比税后净营业利润的那个息税前利润。对于处在增长中的好企业，7.5 倍的企业价值 / 息税前利润仍然便宜，但并没有离谱！

再看市盈率，这里仍旧是一个比较温和的估值。

注意，这里使用的调整后每股收益，没有包括特殊项目或相关调整项差额，这些在年报第 17 页中合并利润表下已经标注。这样做的目的只是想基于这个企业所创造的利润，来做估值判断。在 1972 财年，《华盛顿邮报》公司的市盈率是 10.9 倍。鉴于它高品质的业务和基于较高已用有形资金回报率（复利能力强）基础上的增长，这个倍数使该公司的估值再一次表现出便宜的属性！

我们可以这样来概括《华盛顿邮报》的估值：它似乎是巴菲特以适当的估值倍数，获得了一个内生复利能力和成长性俱佳的企业。根据盈利能力标准和 1973 年年初投资者所获的信息，这还不是一个最低的估值。即便如此，当巴菲特开始买入时，这时的价格比他的平均值低，而且，在他持续买入，并意图累计持有该公司 10% 的股份，这个难度的确要远远大于一个小投资者仅购买小额股票的遭遇。

这里有两点值得我们学习揣摩。第一，就像美国运通的案例一样，《华盛顿邮报》这个案例涉及的是一个高品质的企业：它在保持 10 年增长的同时，还享有创造一流已用有形资金收益率的能力。在这个案例里，这个企业是以一个便宜的价格出售的，但并不离谱。第二，鉴于年报中给出了详细的发行量和竞争情况的相关数据，所以很明显，仔细阅读的投资者可以找到高质量信息。

从此，巴菲特和格雷厄姆开始了他们一生的友谊。在 1974 年秋，巴菲特成为《华盛顿邮报》的董事，随后成了格雷厄姆非常信任的顾问，并给她灌输了保守的资本配置的思想，使她成为一个不会为并购花冤枉钱，但也会偶尔错过也许是非常出色的发展机会的 CEO。然而，巴菲特对格雷厄姆最大的影响是：给她灌输了对股东友好的思维模式和对高效经营的专注。及至 1985 年，公司的营业利润率已经从 1974 年的 10% 增长到了 19%。在这期间，《华盛顿邮报》也用剩余现金回购了公司几乎 40% 的股份。因此，公司的净利润增长超过 7 倍，而每股收益却增长了 10 倍（见表 8-6 ~ 表 8-9）！ ⊖

表 8-6　历史最高税率和最高税级 (1909 ~ 2010 年)

年份	最高税率（%）	最高税级（美元）	年份	最高税率（%）	最高税级（美元）	年份	最高税率（%）	最高税级（美元）
1909	1		1930	12		1951	51	25 000
1910	1		1931	12		1952	52	25 000
1911	1		1932	13.75		1953	52	25 000
1912	1		1933	13.75		1954	52	25 000
1913	1		1934	13.75		1955	52	25 000
1914	1		1935	13.75		1956	52	25 000
1915	1		1936	15	40 000	1957	52	25 000
1916	2		1937	15	40 000	1958	52	25 000
1917	6		1938	19	25 000	1959	52	25 000
1918	12		1939	19	25 000	1960	52	25 000
1919	10		1940	24	38 566	1961	52	25 000
1920	10		1941	31	38 462	1962	52	25 000
1921	10		1942	40	50 000	1963	52	25 000
1922	12.50		1943	40	50 000	1964	50	25 000
1923	12.50		1944	40	50 000	1965	48	25 000
1924	12.50		1945	40	50 000	1966	48	25 000
1925	13		1946	38	50 000	1967	48	25 000
1926	13.50		1947	38	50 000	1968	52.80	25 000
1927	13.50		1948	38	50 000	1969	52.80	25 000
1928	12		1949	38	50 000	1970	49.20	25 000
1929	11		1950	42	25 000	1971	48	25 000

⊖ Lowenstein, *Buffett*, 193.

（续）

年份	最高税率(%)	最高税级(美元)	年份	最高税率(%)	最高税级(美元)	年份	最高税率(%)	最高税级(美元)
1972	48	25 000	1985	46	1 405 000	1998	35	18 333 333
1973	48	25 000	1986	46	1 405 000	1999	35	18 333 333
1974	48	25 000	1987	40	1 405 000	2000	35	18 333 333
1975	48	50 000	1988	34	335 000	2001	35	18 333 333
1976	48	50 000	1989	34	335 000	2002	35	18 333 333
1977	48	50 000	1990	34	335 000	2003	35	18 333 333
1978	48	50 000	1991	34	335 000	2004	35	18 333 333
1979	46	100 000	1992	34	18 333 333	2005	35	18 333 333
1980	46	100 000	1993	35	18 333 333	2006	35	18 333 333
1981	46	100 000	1994	35	18 333 333	2007	35	18 333 333
1982	46	100 000	1995	35	18 333 333	2008	35	18 333 333
1983	46	100 000	1996	35	18 333 333	2009	35	18 333 333
1984	46	1 405 000	1997	35	18 333 333	2010	35	18 333 333

资料来源：Office of Tax Policy Research, *1909–2001*: *World Tax Database*. http://www.wtdb.org/ index. html. Accessed October 17, 2002. 2002–2010: Internal Revenue Service, Instructions for Form 1120.

表 8-7 利润表（1971 ～ 1972 年）　　（单位：美元）

	1972	1971
营业收入		
广告	166 100 000	147 633 000
发行	47 421 000	42 397 000
其他	4 323 000	2 719 000
总营业收入	217 844 000	192 749 000
成本与费用		
营业成本	146 644 000	133 869 000
销售与管理费用	46 254 000	41 250 000
折旧与摊销	3 140 000	2 436 000
总成本与费用	196 038 000	177 555 000
营业利润	21 806 000	15 194 000
其他收入或支出		
其他收入（包括利息）	1 143 000	1 091 000
其他支出（包括利息）	−3 240 000	−3 275 000
联营公司股权收益	512 000	509 000
合计其他收入或支出	−1 585 000	−1 675 000
未计所得税、特殊项目和特别差额调整的利润	20 221 000	13 519 000
所得税		

（续）

	1972	1971
当前应付税额	7 485 000	5 698 000
递延税额	2 721 000	1 037 000
合计所得税	10 206 000	6 735 000
未计特殊项目与特别差额调整的利润	10 015 000	6 784 000
特殊项目	−283 000	387 000
特别差额调整①	—	4 586 000
净利润	9 732 000	11 757 000
普通股和等同普通股每股收益		
未计特殊项目与特别差额调整的每股收益	2.08	1.52
每股特殊项目	0.06	0.09
每股特别差额调整	—	1.04
每股净利润	2.02	2.65

① 1971 年前由于杂志订阅采购和书籍促销费用会计方法调整造成的差额。

资料来源：Washington Post, *1972 Annual Report*, 17.

表 8-8　资产负债表 (1972 年 1～12 月)　　（单位：美元）

资产	1972 年 12 月	1972 年 1 月
流动资产		
现金与定期存款	10 215 000	10 268 000
商业本票（接近市场价值的成本）	19 635 000	15 224 000
应收账款，减去预估退货、266.3 万美元和 234.2 万美元坏账和折扣	25 195 000	19 992 000
存货（以均价或市价孰低估值）	3 801 000	4 641 000
预付费用与其他	2 908 000	2 012 000
	61 754 000	52 137 000
对联营公司的投资		
鲍瓦特默西河纸业有限公司	8 649 000	8 834 000
其他	2 679 000	1 736 000
	11 328 000	10 570 000
工厂与设备（按建造成本）		
建筑	30 185 000	16 258 000
机器、设备与固定投资	34 412 000	25 549 000
租赁固定资产改良	2 473 000	2 378 000
	67 070 000	44 185 000
减去累计折旧与摊销	−27 625 000	−25 796 000
	39 445 000	18 389 000
土地	6 403 000	6 403 000
在建工程	323 000	16 323 000
	46 171 000	41 115 000
商誉与其他无形资产	36 860 000	37 517 000

（续）

资产	1972 年 12 月	1972 年 1 月
递延费用与其他资产	4 918 000	4 353 000
	161 031 000	145 692 000
负债与所有者权益		
流动负债		
应付账款与应计费用	19 437 000	17 368 000
联邦与州所得税	3 142 000	735 000
应缴员工福利信托基金	1 316 000	837 000
长期借款的即期部分	1 734 000	797 000
	25 629 000	19 737 000
其他负债	5 529 000	5 467 000
长期借款	35 436 000	38 033 000
递延订阅收入减去相关杂志订阅采购费用	8 973 000	7 900 000
递延所得税	6 077 000	3 891 000
子公司少数股东权益	356 000	313 000
所有者权益		
优先股，面值 1 美元，授权 1 000 000 股		
普通股：		
A 股普通股，面值 1 美元，授权 1 000 000 股，发行且流动在外 763 440 股	763 000	763 000
B 股普通股，面值 1 美元，授权 10 000 000 股，发行 4 304 040 股，流动在外 3 982 888 股和 3 993 257 股	4 304 000	4 304 000
资本溢价	10 149 000	10 079 000
留存收益	68 835 000	60 052 000
减去 B 股库存股 321 152 股和 310 783 股的成本	−5 020 000	−4 847 000
合计所有者权益	79 031 000	70 351 000
	161 031 000	145 692 000

资料来源：*Washington Post, 1972 Annual Report*, 18–19.

表 8-9　现金流量表 (1971 ～ 1972 年)

	1972 年	1971 年
现金流入		
运营		
净利润	9 732 000	11 757 000
减：1971 年没有影响到营运资金的特别差额调整	—	−4 300 000
	9 732 000	7 457 000
工厂与生产设备的折旧与摊销	3 140 000	2 436 000
递延影片成本摊销	1 661 000	1 306 000
所得税时间性差异	2 186 000	808 000
出售《美术新闻》商誉	650 000	—
其他	386 000	296 000

（续）

	1972 年	1971 年
	17 755 000	12 303 000
长期借款增加额	—	8 222 000
递延订阅收入增加额	2 575 000	875 000
发行 B 股股票所得	161 000	929 000
股票期权		
公开发售和员工购买	—	15 025 000
《新闻周刊》员工储蓄计划信托	—	58 000
其他	375 000	118 000
	20 866 000	37 530 000
现金流出		
工厂与生产设备	8 820 000	13 748 000
电视电影版权	2 232 000	1 449 000
库存股	307 000	530 000
长期借款减少额	2 597 000	10 061 000
递延杂志订阅采购费用增加额	1 502 000	1 128 000
普通股股利分红	949 000	871 000
其他投资增加额	700 000	—
其他	34 000	319 000
	17 141 000	28 106 000
营运资金净增加额	**3 725 000**	**9 424 000**
营运资金组成部分变化		
流动资产增加额或减少额		
现金与定期存款	−53 000	1 231 000
商业票据与本票	4 411 000	3 815 000
应收账款	5 203 000	99 000
存货	−840 000	922 000
预付费用与其他	896 000	348 000
	9 617 000	**6 415 000**
流动负债增加额或减少额		
应付账款与应计费用	−2 069 000	−1 980 000
应付股利	—	200 000
联邦与州所得税	−2 407 000	1 116 000
应缴员工福利信托基金	−479 000	1 157 000
长期借款的即期部分	−937 000	2 516 000
	−5 592 000	**3 009 000**
营运资金净增加额	**3 725 000**	**9 424 000**

资料来源：*Washington Post, 1972 Annual Report*, 20.

第9章

1976：政府雇员保险公司

沃伦·巴菲特在汽车保险公司（政府雇员保险公司）的投资持续了数十年，经历了诸多波折反转。政府雇员保险公司(Government Employees Insurance Company，GEICO)是一家汽车保险公司。巴菲特在哥伦比亚大学商学院求学时就知道这家保险公司，因为那时他的教授兼导师本杰明·格雷厄姆在该公司任董事。出于好奇，巴菲特开始研究政府雇员保险公司（见图9-1），并引出了一个广为流传的轶事：一个周六的早上，年轻的巴菲特去参观政府雇员保险公司的总部，但那里除了一个门卫和一名叫洛里默·戴维森的投资主管，并没有其他人。后来，这位戴维森成为这家公司的首席执行官，而巴菲特最终成为整个公司的老板！

在这次令人难忘的拜访后，巴菲特很快意识到了其商业模式的力量，并首次投资了政府雇员保险公司。与其他类似公司相比不同的是，政府雇员保险公司直接向客户销售保险，而非通过保险代理人销售。因此，这家公司的承保成本只是其收入的13%，而非其他保险公司所需的30%。政府雇员保险公司能够将一部分省下的成本，通过较为便宜的保险价格补贴给客户。而且，政府雇员保险公司迎合了总体风险较低的目标客户群的需求。1951 年政府雇员保险公司股票的交易价是 42 美元 / 股，大约是其近期盈利水平的 8 倍。看到其高成长性、有竞争力的成本和优质的客户群，巴菲特（当时还是学生）把他 3/4 的钱投到这个项目。一年后，他卖掉了他的股份，获得了 50% 的利润。⊖

Reprinted from

The COMMERCIAL and FINANCIAL CHRONICLE
Thursday, December 6, 1951

The Security I Like Best
WARREN E. BUFFETT
Buffett-Falk & Co., Omaha, Nebr.

Government Employees Insurance Co.

Full employment, boomtime profits and record dividend payments do not set the stage for depressed security prices. Most industries have been riding this wave of prosperity during the past five years with few ripples to disturb the tide.

The auto insurance business has not shared in the boom. After the staggering losses of the immediate postwar period, the situation began to right itself in 1949. In 1950, stock casualty companies again took it on the chin with underwriting experience the second worst in 15 years. The recent earnings reports of casualty companies, particularly those with the bulk of writings in auto lines, have diverted bank market enthusiasm from their stocks. On the basis of normal earning power and asset factors, many of these stocks appear undervalued.

The nature of the industry is such as to ease cyclical bumps. Auto insurance is regarded as a necessity by the majority of purchasers. Contracts must be renewed yearly at rates based upon experience. The lag of rates behind costs, although detrimental in a period of rising prices as has characterized the 1945-1951 period, should prove beneficial if deflationary forces should be set in action.

Other industry advantages include lack of inventory, collection, labor and raw material problems. The hazard of product obsolescence and related equipment obsolescence is also absent.

Government Employees Insurance Corporation was organized in the mid-30's to provide complete auto insurance on a nationwide basis to an eligible class including: (1) Federal, State and municipal government employees; (2) active and reserve commissioned officers and the first three pay grades of non-commissioned officers of the Armed Forces; (3) veterans who were eligible when on active duty; (4) former policyholders; (5) faculty members of universities, colleges and schools; (6) government contractor employees engaged in defense work exclusively, and (7) stockholders.

The company has no agents or branch offices. As a result, policyholders receive standard auto insurance policies at premium discounts running as high as 30% off manual rates. Claims are handled promptly through approximately 500 representatives throughout the country.

The term "growth company" has been applied with abandon during the past few years to companies whose sales increases represented little more than inflation of price and general easing of business competition. GEICO qualifies as a legitimate growth company based upon the following record:

Year—	Premiums Written	Policyholders
1936...	$103,696.31	3,754
1940...	768,057.86	25,514
1945...	1,638,562.09	51,697
1950...	8,016,975.79	143,944

Of course the investor of today does not profit from yesterday's growth. In GEICO's case, there is reason to believe the major portion of growth lies ahead. Prior to 1950, the company was only licensed in 15 of 50 jurisdictions including D. C. and Hawaii. At the beginning of the year there were less than 3,000 policyholders in New York State. Yet 25% saved on an insurance bill of $125 in New York should look bigger to the prospect than the 25% saved on the $50 rate in more sparsely settled regions.

As cost competition increases in importance during times of recession, GEICO's rate attraction should become even more effective in diverting business from the brother-in-law. With insurance rates moving higher due to inflation, the 25% spread in rates becomes wider in terms of dollars and cents.

There is no pressure from agents to accept questionable applicants or renew poor risks. In States where the rate structure is inadequate, new promotion may be halted.

Probably the biggest attraction of GEICO is the profit margin advantage it enjoys. The ratio of underwriting profit to premiums earned in 1949 was 27.5% for GEICO as compared to 6.7% for the 135 stock casualty and surety companies summarized by Best's. As experience turned for the worse in 1950, Best's aggregate's profit margin dropped to

3.0% and GEICO's dropped to 18.0%. GEICO does not write all casualty lines; however, bodily injury and property damage, both important lines for GEICO, were among the least profitable lines. GEICO also does a large amount of collision writing, which was a profitable line in 1950.

During the first half of 1951, practically all insurers operated in the red on casualty lines with bodily injury and property damage among the most unprofitable. Whereas GEICO's profit margin was cut to slightly above 9%, Massachusett's Bonding & Insurance showed a 16% loss, New Amsterdam Casualty an 8% loss, Standard Accident Insurance a 9% loss, etc.

Because of the rapid growth of GEICO, cash dividends have had to remain low. Stock dividends and a 25-for-1 split increased the outstanding shares from 3,000 on June 1, 1948, to 250,000 on Nov. 10, 1951. Valuable rights to subscribe to stock of affiliated companies have also been issued.

Benjamin Graham has been Chairman of the Board since his investment trust acquired and distributed a large block of the stock in 1948. Leo Goodwin, who has guided GEICO's growth since inception, is the able President. At the end of 1950, the 10 members of the Board of Directors owned approximately one-third of the outstanding stock.

Earnings in 1950 amounted to $3.92 as contrasted to $4.71 on the smaller amount of business in 1949. These figures include no allowance for the increase in the unearned premium reserve which was substantial in both years. Earnings in 1951 will be lower than 1950, but the wave of rate increases during the past summer should evidence themselves in 1952 earnings. Investment income quadrupled between 1947 and 1950, reflecting the growth of the company's assets.

At the present price of about eight times the earnings of 1950, a poor year for the industry, it appears that no price is being paid for the tremendous growth potential of the company.

This is part of a continuous forum appearing in the "Chronicle," in which each week, a different group of experts in the investment and advisory field from all sections of the country participate and give their reasons for favoring a particular security.

图　9-1

资料来源：Berkshire Hathaway, *2005 Annual Report*, 24.

⊖ Andrew Kilpatrick, *Of Permanent Value: The Story of Warren Buffett* (Mountain Brook, AL: AKPE, 2006), 221.

在 1951 年 12 月 6 日的《商业和金融年鉴》这份报纸中，巴菲特在写经纪人评述中说到政府雇员保险公司的股票是"我最喜欢的证券"。这一评述在 2005 年伯克希尔 - 哈撒韦的年度报告（见图 9-1）中被转载。这表明，年仅 21 岁的巴菲特已经懂得很多做成功投资的研究要诀。他没有孤立地看待政府雇员保险公司，而是根据它所在的汽车保险行业的整体发展趋势，动态地看待这家公司。此外，他还深入研究了政府雇员保险公司的运营数据。巴菲特意识到，很多保险公司声称的保费高增长，只是由于通货膨胀导致的价格上涨所致。他把投保人数增长从保费增长中剥离出来，从而说明了政府雇员保险公司的真正增长[⊖]：政府雇员保险公司的投保人从 1940 年的约 26 000 人增加到了 1950 年的约 144 000 人。

在 1976 年，巴菲特将他的注意力再次投向政府雇员保险公司。

该公司在 20 世纪五六十年代增长迅速，扩大了客户群并丰富了定价模型，但公司在 1976 年却陷入困境。首席执行官诺姆·吉登过分强调增长，最终导致数年承保决策的失误和索赔费用的急剧失控！及至 1976 年年中，政府雇员保险公司已濒临破产，股价已经从几年前 61 美元的高位跌到每股 2 美元。由于资金紧缺，公司削减股利，迫切需要注入现金，维持经营。由于形势恶化，吉登被解雇，萨姆·巴特勒（来自克拉法斯律师事务所的律师且是公司当时的董事长）成为临时首席执行官。[⊜]对当时大多数潜在投资者来说，政府雇员保险公司的这种情况好像是急转直下，几乎就像自由落体一样！在那年的年度股东大会上（在华盛顿斯塔特勒 - 希尔顿饭店举办），一群愤怒的投资者严厉质问公司管理层，并不时发出不满的嘘声！[⊜]

与众多放弃该公司的投资者相比，巴菲特显然有不同的看法。就像公司财务数据所揭示的，政府雇员保险公司确实还有一些可取之处。从他之前的经验（以及他事后常说的领悟）来看，巴菲特认为这家公司仍在保险行业中有其独

⊖　Berkshire Hathaway, *2005 Annual Report*, 24.

⊜　Robert G. Hagstrom, *The Warren Buffett Way: Investment Strategies of the World's Greatest Investor* (Hoboken, NT: Wiley, 1997).

⊜　Alice Schroeder, *The Snowball: Warren Buffett and the Business of Life* (New York: Bantam, 2008), 367.

特的地位。在过往的那些年里，它给公共雇员和其他低风险客户承保了一组安全的保单，并在这一细分市场建立了良好的信誉。此外，不同于大多数其他更大的公司，政府雇员保险公司直接出售它的保单，而非通过代理人之手，并且该公司因分销成本上的这种大量节约，获得了结构性的成本优势。正因如此，该公司的投保人数和承保利润在 20 世纪五六十年代曾经持续增长。

但这家公司也有许多负面的东西。1975 年，该公司的承保亏损为 1.9 亿美元。经巴菲特证实，这家公司为索赔提取的准备金明显不足。[⊖]由于公司账面上的股本仅有 2 500 万美元，所以，不用太多的亏损就能把公司置于生死存亡的险境！如今，人们很少谈论政府雇员保险公司在 1976 年的负面问题，但这些对当时的潜在投资者是很重要的。首先，一个有着 1.9 亿美元的承保损失，但仅有 2 500 万美元股本的保险公司几乎可以肯定是违反资本监管要求的。这也就不奇怪，为什么多个州的保险委员会委员们（包括华盛顿特区麦克斯·沃拉克）准备宣布政府雇员保险公司破产。[⊖]政府雇员保险公司将被迫停止营业的风险是非常真实的！

此外，潜在投资者会发现，要想界定准备金不足的实际范围，是一件不可能的事情。汽车保险的一个突出属性是：索赔支出的需求会持续到未来的许多年——就像一名伤者需要终身照顾一样。因此，一旦市场知道某家保险公司不当地少提了准备金，那也很难界定其低提的程度范围。就这类企业的安全性来说，很大程度上取决于大家对管理层的信任，看他们是否谨慎保守。一旦这种信任感遭到破坏，公司便很难立足。考虑到这些明显的负面因素，政府雇员保险公司对于任何潜在投资者来说，都是一个难以承受之重！

不过，在 1976 年 5 月，政府雇员保险公司开始时来运转：此时，杰克·伯恩（一个自学成才的保险天才，曾将旅行者集团转亏为盈）被任命为政府雇员保险公司的首席执行官，取代了临时任命的巴特勒。由于未能担任旅行者集团的首席执行官，令很多人为杰克·伯恩鸣不平，但他将很快在政府雇员

⊖ Warren Buffett, memo to Carol Loomis, July 6, 1988.

⊖ David Rolfe, Wedgewood Partners, "GEICO—The 'Growth Company' That Made the 'Value Investing' Careers of Both Benjamin Graham and Warren Buffett," Presented at the Value Investor Conference, Omaha, Nebraska, May 03, 2013.

保险公司首席执行官任上，发挥他天才般的能力。事实上，他是巴菲特对政府雇员保险公司重燃兴趣的一个主因。

巴菲特知道政府雇员保险公司和美国运通的情况有些相似之处，但不同于美国运通公司，政府雇员保险公司若没有外在的帮助，自身无力恢复。此时，他需要知道的是，政府雇员保险公司是否有称职的管理层来实现逆转，是否能够解决资金不足的问题——既满足监管要求又能够纠正准备金不足的问题。在管理能力上，巴菲特需要了解杰克·伯恩。在资本方面，他必须了解补充资本的监管要求、如何满足这些要求以及其他保险公司或银行是否愿意提供所需的补充资本。

为了对杰克·伯恩有个全面的评估，巴菲特通过凯瑟琳·格雷厄姆和洛里默·戴维森，安排了与伯恩的会面。巴菲特想要了解的关键问题是"伯恩是否真的很酷、临危不乱、专业……是否是一个领导者和推动者……是否可以解决政府雇员保险公司的问题……以及能否被所有利益相关者所接受"。[一]这次会面让巴菲特吃了定心丸。他对伯恩的印象是如此深刻，以至于他转天早上就开始购买该公司的股票。[二]巴菲特后来表示，他相信杰克，并认为他绝对是能让政府雇员保险公司重回正轨的那个人！

由于政府雇员保险公司对资金的需求，巴菲特明白这是他能够发挥作用地方。随即，他去拜访华盛顿特区的保险监管人沃拉克，并亲自协商了对这家公司设定监管资本要求的严格程度和最后期限。此外，巴菲特还大大增加了对政府雇员保险公司的投资，在那个关键时刻，作为一个受人尊敬的投资者，给这家公司投了信任票！那时，筹集资金仍然极其困难，但所罗门公司（具体是所罗门公司有影响力的高管约翰·古弗兰）最终同意为政府雇员保险公司承销价值 7 600 万美元的可转换股票。其他再保险公司也很快出面提供了再保险业务，公司股票也从每股 2 美元跃升至每股 8 美元。

[一] Schroeder, *The Snowball*, 433.

[二] Rolfe, "GEICO".

估值

1975 年，政府雇员保险公司的已发行流通股大约有 2 660 万股，1.9 亿美元的净亏损约合每股亏损 7.14 美元。在这 7.14 美元每股亏损里，约 1 美元为投资收益，而承保亏损约为 8 美元。大约 9 亿美元保费，综合费率（包括额外准备金）则是一个糟糕透顶的 124%！虽然任何基于这些负盈余的估值倍数都没有意义（政府雇员保险公司的这些历史市盈率和企业价值 / 息税前利润倍数都是负值），但巴菲特想要计算的是，如果杰克·伯恩能使公司止住流血并拯救某些业务的话，将会发生什么。我们可以用一个粗略的方法进行估算：将政府雇员保险公司的业务砍一半——保费从 9 亿美元降到 4.5 亿美元，但综合费率为 95%，这是一个看上去体面但还算合理的水平。在这种情况下，承保亏损将被扭转为约 2 250 万美元的承保利润——每股承保利润略低于 1 美元。假设平均来说，一年保费的一半将作为保险浮存金，以当时约 7% 的利率投资，⊖预期的投资收益比每股 0.50 美元稍多点。以这种算法，政府雇员保险公司税前的稳态利润大约是每股 1.50 美元，税后利润大约每股 0.75 美元（当时公司税率是 48%）。假设这种企业的合理市盈率倍数是 10 倍，那么，在这种情况下，该公司的合理估值应是每股 7.50 美元。当然，若该浮存金的投资者能获得超过 7% 的年收益（若是巴菲特操盘，则每年的收益是 20%），那么，公司每股的价值将远超 7.50 美元。同样，若保费收入不是减少至 4.5 亿美元，而是在杰克·伯恩的领导下能够增长，那么，公司将会享有更高的估值。⊜

无论如何计算，巴菲特显然看到了商机。他为自己在 1976 年购买的 130 万股该公司普通股，支付了 3.18 美元 / 股的价格。⊜以这个价钱，即使在政府雇员保险公司的业务被砍一半的假设下，巴菲特也会有令人难以置信的 50%

⊖ 在 1976 年，美国政府长期债券的年终收益率是 7.3%。

⊜ 上述计算方法是基于 2260 万流通股。在所罗门公司承销了可转让优先股后，将会有 820 万追加股份的稀释效应（推算自下述数字：以每优先股 9.2 美元的价格，募集了 7600 万美元）。不过，这也是这家企业的追加资本。

⊜ 巴菲特致伯克希尔－哈撒韦股东的信，1977 年 3 月 21 日。

以上的安全边际。巴菲特显然信任杰克·伯恩和政府雇员保险公司的固有业务品质，而他正在以便宜之极的价格购买这家企业的股票——便宜到潜在投资者的投入足以弥补他所能见到的真实的商业风险。

政府雇员保险公司后来发生的事情就犹如一个童话故事：杰克·伯恩所做的一切都是正确的。他制定了合理的承保标准并削减了不盈利的业务。一个著名的例子是：在那天下午，杰克·伯恩走进詹姆斯·施林（新泽西保险委员会委员）的办公室——在新泽西提高保险费率的请求失败后，他把公司在该州的经营许可证扔在施林的桌子上，随后，他解雇了 2000 名新泽西员工，并终止了该州 3 万投保人的合同！政府雇员保险公司迅速崛起为一个更精干和更健康的企业。到 1977 年，政府雇员保险公司恢复了盈利能力。在那些仍然经营的州，该公司能将其保费平均提高 38%。[⊖]在 1979 年，公司的税前利润达到了 2.2 亿美元——这是 3 年前完全无法想象的！

随着公司经营状况持续好转，巴菲特继续增持政府雇员保险公司。在 1977 年，伯克希尔持有政府雇员保险公司 1 986 953 股可转换优先股和 1 294 308 股普通股，价值 3 350 万美元。1979 年，巴菲特致股东的信显示，伯克希尔总共持有该公司 5 730 114 股股票。1980 年，政府雇员保险公司成为伯克希尔最大的非控股投资，持仓达 720 万股。1981 年，伯克希尔公司超过一半的净值增量是来自政府雇员保险公司的业绩。到 1990 年，伯克希尔持有了政府雇员保险公司 48% 的股份。

1995 年，巴菲特完成了对该公司股权 100% 的收购，以 23 亿美元的对价收购了余下约 50% 股权，使伯克希尔完全掌控了这家公司。巴菲特指出，伯克希尔公司为该公司另一半股权支付了较高的价格，但这与他以合理价格投资好公司的战略目标是一致的。巴菲特认为，政府雇员保险公司仍然具有他在 1951 年所看到的结构性优势，即以更低的成本向更好的客户直接销售保险。就像杰克·伯恩加入后一以贯之的做法，公司致力于与投保人建立长期的合作关系，并随着客户形态的日益成熟，而受益于更高的利润率。

⊖　"Insurance: GEICO Pulls Through," *Time*, January 3, 1977, http://www.time .com/time/magazine/article/0,9171,947829-1,00.html.

　　总的来说，这个投资案例是一个持续几十年且难以置信的故事。巴菲特最初还是一个学生的时候，就投资这家扎实的高品质的企业，并以一个合理的估值售出。20世纪70年代，在公司风险明显且处于逆境之时，巴菲特又做出了自己的投资选择，因为他相信这家仍然拥有行业结构优势企业的优秀的经理人。后来，巴菲特获得了政府雇员保险公司的控股权。这一次，巴菲特为这家公司支付了公允的价格，而公司此后还在年复一年地持续增长且业绩上佳。实际上，贯穿本案整个投资经历的是巴菲特一生的信条：长期追随高品质企业，在机会出现时果断出手！

第 10 章

1977:《布法罗晚报》

在 1976 年圣诞节前《新闻周刊》组织的晚宴上，一个名为文森特·曼诺的报刊经纪人，提出了一个投资《布法罗晚报》（*Buffalo Evening News*）的想法。曼诺本意是想《华盛顿邮报》出面收购这家报纸，凑巧，作为凯瑟琳·格雷厄姆的好朋友，沃伦·巴菲特也参加了当天晚宴并得知了这个信息。当凯瑟琳·格雷厄姆觉得它不适合《华盛顿邮报》时，巴菲特决定代表伯克希尔－哈撒韦投资。

当时，《布法罗晚报》是作为去世的凯特·罗宾逊·巴特勒（小爱华德·巴特勒夫人）的遗产被处理出售的。在 1873 年，最初老爱德华·休伯特·巴特勒创立《布法罗晚报》，它还只是一个在周日发行的报刊。多年之后，它却实行了相反的刊期安排——从周一到周六发刊。到 1977 年，它成为布法罗地区仅有的两个主要报刊之一，另一家是《布法罗信使报》（*Buffalo Courier Express*）。由于这两份报刊都为家族拥有，于是两家达成了众所周知的君子之约：《布法罗晚报》成为独家的午后报刊，而《布法罗信使报》则是每周发行 7 天的晨刊报纸，还包括了一份非常重要的周日刊。

这两份报刊共同占有了纽约州的布法罗市场。虽然布法罗既不是一个大城市，也没有良好的经济发展前景，但是它却有忠实的报纸读者群，以及比美国其他任何一个大城市都高的家庭订阅率。⊖在这个市场上，《布法罗晚报》拥有 26.8 万份的周发行量，高于《布法罗信使报》的 12.3 万。⊜《布法罗晚报》成功于强大的品牌效应和悠久的历史，但《布法罗晚报》的盈利能力不强：1976 年，它的总营业利润只有 170 万美元，只有将近 4% 的营业利润率。⊜

缺少周日刊明显限制了《布法罗晚报》的发展。20 世纪 70 年代前，《布法罗晚报》是美国少有的几家使用传统方式不发周日刊的报纸之一，这是造成它收入不理想的一个主要原因，因为周日是许多家庭阅读时间最多的一天。但是广告商并没有忽视它，愿意为周日刊广告支付溢价。没有这个关键点，这家报纸担心《布法罗信使报》会很快赢得市场份额。此外，还有一个底层的担忧：《布法罗晚报》所在的市场是工会力量很强一个地方。⊛不过，除了这些负面因素，这家公司仍是一个高品质的企业。它很大的品牌影响力和较大的周发行量，为它带来了回头率很高的忠实读者群和广告商。

由于《布法罗晚报》是一家非上市公司，要想评估它的财务状况，潜在投资者只能得到有限的信息。根据《布法罗晚报》1977 年 5 月发给广告商的招商信函，在与布法罗相关区域的 471 515 个家庭中，《布法罗晚报》的工作日刊覆盖率达到了 58%，周六刊则达到了 61%。形成对比的是，《布法罗信使报》工作日刊的覆盖率只有 24%，周日刊则达到了 53%。⊛这表明《布法罗晚报》是这座城市地位领先的报纸，有着数十万家庭的发行量！如果潜在投资者对报刊业务有一些通识，将会更好地理解这个投资机会。如果一份报刊运作得当，它就会成为一个资金收益率和利润率俱佳的生意。比如说，1977 年的《华盛顿邮报》就创造了 43% 的有形资金税后收益率和 16% 的经营利润率！⊛正

⊖ Buffalo Courier-Express, Inc. v. Buffalo Evening News, Inc., Affidavit of Richard C. Lyons, Jr., 4–5.

⊜ Roger Lowenstein, *Buffett: The Making of an American Capitalist* (New York: Random House, 2008), 206.

⊜ Buffalo Courier-Express, Inc. v. Buffalo Evening News, Inc., No. CIV 77-582, U.S. District Court, W.D. New York, (November 9, 1977). Exhibit 1 and note on annual gross revenue.

⊛ Andrew Kilpatrick, *Of Permanent Value: The Story of Warren Buffett* (Mountain Brook, AL: AKPE, 2006), 327.

⊛ Buffalo Courier-Express, Inc., 1977 U.S. District Court No. CIV 77-582.

⊛ 计算数据来自《华盛顿邮报》1977 年年报。

如巴菲特和其他潜在投资者所知，报刊是一个相对轻资产的业务：虽需要印刷设备和某些设施，但一份报刊的关键成功要素还是它编辑团队的质量，以及它在读者与广告商心中的品牌认可度。这些因素决定了盈利能力，而《布法罗晚报》的盈利能力则明显低于它卓越的市场地位所应有的水平。

在对《布法罗晚报》估值之前，另一个需要考虑的关键问题是它的管理层情况（在 1977 年正处于变动之中）。直到 1974 年离世前，凯特·罗宾逊·巴特勒仍在管理着《布法罗晚报》，同时，按照巴特勒的遗嘱，亨利·厄本被指定为新的出版人。投资者意识到亨利·厄本短暂的任期蕴含着管理团队重大变革的机会。

1977 年，巴菲特花费 3250 万美元，把这家企业整体买了下来。这是他的一项重量级的投资（通过他的投资实体伯克希尔 – 哈撒韦），因为他此时自己的净资产估计也只有大约 7000 万美元。[一]就估值而言，这个对价的内涵估值倍数非常高，因为《布法罗晚报》1976 年的营业利润只有 170 万美元，对应的是 19 倍的企业价值/息税前利润！因此，在做这个收购决策时，巴菲特可能是看到了这项投资的下述三个积极的因素。第一，他看到了一个他既喜欢又精通的业务。此前，巴菲特已经积累了相当多关于媒体公司的知识，尤其是在介入《华盛顿邮报》后，他清楚什么样的人口结构可以成就一家报业公司。也许，他认为布法罗的《布法罗晚报》读者群及其声誉正好契合了这些成功要素。第二，他看到了一个有大幅提升空间的业务。鉴于它较低的利润率、奢华的办公室和比对手高的薪资，巴菲特可能看到了很多可以提高净利润的机会。当然，包括周日刊的缺失。由于《布法罗信使报》几乎不盈利，[二]增发周日刊可以让《布法罗晚报》成为布法罗市仅有的主导报刊。第三，巴菲特知道他可以引进新管理人才经营这家企业，并在他的圈子里已有理想的人选，包括史丹·利普西（巴菲特的报刊《奥马哈太阳报》的前负责人）。巴菲特随后在给股东的信中说道，[三]虽然 1977 年的出版人亨利·厄本和编辑穆里·莱特是他和查理·芒格非常欣赏的人，但他们很清楚只有像史丹·利普西这样的人，才能帮这家企业更上一个台阶。

⊖　Lowenstein, *Buffett*, 215.

⊜　Buffalo Courier-Express, Inc., 1977 U.S. District Court No. CIV 77-582.

⊜　巴菲特致伯克希尔 – 哈撒韦股东的信，1984 年 3 月 14 日。

尽管机会很多，但成功之路并非平坦！首先是法律问题。《布法罗晚报》刚被巴菲特买下，就发布了周日刊，而且开始是免费向老读者提供。担心自己生存的《布法罗信使报》以垄断行为为由，将《布法罗晚报》告上了法庭。案件由法官小查尔斯·科比在纽约布法罗地区法庭审理。最初判决结果不利于《布法罗晚报》，限制了它积极推广周日刊的能力。但在 1979 年，位于纽约的美国上诉法庭改判，给了《布法罗晚报》更多自由，使它能够和《布法罗信使报》积极竞争。随后，一场竞争变成了你死我活的战争，接下来的几年里双方都一直在亏损。及至 1982 年，《布法罗晚报》自 1977 年以来的总亏损额已经到了 1250 万美元。在 1982 年 9 月，《布法罗信使报》倒闭。《布法罗晚报》（现改名为《布法罗新闻》（*Buffalo News*)）在垄断经营的第一个年头，就实现了税前利润 1900 万美元！ ⊖

之后的几年，这家企业更是百尺竿头、锦上添花！ 1986 年，《布法罗新闻》实现了 3500 万美元的税前利润，比 9 年前巴菲特买下它时支付的总价还要高！在那年给伯克希尔－哈撒韦股东的信中，巴菲特写道："美国排名前 50 的报刊中，《布法罗新闻》的工作日渗透率（在主要销售区域每天购买它的家庭比例）最高。我们周日的渗透率也是第一，甚至更出色，高达 83%，且每周日的销售量比 10 年前的《布法罗信使报》多出了 10 万份！"

显然，巴菲特的这笔投资很成功，但对于在 1977 年考虑这项投资的潜在投资者来说，相关的决策并非易事。那时，《布法罗晚报》面临着非常激烈的竞争，而且盈利能力有限。巴菲特为这笔投资支付的价格，意味着他为《布法罗晚报》当时的盈利能力，支付了非常高的估值倍数——寄希望于该公司未来的盈利能力远超过往！

巴菲特投资《布法罗晚报》的关键，似乎是他坚信这份报刊的光明前景。由于非常清楚报刊的运作机理，他自然认为在布法罗这样只有两家主要报刊的城市，较强的一方终将取代较弱的一方，取得胜利。最后，巴菲特坚信，《布法罗晚报》的盈利能力只需要一些运营上的改变就会有显效，而且，他肯定也看到了它成为布法罗地区独家垄断的巨大可能性。

⊖ 巴菲特致伯克希尔－哈撒韦股东的信，1978～1984 年。

第11章

1983：内布拉斯加家具卖场

内布拉斯加家具卖场（Nebraska Furniture Mart）的起源始于其创始人罗斯·布鲁金。作为犹太移民和8个孩子之一的她，1893年11月3日出生于俄罗斯明斯克附近的一个小村庄。1917年，她跟随结婚4年的丈夫依萨多尔·布鲁金来到美国。逐渐以“B夫人”而闻名遐迩的布鲁金，背景一般，而且从没受过正规教育。然而，她却有着成功所需的胆识、决断和钢铁般的意志！1919年，她帮助丈夫开了一家二手服装店。在接下来的十来年里，他们经营得还算成功。但当经济大萧条袭来，顾客几乎都没钱的时候，正是布鲁金夫人拿出了一项非常适时应景的业务：只花5美元，就配齐男人从头到脚的穿戴！由于她别出心裁的模式，外加分发的1万份传单，她服装店的销售额得以支撑，而竞争对手则大部分都关门歇业。[1]1937年，她用自己的500美元积蓄，在丈夫服装店街道对面的一个地下室，开了内布拉斯加家具卖场（见图11-1）。[2]那时，布鲁金夫人44岁。

---

[1] Barnaby Feder, "Rose Blumkin, Retail Queen, Dies at 104," *New York Times*, August 13, 1998.

[2] 巴菲特致伯克希尔－哈撒韦股东的信，1984年3月14日。

图 11-1 第 72 街店成为她在奥马哈的唯一店面

资料来源：http://www.nfm.com.

在最初的几年，生意并非顺风顺水。有一次，布鲁金夫人甚至被迫卖掉自己家里的家具，去偿还供应商的货款。当她的孩子回家发现自己的床不见了，或者客厅完全没了家具时，她会告诉孩子："不用担心，我会为你买更好的床，我们一定会有另一个餐桌的。但我欠了那人的钱，这是目前最重要的事！"⊖随后，布鲁金夫人兑现了她对孩子的承诺，就像她如约向供应商支付货款一样！

内布拉斯加家具卖场的运营理念非常简单：采购客户想要的优质物品，以最低的价格销售给客户。当竞争对手恐惧于她的低价行为，并向其本地供货商施压来抵制她的时候，她就去自己能去的其他城市（比如芝加哥、堪萨斯城和纽约），采购客户想要的产品。⊜由于她坚持不懈地为客户带来最佳的价值，她将内布拉斯加家具卖场变成了本地最受欢迎的家居商品卖场。及至 20 世纪 70 年代中期，她在奥马哈占据了如此显赫的支配地位，以至于让很多的零售连锁店都不敢在该城市开店，因为都惧和她竞争！⊜

1983 年的某个夏日，巴菲特走进了"B 夫人"的门店。在简单对话和坚定握手之后，他决定用 6000 万美元，买下"B 夫人"公司 90% 的股权。⊗此时，布鲁金夫人已经 90 岁了，正在考虑企业的未来，拍板决定了对企业和家族都有益的这项交易。在双方开诚布公的氛围里，这项交易很快就完成了最终的步骤。如其所愿，布鲁金夫人仍然是公司的董事长，并且，一周七天还是在她的销售楼层里办公。她的儿子路易·布鲁金将仍然作为公司总裁，扮演着长期的角色。⊗在 1983 年致股东的信中，巴菲特称之为他那年投资运作的最大亮

⊖　Warren Buffett, interview by Linda O'Byron, *Nightly Business Report*, PBS, April 26, 1994.

⊜　Feder, "Rose Blumkin," *New York Times*, August 13, 1998.

⊜　Roger Lowenstein, *Buffett: The Making of an American Capitalist* (New York: Random House, 2008), 250.

⊗　Lowenstein, *Buffett*, 250.

⊗　巴菲特致伯克希尔-哈撒韦股东的信，1984 年 3 月 14 日。

点，就是对内布拉斯加家具卖场绝大部分股权的收购，以及与罗斯·布鲁金及其家族所建立的关系。

那么，当时考量这家企业的潜在投资者会如何看呢？虽然无法得到这家非上市企业的财务数据，但潜在投资者仍然可以知晓这家明星企业的历史踪迹。同时，他们还能知道一些关键性的事实：内布拉斯加家具卖场是奥马哈市中心的一家售卖品种齐全的家居用品的商场——相关商品囊括了从沙发，到厨房用具，到家用电器等。当时，这家当地最大的家居用品卖场，大约占地 20 万平方英尺，年销售额 1 亿美元。巴菲特评论道："全国其他家居用品商店都没有达到这么大的销售规模。这个单店售出的家具、地毯和其他用具，超过奥马哈所有竞争对手销售量的总和。"⊖无疑，内布拉斯加家具卖场既有区域品牌的影响力，也有地区的规模优势——不管是在广告宣传（在《奥马哈世界先驱报》做广告），或是在采购上（从当地供应商那里购买橱柜），都有体现。与一些全国性的连锁店相比，它并没有采购优势，因为那些连锁店具有通用电气或惠而浦这样的供应商，但内布拉斯加家具卖场作为最大的单体商场具有的主要优势是：它的商品选择范围最为广泛；当地潜在客户想要为家庭购置整套家居用品时，他们更有可能在这家卖场找到其他地方找不到的商品。在奥马哈市，内布拉斯加家具卖场是小池子里的大鱼！

此外，潜在投资者还能够查清访明该店的运作逻辑：它直接采购于供应商，直接销售给顾客，只在批发价上加一点差价。在此，有几个重要的点需要好好理解。首先，内布拉斯加家具卖场实践着现在被称为折扣商店的概念。像阿尔迪（Aldi）、利德尔（Lidl）或沃尔玛一样，这家企业致力于为顾客提供基于价格的最佳价值内涵——以低价的方式，把节省的成本返给顾客。类似地，如果顾客真正得到了最佳价值，那么，一个良性的循环就会随之而至：低价会带来更多的顾客，形成更大的销售规模，进而节省更多的成本，再为顾客带来更低的价格。在沃尔玛和阿尔迪于全国和国际范围获得成功之前，布鲁金夫人就践行了这一概念。

此外，内布拉斯加家具卖场还有明显的成本优势。布鲁金夫人不喜欢欠

⊖ 巴菲特致伯克希尔 – 哈撒韦股东的信，1984 年 3 月 14 日。

债，而且，不管买什么总是付现金。根据巴菲特的说法，内布拉斯加家具卖场的管理费用达到"竞争者无法想象的比率"，因为它既没有利息费来加码，也没有经营租赁费来增负。事实上，在随后的一次访谈中，布鲁金夫人向外界透露，1983 年度商场开支只有 700 万美元，这意味着这家商场的年度管理费用，不可思议地只占年收入的 7%（该年收入是 1 亿美元）！ [一] 与之相比，1983 年沃尔玛（已是精益运营模式）的销售和管理费（SG&A）仍占到收入的 19.8%（还没有包括占收入 1% 的利息支出和租赁成本）。 [二] 与沃尔玛相比，内布拉斯加家具卖场的管理费用在收入中所占比例，只有沃尔玛的 1/3 ！为何内布拉斯加家具卖场的价格比竞争对手更低，却能得到更多的利润？这种匪夷所思的低成本就是另一个关键的因素！

最后，尽管没有上市公司的常用财务报表，但还是能看到内布拉斯加家具卖场那耀眼的运营数据：在 20 万平方英尺 [三] 的零售卖场，创造出了 1 亿美元的收入，意味着每平方英尺销售额高达 500 美元！在这方面，内布拉斯加家具卖场完胜沃尔玛！据报告，1983 年，沃尔玛在 2582.5 万平方英尺（约 550 个门店）的销售额为 33.7 亿美元， [四] 也就是说每平方英尺销售额只有 130 美元。

总之，尽管潜在投资者没有完整的财务信息，但内布拉斯加家具卖场看上去像是一家运营极佳的企业，有若干明显的区域优势。虽然它经营的是一个简单的业务，但它具有强势品牌和区域规模的双重优势——最重要的是：它的经营者是无以匹敌的罗斯·布鲁金！

估值

巴菲特给予的收购价格是 6 000 万美元，获得了公司 90% 的股权。与此同时，他还为布鲁金家族核心成员提供了一个期权：他们可用 500 万美元的

[一] Larry Green, "At 96, Feuding Matriarch Opens New Business," *Los Angeles Times*, December 18, 1989.

[二] 沃尔玛公司，1983 年年报。

[三] 1 平方英尺 =0.092 903 平方米。

[四] 沃尔玛公司，1983 年年报。所计算的平方英尺数据是取的 1983 年年初和年底的平均数，即年初的 2392.1 万平方英尺和年末 2772.8 万平方英尺的平均值。

对价回购 10% 的股份，而且，之后他们真的这样做了。所以，巴菲特最终是以 5 500 万美元，购买了这家企业 80% 的股权。这对应的内布拉斯加家具卖场的总股权估值为 6 875 万美元。1983 年，公司的税前利润大约是 1 500 万美元，[一]意味着税后利润约为 810 万美元。[二]在 1984 财年，内布拉斯加卖场的确切盈余情况，可以在伯克希尔年度报告查阅到：税前利润为 1 450 万美元，税后利润为 740 万美元。除了具有强大的盈利能力，这家卖场账上还拥有许多现金和高价值的存货。尽管潜在投资人不了解这些确切的数字，但由于大多数资产的采购款已支付，而且，公司也没有任何负债，所以，做一个粗略的估计并不难。随后的审计表明，公司的资产价值为 8 500 万美元。[三]表 11-1 概括了相关的估值倍数。

表 11-1　估值倍数

	1972 估计 / 实际
净利润（百万美元）	810 万
市盈率	8.5
息税前利润（EBIT）	1500 万
企业价值 / 息税前利润（EV/EBIT）[①]	4.3
市净率（P/B）	0.8

① 有一个 500 万美元净现金的假设。

无论怎么看这些数字，为内布拉斯加家具卖场所支付的价格都是合理的。具体而言，巴菲特支付的价格低于税后利润的 9 倍，不足企业价值 / 息税前利润的 5 倍。之所以说是特别便宜，还因为这家公司手头肯定会有净现金。[四]若考虑到内布拉斯加家具卖场的下述情况，那么，这个估值水平就更有吸引力了：这家企业是从零成长为年收入 1 亿美元的公司，并且没有任何迹象表明这样的增长会停止。[五]而且，除了基于盈利估值所表现出的便宜属性外，公司的

[一]　Lowenstein, *Buffett*, 250.

[二]　1984 年的公司税率是 46%。

[三]　Alice Schroeder, *The Snowball: Warren Buffett and the Business of Life* (New York: Bantam, 2008), 502.

[四]　巴菲特的奥拜伦采访录。

[五]　巴菲特致伯克希尔 – 哈撒韦股东的信，1993 年；虽然无人能够担保，但随后的十多年间，内布拉斯加家具卖场还是持续成长；到 1993 年，它的税前利润已经从 1983 年的 1500 万美元，增加到了 2200 万美元。

整体估值还享有下述资产的逆向风险保护：卖场本身的资产和存货的资产。在过去，布鲁金已经多次实现了她的存货价值，所以，没有理由相信，如果需要的话，这些存货现在无法实现它们的价值。若果真发生了一种不可能的情况，即这家企业变得亏损了，那么，巴菲特可以卖掉资产来实现投资收益（就像早些时候登普斯特公司的情形）。从估值的角度来看，这是一个完美收购！

在没有对应收款项和存货做正式审计之前，巴菲特就给布鲁金夫人开出支票，因为他知道她是一个极有信誉之人。面对这样的企业和如此的价格，如果具有这种机会的潜在投资者也如此行为，笔者不会感到很惊讶！虽然内布拉斯加家具卖场是建立在优异执行力之上的一流企业，但它还拥有长期积累起来的重要结构性优势。这之所以是一桩上佳的收购（即使按巴菲特的高标准），是因为其估值不仅低估了企业创造现金盈余的内在能力，而且这个估值还被净资产价值完全覆盖。然而，从巴菲特的角度，最重要的是对人的投资：布鲁金夫人及其家族。这家企业之所以与众不同，完全因为布鲁金夫人经营企业的方式，而且，为了确保其家人能继续成为公司运营的一部分（像他们过去数十年那样），巴菲特决定为布鲁金夫人及其家族保留了20%的公司股份。

在巴菲特收购之后，这家卖场继续成长，且非常成功。截至1986年，营业收入增加到1.32亿美元，税前利润则升到1 800万美元。巴菲特评述道，"内布拉斯加家具卖场好像包揽了大奥马哈地区所有可能的业务……而竞争对手则在不停地进出（多数是离开）"。到20世纪80年代后期，继她儿子之后，布鲁金夫人的孙子掌管了整个卖场的经营。不幸的是，布鲁金夫人和孙子之间就如何经营公司爆发了争论。随着冲突升级，1989年，95岁高龄的布鲁金夫人在卖场的街对面，新开了一家竞争性的地毯商店。幸运的是，在巴菲特的帮助下，家庭矛盾很快得到了和解。这次冲突没有对这家企业造成持续的伤害，而且，在接下来的十年中，生意好得令人难以置信。同样，布鲁金夫人也不可思议地活到了104岁，并在生命的最后几个星期，仍然十分牵挂着自己徒手创建的企业，一个现实版的美国梦！

⊖ 巴菲特致伯克希尔－哈撒韦股东的信，1987年2月27日。

第 12 章

1985：大都会广播公司

沃伦·巴菲特第一次投资大都会通讯公司（Capital Cities）是在 1977 年，当时他以大约 10 倍税后利润的估值投资了 1090 万美元。在那年的年度致股东的信中，他继续夸赞了大都会通讯公司的业务品质，以及由汤姆·墨菲领导的管理层。⊖

但是，巴菲特对大都会公司的大部分投资是在 1985 年，也就是大都会通讯公司友好收购了美国广播公司（American Broadcasting Corporation，ABC）之后。我对这个案例的投资分析主要集中于这个时间段。

背景：美国广播公司当时面临着恶意收购的威胁，于是建议大都会通讯公司的首席执行官汤姆·墨菲考虑出手兼并。当时，恶意收购也并非罕见，而且，美国广播公司非常出名，是美国三家主要的广播电视之一（另外两家是哥伦比亚广播公司和全国广播公司）。到了 20 世纪 80 年代中期，巴菲特已经和墨菲建立了师生关系，所以，顺理成章的结果是：当巴菲特建议墨菲去找一个

⊖　巴菲特致伯克希尔 – 哈撒韦股东的信，1977 年。

"大猩猩"投资者[⊖]，为这家合资公司提供保护，免受恶意收购的侵袭时，墨菲推荐巴菲特本人担当这个角色。

这项交易于 1985 年 3 月 18 日宣布。巴菲特（将在后文详述他的投资）成为交易的一方，伯克希尔－哈撒韦以大约 5.17 亿美元的现金，购买了合并实体的 300 万新股。交易于 1986 年 1 月 3 日完成。

大都会广播公司/ABC 1985 年的年度报告，为公司的基本面提供了很有价值的信息，而且，潜在投资者还可以获得公司 1984 年和 1985 年的详细财务信息。在第 3 页，年报对公司业务进行了分类，但不包括因为合并的法规要求售出且已被停止的业务。在表 12-1 中，我概述了公司各个部门的收入和营业利润率。注意，对于利润率的计算，我根据各部门的收入把集团的销售和管理费用进行了分配。另外，本章文末还附有上述 1985 年合并公司年报的财务报表，以及 1984 年美国广播公司年报的财务报表。

表 12-1 业务分部收入利润概览（1984 年）

业务分部	收入（百万美元）	占总收入比例（%）	息税前利润（百万美元）	息税前利润占比（%）	息税前利润率（%）
大都会通讯公司					
广播电视	271.8	6	138.7	21	52
出版	591.6	14	126.4	20	21
有线电视	76.3	1	2.3	0	11
美国广播公司					
广播电视	3304.3	71	392.3	61	13
出版	316.2	7	30.8	5	11
其他	64.3	1	−45.3	−7	−69
总计	4623.5	100	645.3	100	14

根据 1984 年的数据可以看到，虽然大都会通讯公司收购了美国广播公司，但是后者的业务体量却更大：美国广播公司的收入占集团总收入的近 80%，息税前利润占集团总额的 59%。不过，也可以看到大都会通讯公司业务的利润率更高。

为了分析两家公司的业务部门以及合并后的结果，1985 年集团年报的经营论述部分提供了详尽的信息。让我们从大都会通讯公司 1985 年的广播电视

⊖ 指拥有标的相对多数但非全部股份的投资者。——译者注

业务开始。公司的这项业务在美国拥有很多非常出色的电视台和广播电台。不过，其中 3 个电视台和 5 个广播电台要从大都会通讯公司剥离，而且，美国广播公司也要进行相近数量的同类剥离。产生于合并后的业务详述于该年报第 8 页和第 9 页。这里最重要的是，它包括的 8 个电视台共覆盖了约 24.4% 的美国电视观众。[一]美国联邦通信委员会规定：任何电视企业在主要影响地区最多覆盖 25% 的电视家庭。合并后的大都会广播公司刚好达到了标准，这表示大都会广播公司有法律允许的最大规模和渗透优势。更厉害的是，根据晚间新闻节目排名，剩下的 8 个电视台都在各自的市场上占据了数一数二地位，且这些市场都是美国主要的大城市。这表明大都会广播公司合并后的电视资产实现了 "1+1 ＞ 2" 的效果，形成了对观众和广告主有强大吸引力的超一流的一组资产。

广播电台业务的基本面看起来也是相似的强劲。1986 年年初，大都会广播公司拥有 17 个广播电台，其中 7 个在美国前 10 大城市都居领先地位。虽然按当时美国联邦通信委员会的规定要求[二]，它剥离了部分广播业务资产，但公司仍拥有非常强大的资产组合，且会在监管下保持最佳状态。

大都会通讯公司的出版业务是传统出版业务的一个多元组合，包括像《机构投资人》这样的专业出版物、电子数据库和多份报纸。独立的报纸和杂志会详述经营评述部分。不过，这里的要点是：这部分业务的发行量和广告收入都在增长，而且它们在各自细分市场上保持着领先地位。为了就这一点进行概括，我复制了大都会通讯公司前 10 年出版业务发展的图示（见图 12-1）——相关内容详述于年报第 12 页和第 13 页的经营业务评述部分。很明显，出版业务收入和经营利润的年复合增长率都达到了令人惊艳的 20% 以上！

大都会通讯公司的最后一块业务是有线电视业务。在合并财务报表附注第 11 项的这部分业务数据中，可以看到 1982 年其有线电视业务第一次扭亏为盈。之后便和其他业务一样，收入和营业利润都一直保持着增长。但作为仅有 500 万美元营业利润的业务单元，它至今还是三个业务部门中体量最小的单位。

⊖　就总覆盖率而言，所用的指标是指优势区域。

⊖　此时（1961 年），联邦通信委员会只允许一家公司最多拥有 12 家 AM 电台和 12 家 FM 电台，外加同一市场拥有多家主导电台的限制。

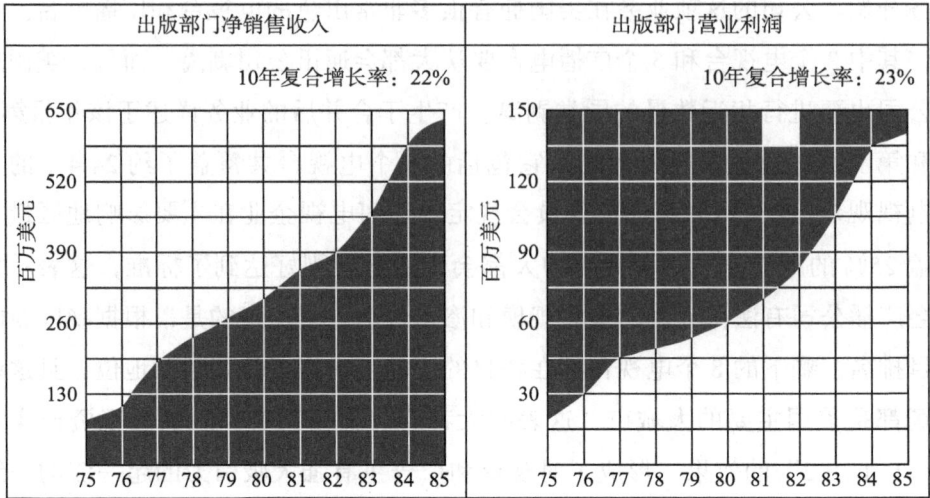

图 12-1　出版部门——收入和利润发展动态（1975 ~ 1985 年）

只要看看大都会通讯公司的财务报表，就可以根据 1984 年年底的资产负债表数据，计算出公司整体业务的已用有形资金收益率（ROTCE）（见表 12-2）。

表　12-2

项目	金额（百万美元）	收入占比（%）
固定资产	317.9	31.1
除商誉外无形资产	481.5	47.2
存货	9.8	1.0
应收账款	145.4	14.2
应付账款	−31.6	−3.1
已用资金总额	923.0	90.4

计算出的有形资金总额是 9.23 亿美元。不过，这个总额包括 4.82 亿美元的无形资产（略高于总有形资本的一半）——都是一些诸如广播电视执照、网络联营合同和出版特许权等的无形资产。尽管严格来说，这些资产并非商誉，但我倾向于认同管理层的观点，即它们的摊销在理论上不正确，因为这些资产的价值并没有随时间递减。为了进一步阐明这类资产，我把公司管理层的相关注释放在了合并财务报表附注的第 8 项中。

无形资产①

广播电视业务和几乎所有出版业务的无形资产就是广播电视执照、网络联营合同和有效出版权，它们都被定义为稀有资产，生命周期长且具效益。历史上，这些资产都随着时间增值。根据《会计准则委员会意见》第 17 条，1970 年以后被收购的无形资产最多可摊销 40 年，即使根据管理层看法，这类资产也没有发生减损。有线电视无形资产主要是与独立有线电视特许权相关的部分，在特许权的有效期内摊销；其他有线电视无形资产都在 40 年内摊销。在 1985 年 12 月 3 日，公司的无形资产如表 12-3 所示。

表　12-3　　　　　　　　　　　　　　　　　（单位：千美元）

	总计	广播	有线电视	出版
无须摊销的无形资产	123 815	103 099	—	20 716
必须摊销的无形资产	438 700	54 877	120 769	263 054
	562 515	157 976	120 769	283 770
累计摊销	81 003	4 398	30 817	45 788
	481 512	153 578	89 952	237 982

① 根据大都会通讯公司／美国广播公司 1985 年年报附注第 8 项。

保守但合理的调整（在计算已用资金总额时，仅考虑总无形资产的 25%）所带来的结果如表 12-4 所示。

表　12-4

项目	金额（百万美元）	收入占比（%）
固定资产	317.9	31.1
除商誉外无形资产	120.4	11.8
存货	9.8	1.0
应收账款	145.4	14.2
应付账款	−31.6	−3.1
总投入资本	561.9	55.0

对于税后利润，我使用基于息税摊销前利润的税后净营业利润（不计无形资产的摊销），然后，再用 1984 年约 50% 的通行税率调整。我同意管理层的观点，认为这些无形资产大多数都不会随时间而减损。维护特许权和执照的费

用已经在利润表中体现，故不应该再将费用资本化并在未来摊销。基于上述分析和估计的数字，1984 年的税后净营业利润如表 12-5 所示。

于是，已用有形资金收益率为 1.486 亿美元 /5.619 亿美元 =26.4%。这个是基于无负债假设的税后收益的数字。

这个亮丽的收益率和业务的双位数增长表明，这家企业本身就是一个很好的资金复利生成器（更多的相关细节，参见大

表 12-5	
（单位：百万美元）	
营业利润（基于报表）	277.5
加回摊销	+19.7
息税摊销前利润	297.2
所得税调整（50% 税率）	−148.6
税后净营业利润	**148.6**

都会广播公司 1985 年年度报告第 20 页和第 21 页的十年财务概述）。

现在，让我们转到美国广播公司的业务。它最大的部门也是广播电视部门。除了前面提到的电视台和广播电台，该部门最大的部分就是美国广播公司电视网络。这个电视网络业务负责分发、销售、播放公司旗下的娱乐、新闻和体育分部生产的内容，并在 1984 年的时候覆盖了美国 8490 万电视家庭的 99%。

由于推出了《王朝》（*Dynasty*，被视为 1984 年连续多周收视最高的系列节目）以及 "20/20 新闻" 这样的王牌电视节目，公司在年报第 2 页就称自己是 "连续 8 年来世界最大的广告媒介"。不管是不是绝对领先，可以肯定的是美国广播公司（和哥伦比亚广播公司与全国广播公司并列）当时是美国三大广播电视公司之一。随之而来的是规模优势，以及与内容供应商和广告主的议价能力。

1984 年，美国广播公司占据了一个独一无二的位置：获得了报道当年南斯拉夫萨拉热窝冬季奥运会和洛杉矶夏季奥运会的特许权。于是广告的大幅增加对收入和利润的影响是很明显的：1982～1983 年美国广播公司的收入已经增长了 11%，但是 1983～1984 年的这个数字跃升到了 27%。同样，营业利润增幅也从 7% 跃升到 18%。可想而知，在没有任何奥运会的 1985 年，这样优异的收入和利润表现也就没法再现了。

鉴于当时的广播电视业务还是美国广播公司的主要业务，潜在的投资者可以简单分析一下另外两个业务。出版业务和大都会通讯公司出版业务基本类似，包括了数个杂志、小众期刊和书籍出版业务。然而，对比大都会通讯公司出版部门 21% 的营业利润率，这个部门却只有 11%，意味着美国广播公司这块业务的经营水平要差些或者优势较少。在表 12-1 的业务分部概览中，最后

一个被称为"其他"的部门，包括了一系列有线业务，比如拥有娱乐体育节目电视网（ESPN）和一个电影制片厂。从基本面来看，由于有稳定的订阅量，有线电视似乎表现不错，但是当时这个部门还没有盈利。

根据 1984 年的年报和美国广播公司整体业务的财务数据，可以计算该公司的已用有形资金收益率（见表 12-6）。

表 12-6

项目	金额（百万美元）	收入占比（%）
固定资产	563.2	15.2
节目版权，生产成本①	409.9	11.1
存货	24.8	0.7
应收账款	422.5	11.4
预付费用	136.3	−3.7
应付账款	−31.6	−0.9
应计节目成本	−213.7	−5.8
应付工资补贴	−81.1	−2.2
已用资金总额	957.7	25.8

① 美国广播公司区分了与节目制作相关的节目版权和与品牌相关的无形资产。前者计为资产，而后者不计（和大都会通讯公司做法相同）。

税后净营业利润如表 12-7 所示。

基于这些数字，可以得出已用有形资金收益率为 21.1%。这比大都会通讯公司略低，但仍高于 20%，再次印证了其业务品质不错。这也和美国广播公司是美国领先的电视网络商之一（拥有成功的电视台、广播电台和出版业务）的地位相符。

表 12-7
（单位：百万美元）

营业利润（基于报表）	368.8
加回摊销	+5.8
加回利息	+5.8
息税摊销前利润	380.4
所得税调整（47% 税率）	−178.8
税后净营业利润	201.6

虽然 1985 年年报清楚地说明一些业务会在 1985～1986 年间被剥离，但是大都会广播公司的主要合并实体还是一个高品质的企业，这使得它和合并前的两家实体一样，还是一个有着高有形资金收益率的优秀复利成长企业。

现在来看估值。根据大都会广播公司 1985 年年报第 2 页，合并的同时发行了 300 万合并公司的新股，融资 5.17 亿美元。这说明巴菲特支付的价格是每股 172.5 美元。这和 1986 年 3 月 4 日伯克希尔－哈撒韦给股东的年度信中所给的信息一致。在合并完成后，这些股份的权益正式生效。

根据年报，1985 年年底时大都会通讯公司已经有 1308 万股在外流通。作为合并的部分内容，还发行了 1 亿认股权证，赋予了股东以每股 250 美元的价格购买至多 290 万股的权利，也就是说，发行时它仍是个价外期权，但一旦合并后公司的股价升至每股 250 美元以上，它就会有稀释性。所以当合并完成时，公司股东将会面临约 1600 万流通在外普通股和稀释期权，当股价升至每股 250 美元后股数会进一步增加到约 1900 万。处理 1600 万股还算简单；合并后，任何收益就仅仅在这些股份中分配，而不是之前的 1300 万股了。

认股权证的费用就是另一回事了。鉴于期权的价值本身具有不确定性，所以，有许多方法确认期权价值。现在通用的方法是使用布莱克－斯科尔斯公式计算在外流通期权的价值，并确认负债。由于这种方法做了诸如股票贝塔值的许多假设，我认为值得质疑，且当时未被广泛接受，于是这里不选择这种方法。由于这些期权已经有市场交易，所以，计算这些期权价值的另一个方法就是，直接使用每个认股权证 34.48 美元的价格，也就是说 290 万股份总计 1 亿美元。第三种方法，也是最保守的方法，就是确认最大稀释程度的完整影响；在这种情形下，如果所有的认股权证都被行权，股份数将增加到 1900 万。此时，就要把额外的追缴资本加到净现金里，也就是 290 万股乘以 250 美元，即 7.25 亿美元，然后，就要考虑对 1900 万在外流通股份的稀释影响。当然现实中，实际期权成本是取决于股价变动的。如果股价一直不超过每股 250 美元，期权将没有价值。同样地，如果股价增加到每股 1000 美元，期权将具有非常大的价值。

作为开始，我先假设有 1600 万在外流通股，认股权证的成本为 1 亿美元的表外负债。根据年报提供的信息，企业价值（EV）计算如表 12-8 所示。

表　12-8

每股价格（美元）	172.50
在外流通股股数（百万）	16.1
市价总值（百万美元）	2 777.3
净金融债务（包括期权成本）（百万美元）	2 027.9
企业价值（百万美元）[1]	4 805.2

[1] 就净金融负债来说，我计算的数字都是基于 1985 年 12 月 31 日的资产负债表和合并交易融资中的额外债务。相关的计算包括 7.688 亿美元的现金和短期投资，减去 7.142 亿美元的未偿债务，减去 2.50 亿美元的占用现金，减去 1375 美元⊖的额外债务，减去 3.575 亿美元的商业票据。1984 年年底，美国广播公司自身没有大额债务，我假设这次合并也没有带来其他的额外债务。

⊖ 原文如此，疑有误。——编者注

估值的第二部分涉及盈利。因为大都会广播公司将在合并中剥离相当数量的业务，合并后的营业利润与净利润应会比二者在 1984 财年合并的参考数字要小。这个数字（根据前表 12-1 所示）是 6.453 亿美元的营业利润。并且，根据无形资产摊销和利息的调整，得到息税摊销前利润（反映企业无负债的盈利能力）。1985 财年的息税摊销前利润是 5.776 亿美元。

因为不知道剥离部分的准确价值，我所做的估算是：合并后（时间段与计算企业价值（EV）的时间段一致），剥离的美国广播公司业务大概占息税摊销前利润的 26%，即大约 1 亿美元的息税摊销前利润。这个假设的基础是 1985 年年报中的相关陈述：在合并前，通过剥离资产筹集 9.20 亿美元现金（作为合并前的投资者，这是大概能得到的信息）。这个数字是收购美国广播公司总价（35.2 亿美元）的 26%。如果我们假设大都会广播公司剥离业务所用的估值倍数与整体业务的相同，那么，相关的息税摊销前利润应该是 5.776 亿美元。为了调整利息费用和计算所得税和摊销前利润（EBTA），还需要考虑新公司负担的额外负债。假设平均债务成本为 10%（根据未偿负债的条款来看大致准确），20.27 亿美元的净负债带来了约 2 亿美元的利息费用。调整过这个数字后，所得税和摊销前利润为 3.776 美元。假设整个集团的税率为 49%（1984 财年大都会通讯公司税率为 50%，美国广播公司税率为 47%），则调整后净利润为 1.926 亿美元。若以 1610 万份在外流通股计算，每股的收益为 12.0 美元。我将这个数字作为调整后的每股收益。

当转到企业价值 / 息税摊销前利润（EBITA）指标时，相关的内容如表 12-9 所示。

根据企业价值 / 息税摊销前利润的数据，大都会广播公司的价值似乎被低估了，但没有很离谱。从积极的方面看，公司业务的确品质上乘，而且，由于较高的已用有形资金收益率和大于 10% 的年均增长率，公司是一架现实的复利生成器。从消极的方面看，税率几乎是 50% 的时候，一个 8.3 的企业价值 / 息税摊销前利润就不是很低的估值倍数了。

再看市盈率，内容如表 12-10 所示。

这和企业价值 / 息税摊销前利润一致，对于一个业务本身非常优秀的公司来说，巴菲特似乎支付了一个合理但并不便宜的估值倍数。可能有人会说，合并后的公司比之前两家的合计效果更好，也就是说我还没有考虑到协同效应。这是一个选择的问题，而我通常不希望评估一件有可能但是还没发生的事情的价值。从负面的角度看，可以说 1984 年显然内含了美国广播公司的奥运效应，使它的内生盈利能力被高估。因此，当我们看 14.4 倍的市盈率的时候，要记住这一点。

表　12-9	1984 年估计值
息税摊销前利润（百万美元）	577.6
息税摊销前利润率（%）	14
企业价值／息税摊销前利润	8.3

表　12-10 市盈率	1984 年模拟报表
每股收益（调整后）（美元）	12.00
市盈率	14.4

鉴于支付的是一个合理但不便宜的估值倍数，那么，巴菲特投资大都会广播公司的逻辑看起来是，合并后的公司会是一家品质卓越的企业。合并前，两方各自都有高速稳定的增长和较高的有形资金收益，且持续了较长的历史。此外，使这两家企业成功的原有规模和市场领导地位只会在合并后得到加强！同时，必须提及的是：巴菲特当时已经熟知了大都会通讯公司 CEO 汤姆·墨菲的管理能力——他也是合并后新公司的领导者。巴菲特在 1986 年 3 月 4 日致伯克希尔 – 哈撒韦的股东信中谈到了墨菲，他说道："我观察大都会通讯公司的管理层已经很多年了，我觉得它是美国上市公司里做得最好的！"就数字来说，根据艾丽斯·施罗德《滚雪球》（*Snowball*）一书中记载的故事，查理·芒格曾写信告诉巴菲特，自 1958 年以来（连续 25 年），汤姆·墨菲让大都会通讯公司的内含价值以每年 23% 的复利增长！ ⊖

总而言之，巴菲特为投资大都会广播公司支付了某种程度上的合理价格，因为他对公司的业务品质和管理层有足够的信心。在得到这个机会的时候，他就以每股 175.25 美元的价格，购买数量不菲的股份。最后，还有一件有意思的事：在买入之前，巴菲特似乎并不那么在乎股价，因为 1984 年大都会广播公司的股价都在 123.5～174.5 美元间波动，也就是说，巴菲特的出价略高于那年的 52 周的最高价（见表 12-11～表 12-15）。⊖

⊖ Alice Schroeder, *The Snowball: Warren Buffett and the Business of Life* (New York: Bantam Books, 2008), 898n12.

⊖ 股票价格信息出现在大都会广播公司 1985 年年报的 10 年财务概述里。

表 12-11　合并利润表（大都会广播公司，1983 ～ 1985 年）

（年度截止日为 12 月 31 日）（单位：千美元，每股数据除外）

	1985	1984	1983
净销售收入	1 020 880	939 722	762 295
成本与费用			
直接经营费用	428 992	388 110	311 788
销售、一般与管理费用	256 687	232 383	189 870
折旧	37 990	34 084	28 099
无形资产摊销	19 710	17 633	12 174
成本与费用合计	743 379	672 210	541 931
营业利润	277 501	267 512	220 364
其他收入 / 支出			
利息支出	−22 738	−27 161	−14 633
利息收入	19 033	27 352	16 418
其他（净值）	3 026	1 090	2 355
其他收入 / 支出总额	−679	1 281	4 140
所得税前利润	276 822	268 793	224 504
所得税			
联邦所得税	117 700	116 000	95 800
州与地方所得税	16 900	17 600	14 000
所得税合计	134 600	133 600	109 800
非常利得前利润	142 222	135 193	114 704
非常利得（税后净值）	—	7 585	—
净利润	142 222	142 778	114 074
每股收益			
每股非常利得前利润	10.87	10.40	8.53
每股非常利得	—	0.58	—
每股净利润	10.87	10.98	8.53
平均在外流通股数	13 080	13 000	13 455

资料来源：Capital Cities/ABC, Inc., *1985 Annual Report*, 22.

表 12-12　现金流量表（大都会广播公司，1983 ～ 1985 年）

（年度截止日为 12 月 31 日）　　（单位：千美元，每股数据除外）

	1985	1984	1983
现金流入			
经营			
非常利得前利润	142 222	135 193	114 704
折旧	37 990	34 084	28 099
无形资产摊销	19 710	17 633	12 174
其他（净值）	23 374	9 690	14 386

（续）

	1985	1984	1983
经营现金流入合计	223 296	196 000	169 363
减：经营资本支出	75 384	53 866	44 418
可用经营现金	147 912	142 734	124 945
长期借款现金流入	493 329	4 500	197 250
为雇员持股计划卖出的普通股	15 662	15 127	12 559
经营性财产的权益处置	7 222	5 000	3 200
供收购使用的长期借款	—	13 565	5 277
出售股票投资的现金流入（税后净值）	—	17 769	—
现金总流入	664 125	198 695	343 231
现金流出			
经营性财产购置	51 109	146 843	22 016
购买股票期权	53 000	—	—
转为库存股的普通股回购	484	46 135	43 619
其他营运资本项目变化额	3 960	1 747	13 320
长期负债减少	7 872	16 030	32 766
股利分红	2 595	2 570	2 656
其他流出（税后净值）	12 645	20 851	−2 558
现金总流出	131 665	234.176	111 819
现金与现金投资的增加 / 减少	532 460	−35 481	231 412
现金与现金投资			
期初	236 399	271 880	40 468
期末	768 859	236 399	271 880

资料来源：Capital Cities/ABC, Inc. *1985, Annual Report*, 23.

表 12-13　合并资产负债表（大都会广播公司，1983 ~ 1985 年）

（年度截至每年 12 月 31 日）　　（单位：千美元，每股数据除外）

资产	1985	1984
流动资产		
现金	8 031	7 737
短期现金投资	760 828	228 662
应收账款与应收票据[①]	145 382	134 224
存货	9 791	10 744
电影合同版权	14 637	11 912
股票购买期权	53 000	—
其他流动资产	14 726	9 149
流动资产合计	1 006 395	402 428
固定资产（以成本计价）		
土地	22 726	21 941

（续）

资产	1985	1984
建筑物	77 419	74 716
广播电视、印刷、有线电视和其他设备	418 347	343 750
固定资产合计	518 492	440 407
减：累计折旧	200 596	166 014
固定资产（净值）	317 896	274 393
无形资产[②]	481 512	477 537
其他资产	79 128	53 814
资产合计	1 884 931	1 208 172
负债与所有者权益		
流动负债		
应付账款	31 663	32 433
应付工资补贴	30 041	28 838
应付利息	21 601	3 608
应付费用与其他流动负债	46 232	36 328
电影合同	15 342	14 252
所得税	24 446	38 094
一年内到期的长期借款	6 084	7 890
流动负债合计	175 409	161 443
递延工资补贴	29 897	22 495
递延所得税	41 144	25 537
未实现的订阅收入	22 258	21 285
其他负债	18 546	13 424
一年后到期的长期借款	708 214	215 105
负债合计	995 468	459 289
少数股东权益	203	14 428
所有者权益		
优先股	—	—
普通股，面值 1 美元，授权 8000 万股	15 394	15 394
资本公积	37 844	26 111
留存收益	997 227	857 600
合计	1 050 465	899 105
减：库存普通股（以成本计价）[③]	161 205	164 650
所有者权益合计	889 260	734 455
负债与所有者权益合计	1 884 931	1 208 172

① 减去坏账准备：6 745 美元（1985 年），7 369 美元（1984 年）。

② 扣除累计摊销额：81 003 美元（1985 年），61 497 美元（1984 年）。

③ 2 395 831 股（1985 年），2 526 305 股（1984 年）。

资料来源：Capital Cities/ABC, Inc., *1985 Annual Report*, 24–25.

表 12-14　合并利润表和留存收益表（美国广播公司，1982 ~ 1984 年）

（年度截止日为 12 月 31 日）　　（单位：千美元，每股数据除外）

合并利润表	1984	1983	1982
销售收入			
广播电视	3 304 430	2 614 274	2 341 860
出版	316 249	279 858	255 429
企业影音	54 424	13 376	14 950
电影、景观和其他	27 883	32 629	28 514
利息收入	4 727	8 712	23 775
销售收入合计	3 707 713	2 948 849	2 664 528
成本与费用			
营业费用和销售成本	2 596 832	2 006 949	1 792 977
销售与管理费用	677 201	576 256	532 704
折旧与摊销	58 998	53 193	44 895
利息费用	5 844	143	1 120
成本与费用合计	3 338 875	2 636 541	2 371 696
所得税和少数股东权益前营业利润	368 838	312 308	292 832
所得税准备	−174 175	−152 474	−132 805
少数股东权益	669	—	—
净利润	195 332	159 834	160 027
每股净收益	6.71	5.45	5.54
合并留存收益表	**1984**	**1983**	**1982**
年初余额	1 012 228	899 060	785 250
汇集公司的留存收益	—	125	—
净利润	195 332	159 834	160 027
普通股现金股利（每股 1.60 美元）	−46 619	−46 791	−46 217
年末余额	1 160 941	1 012 228	899 060

资料来源：American Broadcasting Companies Inc., *1984 Annual Report*, 53.

表 12-15　合并资产负债表（美国广播公司，1982 ~ 1984 年）

（年度截止日为 12 月 31 日）　　（单位：千美元，每股数据除外）

资产	1984	1983	1982
流动资产			
现金与现金等价物	154 480	52 336	66 474
应收账款，减去坏账：32 957 美元（1984 年）、25 309 美元（1983 年）和 23 619 美元（1982 年）	422 532	368 958	359 558
节目版权、生产成本和预付款，减去摊销	409 940	543 099	383 362

（续）

资产	1984	1983	1982
存货，以成本（主要为先进先出法）或市价孰低计价	24 861	24 315	24 190
预付费用	136 293	119 989	110 917
流动资产合计	1 148 106	1 108 697	944 501
固定资产			
土地及改良	40 551	36 880	36 536
建筑物及改良	322 901	269 880	228 896
营业设备	448 926	423 827	369 073
租赁资产及改良	39 701	60 897	40 656
固定资产合计	852 079	791 484	675 161
减：累计折旧	288 805	267 927	221 035
固定资产（净值）	563 274	523 557	454 126
其他资产			
无形资产（以成本计价），减去摊销	247 680	66 316	69 828
非短期节目版权	309 210	300 359	379 865
递延收费	19 535	7 646	11 116
其他	47 577	83 963	62 856
其他资产合计	624 002	458 284	523 665
资产合计	2 335 382	2 090 538	1 922 292
负债与所有者权益			
流动负债			
应付账款	73 175	64 291	50 651
应付节目成本	213 658	176 120	193 893
应付工资补贴	81 068	63 457	52 082
联邦所得税	47 218	35 126	28 055
州、地方和其他应付所得税	28 276	26 870	19 610
应付利息	6 218	6 234	4 773
其他应付费用	122 725	94 829	80 925
一年内到期的长期应付项目	22 288	9 756	9 208
流动负债合计	594 626	476 683	439 197
长期负债			
长期借款	116 650	147 923	152 577
节目版权	107 620	146 156	152 306
融资租赁	23 807	23 083	23 176
其他	62 591	50 260	34 982
长期负债合计	310 668	367 422	363 041
递延收益	33 038	32 422	22 099
负债合计	938 332	876 527	824 337

（续）

资产	1984	1983	1982
少数股东权益	44 746	—	—
所有者权益			
普通股，面值 1 美元，注册股本 5000 万股	29 398	29 405	29 072
股本溢价	179 729	174 813	172 280
留存收益	1 160 941	1 012 228	899 060
合计	1 370 068	1 216 446	1 100 412
减：库存普通股（以成本计价）	17 764	2 435	2 457
所有者权益合计	1 352 304	1 214 011	1 097 955
负债与所有者权益合计	2 335 382	2 090 538	1 922 292

资料来源：American Broadcasting Companies Inc., *1984 Annual Report*, 54–55.

第 13 章

1987：所罗门公司——优先股投资

在投资所罗门公司（Salomon Inc.）前，巴菲特与该公司保持着长达 10 年的亲密关系。所罗门公司（见图 13-1）在政府雇员保险公司（GEICO）的扭亏为盈中起了关键作用：约翰·古弗兰（当时是公司的高管，后来成为所罗门的首席执行官）出手确保了政府雇员保险公司的融资，使其出现转机成为可能。正如巴菲特给股东的信中所描述的，[⊖]正是通过这一经历，巴菲特开始相信古弗兰是一个能干果敢的高管。

1987 年 9 月，所罗门公司得到消息称，罗纳德·佩雷尔曼在讨论收购所罗门的大额股权——佩雷尔曼是"收购大王"之一，曾于 1985 年收购露华浓（Revlon）。由于管理层担心潜在恶意收购所带来的问题，首席执行官古弗兰需要募集资金，阻止一位南非投资人把其持有的 12% ～ 14% 公司股权卖给佩雷尔曼。在几次讨价还价后，巴菲特（作为一个"白衣骑士"）同意投资所罗门，将佩雷尔曼拒之门外。

1987 年 9 月下旬，巴菲特公布了这笔交易：他以 7 亿美元投资于所罗门

⊖ 巴菲特致伯克希尔－哈撒韦股东的信，1988 年 2 月 29 日。

的可转换优先股，股利为每年 9%；在 3 年持有期后，巴菲特可以选择将其以每股 38 美元的价格转换为普通股；否则，优先股将在 1995 年开始的 5 年期内赎回。据说，巴菲特告诉古弗兰他很乐意购买 "7 亿美元的所罗门优先股，只要有 15% 的投资收益"。最终，为了能得到预期 15% 的收益率，选定了可转换证券的形式。[⊖] 作为一种投资工具，可转换优先股是上可探更高收益的固定收益证券，下有强力保护功能的公司股权投资——以几乎确保的固定现金流的形式体现。

先撇开当时恶意收购和 "白衣骑士" 投资所引起的轰动不谈，在 1987 年，从纯粹投资角度，我们应该如何看待所罗门公司？看看 1986 年的年度报告（见图 13-1，这是当时投资者能得到的最新信息）就会发现，业务分部报告显示：当时所罗门的业务被分为三个主要的经营单元（见表 13-1）。

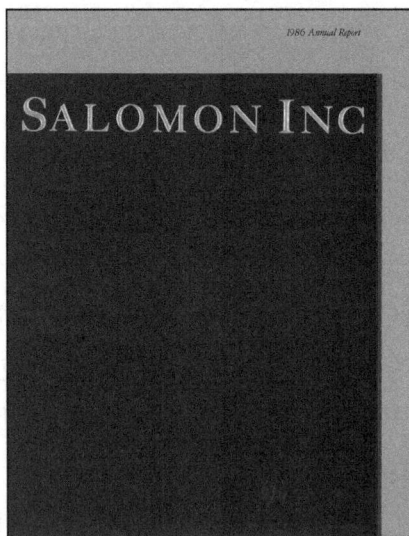

图 13-1

资料来源：Salomon Inc., *1986 Annual Report*.

证券业务是公司当时最大的经营单元。在年报的第一部分，约翰·古弗兰论述了这项业务当年的发展情况，并披露除了主要的美国业务，证券分部还有众多的海外子公司，诸如，位于伦敦的所罗门兄弟国际有限公司、位于法兰

⊖ Alice Schroeder, *The Snowball: Warren Buffett and the Business of Life* (New York: Bantam, 2008), 541.

克福的所罗门兄弟公司以及位于东京的所罗门兄弟亚洲公司。就业务行为而言，年报显示所罗门证券业务聚焦的是一套组合业务：核心是投资银行业务，比如债券和股票承销；交易商／做市商；相关的市场研究。这份年报披露：在1986 年的美国资本市场，所罗门公司承销或联合承销了 764 个公司发行项目，发行规模合计超过 1 000 亿美元；其中公司债发行 617 起，规模合计 862 亿美元，反映了所罗门公司在债券市场的专长。其余的很大一部分是股票发行——这是所罗门声称要获得领导地位的领域。

表 13-1　经营单元概览（1987 年）

经营分部	收入（百万美元）	税前利润（百万美元）	资产（10 亿美元）
证券业务	6 341	787	72
商业融资	190	173	2.5
大宗商品	258	52	3.5
公司业务		− 219	0.8
总计	**6 789**	**793**	**78.2**

在年报中，所罗门强调其在做市商和交易处理方面的专业能力，介绍了它在纽约证券交易所当时历史上一宗最大规模的交易：纳威司达国际公司 4.88亿美元（4880 万股）的大宗交易。古弗兰还论述了公司的研究能力，而且，公司正在增加对国际市场的覆盖面，主要聚焦于日本公司的研究（东京）以及欧洲公司的研究（伦敦）。

总而言之，这份年度报告将其业务描述为"以交易为基础，以声誉、人才和关系作为核心资产"。在 1987 年，如果作为一个潜在的投资者，我的结论是：所罗门公司是一家运营良好且具有全球业务的企业，然而，相比于华尔街同行，它并没有太多结构性的优势。

在这份年报中，所罗门公司的第二个和第三个业务（都较小）所涉笔墨不多。在此，商业融资业务被描述为向企业发放短期贷款的业务，主要客户来自欧洲和亚洲，包括公司、银行、政府和金融机构等。与 1985 年相比，1986 年该业务的税前利润还有点下降：从 1.82 亿美元降到 1.73 亿美元。

最后一个业务被称为菲布罗能源。根据年报，菲布罗能源拥有实体炼油厂，精炼能力每天超过 20 万桶。事实上，它作为一个全能的炼油厂，可根据客户的要求提供从原油到成品油的一系列产品。除炼油外，菲布罗能源还有大宗商品交易业务：石油和非石油商品的套期保值、中介经纪和一般交易。该报告披露了所罗门公司的能源业务严重萎缩（与前一年相比），税前利润从1985年的1.19亿美元下降到1986年的0.33亿美元。但是，古弗兰认为，该业务第4季度相较第3季度已有改善，他希望这一业务能继续走向复苏之路。

在评估商业融资业务和能源交易业务的内在品质时，潜在投资者可能会认为它们与证券业务类似。所罗门的商业融资业务和能源业务有一定的优势，因为它比大多数同行有更大的网络，但在很大程度上，这两个业务的业绩主要取决于良好的执行力，而不是结构优势。

此外，还必须研读所罗门公司的财务报表。根据表13-2转载的部分财务数据，所罗门公司的收入连续5年保持增长，从1982年的29亿美元增加到1986年的68亿美元。这种增长的幅度与所罗门公司总资产的增长相匹配：其总资产从1982年的400亿美元增加到1986年的780亿美元。然而，所罗门公司的盈利能力却有一定波动性。虽然1982年和1983年的净利润率分别为11%和15%，但1984年的净利润率却降至5%。净资产收益率（ROE）是衡量金融机构业绩的另一个重要指标；对于这个指标，所罗门公司在1982年和1983年取得超过20%的业绩，而在1984年则小于10%。在1986年，其净资产收益率又上升到16%；考虑到当时的10年期政府债券利率为7%～8%，16%的净资产收益率是一个相当不错的业绩！

在评估金融机构时，另一个有用的指标是资产收益率（ROA）。然而，对于所罗门公司而言，资产负债表上的很多资产都是待出售的存货，或因投资银行业务交易而暂时计在所罗门公司资产负债表的存货上的资产。具体而言，在所罗门公司782亿美元的总资产里，有425亿美元是作为存货的债券、股本、大宗商品，还有188亿美元是签有回购协议的证券。因此，对所罗门公司而言，资产收益率没有多大作用，因为其持有的大多数资产将不会为公司带来投资回报。（在后文讨论巴菲特投资富国银行的案例时，我将更详细地讨论资产收益率和净资产收益率指标的问题。）在所罗门公司这个案例里，人员和业务交易才是最重要的。该公司的净固定资产合计只有3.11亿美元，很显然，公司不菲的盈利能力是其员工努力工作的结果。正因如此，年报指出，所罗门公司是一个运营良好的企业，但特别依赖业务执行能力（见表13-2）。

表 13-2 5 年财务报表摘要（1982 ～ 1986 年）

（单位：百万美元，每股指标除外）

经营数据概览	1986	1985	1984	1983	1982
收入	6.789	5.701	4.039	3.123	2.947
净利润	516	557	212	470	337
基本每股收益	3.45	3.78	1.48	3.35	2.48
摊薄每股收益	3.32	3.60	1.41	3.10	2.26
总资产	78.164	88.601	58.370	42.017	39.669
长期负债	1.245	917	680	711	780
所有者权益	3.454	2.954	2.406	2.240	1.769
每股现金股利	0.64	0.54	0.54	0.52	0.47
每股所有者权益	22.72	19.93	16.62	15.73	12.84
资产收益率（%）	16.1	20.8	9.1	23.5	21.2

注：为了涵盖大宗商品交易，得到毛利，重计了 1986 年之前的收入。扣除特殊项目后，1984 年净利润为 2.24 亿美元，约合基本每股收益 1.55 美元、摊薄每股收益 1.45 美元。特殊项目主要是石油和天然气资产的冲销和非能源的大宗商品业务的重组。

资料来源：Salomon Inc., *1986 Annual Report*, 1.

就估值来说，从年度报告中可以看出，1986 年第 4 季度，所罗门公司的股价处在 38 ～ 44 美元的范围内。到 1987 年中期，情况就很清楚了，这一年对金融机构而言都是困难的一年。在这一年的 9 月 25 日星期五（巴菲特收购公告发布前），所罗门公司的收盘价为每股 32 美元。虽然这只股票有明显的价格波动（事实上，像所有其他美国股票那样，在 1987 年 10 月的"黑色星期一"，所罗门的股票变得十分便宜），但在 1987 年前三季度，潜在投资者所见的这只股票的价格为 30 ～ 40 美元。

就巴菲特投资所罗门公司可转换优先股的每股 38 美元转股价，相关的估值如表 13-3 所示。

表 13-3 公司市价总值的计算

股价（美元）	38.00
发行股数量①（百万）	1.563
市价总值（百万美元）	59.39

① 基于 1986 年摊薄每股收益的平均流通股数，详见所罗门公司 1986 年年报第 38 页。

由于所罗门公司是一个金融机构，因此市盈率和市净率对于评估该公司的

James Sterngold, "Salomon to Sell 12 Percent to Buffett," *New York Times*, September 28, 1987.

价值至关重要（见表13-4）。由于金融机构的财务杠杆和利息收入特点，企业价值 / 息税前利润倍数（EV/EBIT）对于评估公司业绩的相关性要小些。

表　13-4

市盈率	1986	1985
股价（美元）	38.00	38.00
每股盈余（美元）	3.32	3.60
市盈率	11.4	10.5

　　基于1986年的历史净利润，所罗门公司的股价对应11.4倍市盈率。对于这个运营良好但缺乏内在结构性优势的企业，如果当时审视这笔投资，我认为所罗门公司是一个估值合理的投资标的。如果按照每股30美元的价格，基于1986年全年利润的市盈率将是9倍。如果1986年的净资产收益率16%代表正常水平，那么，所罗门公司将具有非常好的投资价值（见表13-5～表13-6）。

　　就市净率来说，基于每股38美元的价格，市价总值将达到59亿美元。鉴于股东权益总额为35亿美元，则所罗门公司的市净率估值倍数为1.7倍。对于一个16%的净资产收益率的企业来说，这是一个合理的价格。当然，每股30美元的价格（对应1.4倍市净率）会更诱人！

表13-5　利润表（1984～1986年）

（单位：百万美元，除每股指标外）

3年截止日为1986年12月31日	1986	1985	1984
营业收入[①]	6 789	5 701	4 039
利息费用	-4 484	-3 622	-2 504
销售、管理与一般费用	-1 512	-1 132	-875
特殊项目[②]	—	-4	-400
税前利润	793	943	260
所得税	-277	-386	-48
净利润	516	557	212
普通股每股指标：			
基本每股收益[③]	3.45	3.78	1.48
摊薄每股收益[④]	3.32	3.60	1.41
现金股利	0.64	0.54	0.54
平均在外流通股股数（千股）：			
基本每股收益	149 529	147 205	143 479

（续）

3 年截止日为 1986 年 12 月 31 日	1986	1985	1984
摊薄每股收益	156 349	155 853	154 745

① 为了涵盖大宗商品交易，得到毛利，重计了 1986 年之前的收入。

② 1986 年的特殊项目主要包括与非能源的大宗商品业务重组相关的 5 400 万美元成本，以及与退休计划结束相关的 5 000 万美元利得。1984 年的特殊项目主要包括 3.07 亿美元石油和天然气资产的冲销，以及非能源的大宗商品业务的重组成本。

③ 净利润与平均在外流通普通股股数之比。

④ 基于流通普通股的平均预估数——假设可转换证券全部转股，且具有稀释影响的股票期权全部行权。采用净利润外加基于可转换证券的权益的税后影响调整数（1986 年为 400 万美元，1985 年为 500 万美元，1984 年为 700 万美元）。

资料来源：Salomon Inc., *1986 Annual Report*, 38.

表 13-6　资产负债表（1985～1986 年）

（单位：百万美元，除每股指标外）

截至 12 月 31 日	1986	1985
资产		
现金与定期存款	1.224	931
存货		
证券		
美国政府与联邦机构债券	25 611	30 253
银行承兑汇票、定期存单和商业汇票	2 628	3 494
公司债	7 768	8 110
抵押贷款	3 008	5 360
股票、市政债券和其他证券	2 309	1 932
证券总额	41.324	49.149
大宗商品	1.138	631
待回售的证券	18.797	22.424
贷款和应收账款	10.972	11.343
固定资产	311	140
支持抵押担保债券的资产	3.586	3.333
其他资产	812	650
总资产	78.164	88.601
负债与所有者权益		
负债		
待回购的证券	31.140	37.959
短期借款		
银行借款	7.469	8.844

（续）

截至 12 月 31 日	1986	1985
商业票据	3.993	4.294
已出售但尚未买进的证券		
美国政府与联邦机构债券	15.397	18.543
公司债	1.218	685
股票、市政债券和其他证券	314	400
已出售但尚未买进的证券合计	16.929	19.628
应付和应计	10.360	10.683
抵押担保债券	3.574	3.322
长期债务	1.245	917
总负债	74.710	85.647
所有者权益		
优先股，无面值；授权 500 万股；未发行	—	—
普通股（面值 1 美元，授权 250 000 000 股，1986 年已发行 152 512 432 股，1985 年已发行 149 061 380 股）	153	149
资本公积	264	211
留存收益	3.055	2.635
累计汇率换算调整	−11	−29
库存普通股（以成本计）		
1986 年 485 108 股	−7	−12
1985 年 856 588 股		
所有者权益合计	3.454	2.954
负债与所有者权益合计	78.164	88.601

资料来源：Salomon Inc., *1986 Annual Report*, 36–37.

除了考虑市盈率和市净率估值，我认为还应该分析所罗门公司的历史增长情况。该公司的收入增幅不小，但每股收益增幅却没那么给力。由于当时的经营环境好像不太好，因此，我在评估所罗门公司的公允价值时，只会有限度地考虑增长这个要素。有鉴于此，在面临 1987 年的这个投资决策时，我会犹豫于以每股 38 美元的价格投资，但可能会以每股 30 美元的价格买进。请注意，在上面这个假设情形里，我指的投资标的是这家公司的普通股。

依我之见，在这项投资中，巴菲特最看重的一定是其优先股的固定收益特性，同时，想在这种优先股可转换特性的框架内，顺便把握一家运营良好企业普通股的潜在机会。如果从伯克希尔给股东的信中寻找相关线索的话，巴菲特确实把所罗门公司的投资，首先是作为一个债券类产品看待，他说，"很大程

度上，这一投资属于中期固定收益证券类别。此外，我们还拥有一个有益的转股机会"。⊖

这笔对所罗门公司的投资反映了巴菲特一个更加明显的投资趋势，即通过（可转换的）优先股来进行投资。这种方式不仅异于行业的通行做法，而且也不同于巴菲特此前通过普通股投资的风格。在 1989 年给股东的信中，巴菲特指出，尽管对于具有极好前景却被市场低估的公司而言，可转换优先股投资可能无法匹配潜在的回报，但他仍然预期这些投资能够取得高于固定收益投资组合的收益。此外，这些投资也与巴菲特的导师本杰明·格雷厄姆的看法一致，即"一个真正的投资必须有两个特质：一定程度的本金安全性以及令人满意的回报率"。⊜

在巴菲特投资后，这个投资标的忽然演绎出了一个跌宕起伏、眼花缭乱的故事！在巴菲特宣布投资所罗门公司不久，首先，接踵而至的是 1987 年 10 月的股市崩盘。刚开始，巴菲特并没有太大的理由过分担忧这笔投资。股价暴跌后，优先股似乎不太可能被转为普通股，但其固定收益特性将继续保证每年 9% 的股利。不过，在随后的几年里，一场风暴意外地一路袭来！在 1991 年 8 月，所罗门公司公告：该公司违反了美国财政部的债券拍卖规则，因此，公司高管引咎辞职。该事件始于一个不诚实的员工（保罗·莫泽）提交虚假报价，随后，发展到被公司管理层掩盖———一层层升级，直至把古弗兰也囊括其中。这场危机变得极其严峻，以致美国财政部一度威胁要取消所罗门公司国债主要交易商的资格！在随后的很多书中，都绘声绘色地描述过这个历险故事，包括马丁·迈耶所著的《华尔街噩梦》(Nightmare on Wall Street)，但相关的要点都不外乎：在这桩丑闻的重压之下，所罗门公司已经被逼到了破产倒闭的边缘！几年后，作为临时董事长的巴菲特掌控了所罗门公司，以诚信为第一原则，重塑了整个企业。最终，所罗门被罚款 2.90 亿美元，古弗兰也因此离开公司。在 1997 年，旅行者集团（Travelers Group）以 90 亿美元的对价收购了

⊖ 巴菲特致伯克希尔－哈撒韦股东的信，1988 年 2 月 29 日。

⊜ Robert G. Hagstrom, *The Warren Buffett Way: Investment Strategies of the World's Greatest Investor* (Hoboken, NJ: Wiley, 1997).

整个所罗门公司。1991～1992年，在花了9个月时间掌管所罗门公司之后，巴菲特回到了伯克希尔–哈撒韦公司，继续扮演着原来的角色。1998年，旅行者集团与花旗公司合并组成了花旗集团。该集团现今仍然存在，而且包括了原所罗门公司的业务。

　　从财务角度看，巴菲特的所罗门投资遭遇了巨大麻烦，但伯克希尔最终还是赚钱了！除了转股之前所得的9%的稳定股利，巴菲特还行使转股权。总的来说，这可能是巴菲特最初的分析预期没能实现的投资案例（可能这种分析听起来没有问题）。但巴菲特选择的交易结构和后续对局势的影响力，最终减轻了本会使他遭受的重大财务损失。

第 14 章

1988：可口可乐公司

1988 年秋，郭思达和唐纳德·基奥（分别是可口可乐的董事长和总裁）注意到，有人在大量购买其公司的股票。后来得知，那人就是沃伦·巴菲特。那时，相较于 1987 年"黑色星期一"崩盘前的高位，可口可乐股价已经跌去了 25%，而巴菲特正在尽可能地增持。到 1989 年春，巴菲特已经拥有可口可乐约 7% 的股份，平均成本约为每股 42 美元。 $^{\ominus}$ 坊间的笑话说：就巴菲特来说（极爱喝樱桃味的可口可乐），这是"肥水不流他人田"。

对 1988 年的潜在投资者来说，可口可乐（见图 14-1）已经是一个家喻户晓的名字。这家拥有辉煌历史的公司，当时还有一些值得关注的发展。作为一家销售专利药饮的企业，该公司起源于 19 世纪 80 年代，但到 20 世纪 40 年代，可口可乐公司已经成为国家的标志性企业！1919 年，可口可乐公司在股票交易所上市；到了 20 世纪 80 年代，它已成为一家根基稳固的跨国企业。根据公司 1985 年年报，可口可乐当年软饮的海外销量已经达到总量的 62%。

⊖ 巴菲特致伯克希尔－哈撒韦股东的信（1988 年和 1989 年）。

图 14-1

20 世纪七八十年代，也是可口可乐与其对手百事可乐的"可乐战"鏖战正酣的十几年。1975 年，百事可乐公司推出"百事擂台"，即在全美国的大型商场，进行可口可乐和百事可乐的口感盲测。由于不少品尝者偏好更甜的饮料，百事可乐在此次挑战中赢得了多数参与者的喜爱。到 20 世纪 80 年代，这次成功的广告营销使可口可乐的形象受损，并使百事可乐从可口可乐那里赢得一些市场份额。在 1985 年，随着"新可乐"的推出，这两家公司的较量达到了高潮。"新可乐"对原可口可乐配方进行了较大的改动，口感盲测的结果超过了可口可乐和百事可乐。原因可能是新可乐比之前的可乐要甜得多；不过，这就出现了一种尴尬：可口可乐在之前的营销推广中，区隔自己与百事的亮点就是甜度较低！虽然早期对新可乐的接受还不错，但一群嗓门很高的少数派顾客很快便开始要求老可乐的回归！老可乐的形象过于根深蒂固了，以至于尽管新可乐在口感盲测中略胜一筹，但有些老客户依旧强烈要求老可乐重回市场。如今，这番折腾已作为市场营销教科书中的标准案例。1985 年 7 月 10 日，老可乐（更名为"经典可口可乐"）重新上架售卖。及至 1985 年 12 月，据说经典可口可乐的销量已经领先于新可乐和百事可乐。公众的看法似乎是：虽然新可乐的推出显然是营销的误招，但可口可乐的品牌强大到足够消除它的消极影响。[○]

这就是巴菲特 1988 年投资可口可乐时的公司经营背景。此时，还有两个与投资者相关的情况：1982 年，可口可乐公司已经推出了健怡可乐；1985 年，推出了樱桃可乐。及至 1988 年，健怡可乐毫无悬念地发展成了公司的明星产品。

当时，在投资者可获得的公开文件中，最有价值的信息就是 1987 年年报（1988 年设法解读这家公司的投资者能够获得的最新的完整年份报告）。在第 6 页，郭思达（董事长兼 CEO）说道，可口可乐主要业务是销售软饮料——这项业务的营业利润占总额的 95%。当时，可口可乐公司的整体业务结构如表 14-1 所示。

正如我们所看到的，可口可乐公司的经营利润绝大部分来自软饮料事业部。潜在投资者可以集中精力分析这个部门。

表 14-1　经营分部概览

分部	收入（百万美元）	占总收入百分比（%）	营业利润率（%）	备注
软饮料	6 229	82	23.0	可乐，健怡可乐，樱桃可乐
食品	1 414	18	7.3	美汁源果汁
股权投资	未并表	不适用	不适用	灌装子公司和哥伦比亚电影公司的股份
总计	7 658	100	17.8	数据包含销售费用和管理费用

资料来源：The figures were assembled from assorted financial information from the Coca-Cola Company's *1987 Annual Report*.

从年报的第 8 页开始，管理层把核心软饮料业务的主要内涵描述如下：①向灌装厂这类客户销售软饮料糖浆和浓缩液；②打造可口可乐特许经营品

○ Andrew Kilpatrick, *Of Permanent Value: The Story of Warren Buffett* (Mountain Brook, AL: AKPE, 2006), 241–264.

牌，刺激终端消费者的购买。管理层还给出了 1987 年清晰的运营指标：销量
总体增长 6%。鉴于软饮料事业部的收入增长了 10%，[⊖]我们可以由此推断，
1987 年的平均价格增长了 4%。能够同时涨价和提升销量的公司通常拥有较强
的市场地位，所以，1987 年，可口可乐公司软饮料事业部的营业利润增长了
21%，就不足以为奇了！

　　除了它能以更高价格卖出更多产品的相关信息之外，公司管理团队还以国
家 / 地区为单位分别提供了销量的动态数据（见图 14-2，信息来自 1987 年年报
第 8 页）。

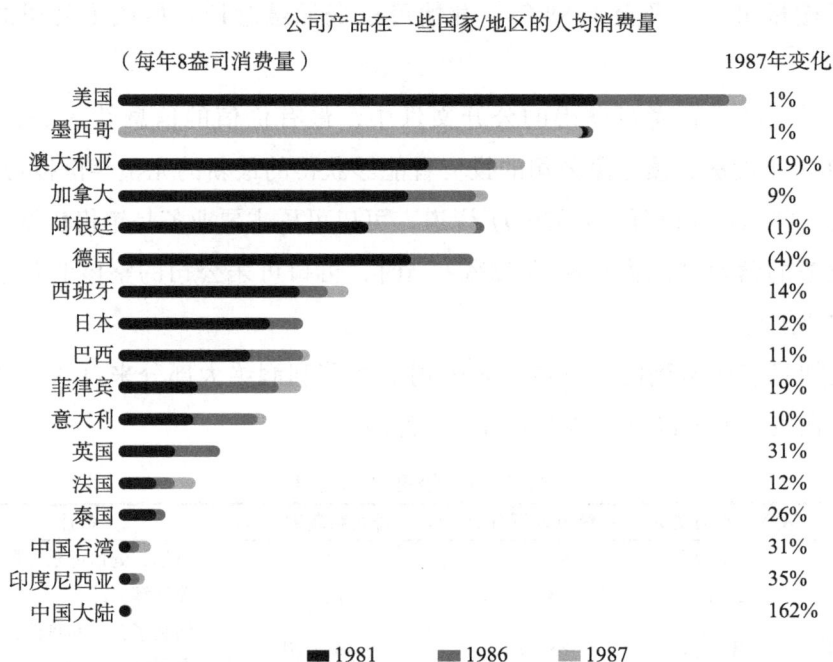

公司产品在一些国家/地区的人均消费量

（每年8盎司消费量）	1987年变化
美国	1%
墨西哥	1%
澳大利亚	(19)%
加拿大	9%
阿根廷	(1)%
德国	(4)%
西班牙	14%
日本	12%
巴西	11%
菲律宾	19%
意大利	10%
英国	31%
法国	12%
泰国	26%
中国台湾	31%
印度尼西亚	35%
中国大陆	162%

■ 1981　■ 1986　■ 1987

图 14-2　可口可乐的全球销量

　　仅是这个图就可以帮助当时的潜在投资者，更好地了解可口可乐业务在国
际市场的显著增长。这里可以引出一个非常清晰推论：1987 年，美国之外的
人均可乐消费量要明显少于比美国市场，因此，该业务未来还有很大的增长空
间。与此同时，这个推论被相关数据所证实：有数据显示在众多绝对消费量较
低的国家 / 地区（西班牙、日本、巴西和中国）都实现了年销量两位数的增长。

⊖　可口可乐公司，1987 年年报，第 48 页。

当时，精明的投资者是不可能忽视这些市场的销售潜力。

在表 14-2 中，我展示了 1985 ～ 1987 年间软饮料事业部的数据，并假设 1985 ～ 1987 年[θ]国内和国际收入增速持续到 1990 年的情况下，推算了 1987 ～ 1990 年那些数据将会是多少。请注意，我没有基于 1987 年的水平推算利润率的增长。我相信这些预测都是很保守的，因为有分销网络和提价能力的企业，本质上具有以更高利润率销售更多产品的潜力。

正如你所看到的，即使没有更高利润率之惠（但应该如此），但由于国际业务在未来几年的增长，公司核心软饮料事业部的息税前利润将以每年 20% 的速度增长。实际上，国际业务也已经成为可口可乐公司的支柱业务，并且收入和息税前利润的增长远远超过 20%。不用细究财务细节（将在这章稍后讨论），对于当时的投资者来说，可口可乐公司明显是一个风头正劲的卓越公司！

表 14-2 软饮料分部数据（1985 ～ 1987 年）

软饮料 收入	1985	1986	1987	1985 ～ 1987 年 增速	1988 年 （预测）	1989 年 （预测）	1990 年 （预测）	1987 ～ 1990 年 增速
美国收入	1 864.7	2 016.3	2 120.1	6.6%	2 260.6	2 410.5	2 570.3	6.6%
息税前利润	217.2	293.3	323.6	22.1%	345.1	367.9	392.3	6.6%
息税前利润率	11.6%	14.5%	15.3%		15.3%	15.3%	15.3%	
国际收入	2 676.7	3 628.6	4 109.2	23.9%	5 091.4	6 308.3	7 816.2	23.9%
息税前利润	672.8	888.0	1 108.9	28.4%	1 374.0	1 702.4	2 109.3	23.9%
息税前利润率	25.1%	24.5%	27.0%		27.0%	27.0%	27.0%	
总收入	4 541.4	5 644.9	6 229.3	17.1%	7 352.0	8 718.8	10 386.4	18.6%
总息税前利润	890.0	1 181.3	1 432.5	26.9%	1 719.0	2 070.3	2 501.6	20.4%

资料来源：基于可口可乐公司 1987 年年报中附录的信息。

管理层还论述了公司在世界各地市场的积极进展：公司在德国的一些重组，在日本、菲律宾和巴西的内生增长。他们还提到灌装厂的持续整合已带动分销效率的提升。所有这些都是积极的，不过只是锦上添花：很好，不过只是强化了可口可乐是一家卓越公司的结论。

很明显，软饮料事业部对可口可乐公司整体财务状况影响巨大，因此，管

θ 基于可口可乐公司 1987 年年报附录的相关信息。

理层对另外两个事业部（食品和股权投资）的阐述就不那么详细了。关于食品事业部，它的业务主要是美汁源品牌果汁的营销和生产。具体来说，食品事业部的业务以前主要是销售冷冻浓缩果汁，但现在正进行重组，以把业务转到销售冷藏果汁上来。管理层注意到，虽然美汁源在冷冻浓缩果汁领域是市场的领导者，但它在冷藏果汁领域只排第二，而冷藏饮品更受美国消费者欢迎，而且增长更快。正因如此，公司管理层投入大量资源调整业务并支持推出新品。在财务方面，虽然食品事业部的收入增长了7%，从13.2亿美元增长到14.1亿美元，但营业利润却从1.2亿美元降至0.67亿美元。在调整了关于部门重组的0.36亿美元准备金之后，营业利润的负值降低了，但仍然减少了0.17亿美元。总之，这个事业部看起来似乎经营状况不佳，但扭转颓势的战略很合理。

最后的事业部（股权投资事业部）是可口可乐公司持有的少数股份权益的经营管理部门。首先，它包括可口可乐公司在主要的灌装伙伴公司（美国可口可乐企业集团和加拿大 T.C.C. 饮料公司）持有49%的权益。它还包含下述其他灌装公司中更少的权益：可口可乐灌装公司、约翰斯顿可口可乐灌装集团、纽约可口可乐灌装公司以及一些海外灌装公司。除了持有灌装公司的股份，可口可乐公司还持有哥伦比亚影视娱乐公司49%的股份。哥伦比亚影视娱乐公司源于1987年9月哥伦比亚影视公司和三星公司（Tri-Star）的合并（自从1982年起，哥伦比亚影视公司由可口可乐公司全资控股，三星公司则是由可口可乐公司持有部分股份）。当时哥伦比亚影视娱乐公司已经是主要的电影制片公司之一且拥有300家连锁影院。虽然上述这些公司都未并表，即可口可乐公司的收入和利润不包含它们，但它们显然是具有价值的大型成功企业。

在分析可口可乐公司的详细财务信息之前，我想简要地讨论一下，当时的潜在投资者会如何看待那时可口可乐公司的管理团队。自1980年起，郭思达就任职可口可乐公司的首席执行官兼董事会主席；自1981年起，唐纳德·基奥就任职公司的首席运营官兼总裁。因此，在1988年年初，尽管在他们任期里媒体的报道并不总是好的，但管理团队显然是得到实践验证过的，而且还有着极好的财务业绩。1985～1987年的财务报告中，我们可以清楚地看到，管理团队是专注于股东回报和核心运营指标的。例如，在对自己业绩的整体评估中，他们详细阐述了 3 个指标，表明他们关心股东的资本回报和有形现金收益（见图 14-3）。

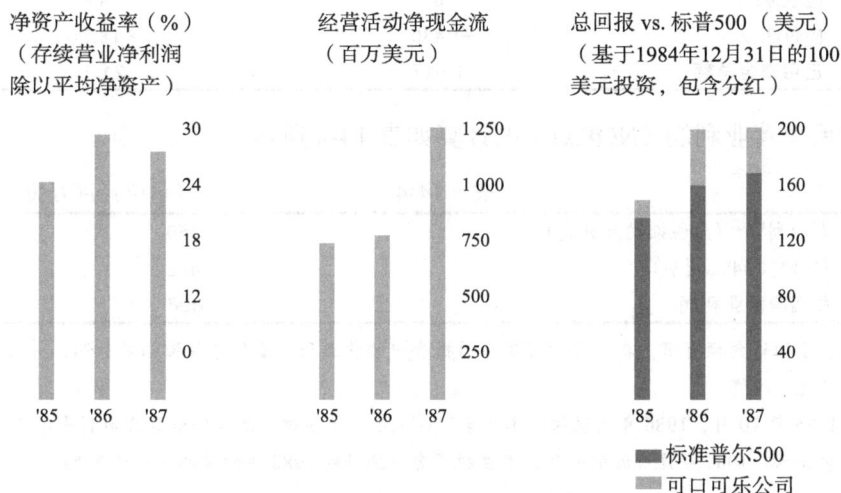

净资产收益率（%）　　　　　经营活动净现金流　　　　总回报 vs. 标普500（美元）
（存续营业净利润　　　　　　（百万美元）　　　　　　（基于1984年12月31日的100
除以平均净资产）　　　　　　　　　　　　　　　　　美元投资，包含分红）

图 14-3　主要财务指标

现在，让我们转到公司 1987 年的财务报表。在这份年报的 34 页和 35 页上，10 年摘选的财务数据显示：在过去 10 年中，除了 1982 年，该公司每年的收入都保持增长；而营业利润，除了 1984 年，其他每年也都保持增长；至于每股收益，该公司拥有过去 10 年每年都保持增长的完美记录！这些财务数据让人联想到巴菲特投资美国运通时该公司的财务状况，而且，对当时的任何分析师而言，这些数据都是发展极为稳定的公司的明显标志。同样，可口可乐公司的实际数据显示，1977～1987 年，公司收入和每股收益平均每年增长12%——这没有考虑此期少数股东权益变动或分拆业务的垫付费用。

聚焦 1987 财年，基于每个单独事业部的不菲业绩（前面已经论述过），可口可乐公司总体收入同比增长 10%，营业利润同比增长 12%，⊖就不足为奇了！不过，更为重要的是：要基于已用有形资金收益率指标，来分析企业创造复利的能力。在 1987 年年末，资产负债表显示可口可乐公司拥有的已用有形资金如表 14-3 所示。

⊖　我已经调整了 1986 年和 1987 年的营业利润（未计与准备金和重组成本相关的特殊费用），而且，我的增长率计算是基于这些数字的。按报告（未调整）数字计，相关的营业利润增幅是 48%。

表 14-3

类别	金额（百万美元）	占收入的百分比（%）
固定资产	1 598	20.9
库存	777	10.1
应收账款	672	8.8
应付账款	−1 430	−18.7
已用资金总额	1 617	21.1

税后净营业利润（NOPAT）的计算如表 14-4 所示。

表 14-4 （单位：百万美元）

营业利润[1]（息税摊销前利润）	1 360
税金[2]（34% 利率）	−462
税后净营业利润	898

[1] 鉴于摊销金额有限，我将可口可乐公司报告中的营业利润看作息税摊销前利润，并对特殊项目进行调整。

[2] 1986 年 10 月，1986 年《税收改革法案》（TRA 86）通过，法案将最高公司税率从 46% 降低为 34%。1987 年是过渡的一年，潜在投资者应预料到 1988 年的最高税率为 34%。

基于这些数据，可口可乐公司的已用有形资金收益率（RTOCE）为 55.5%！这远远高于 20%——我个人内心衡量已用有形资金收益率的高标杆。这表明可口可乐公司既能经营轻资本的业务，同时还能获得极强的盈利能力（相对于资本密度而言）。显然，不将关联的灌装厂合并报表帮助可口可乐提升了上述指标。从内部复利角度看，因为享有高于 10% 的年增幅和很高的已用有形资金收益率，可口可乐公司创造复利的能力非常强。作为一名潜在投资者，在进行上述分析之前，我就知道可口可乐公司是个基本面很好的公司；分析了这些数据之后，我的结论是：可口可乐的确是一家令人赞叹的企业！

最后，我们还得看看，对于当时潜在投资者而言，投资可口可乐的估值水平。在这份年报中，可口可乐披露了公司股价 52 周的最低价、最高价和年终收盘价。在 1987 年，最低股价是 29 美元，最高股价是 53.13 美元，年终收盘价为 38.13 美元。假设 1988 年年初的股票价格大致在上年年终股价的上下范围内，那么，可口可乐公司的股价对于潜在投资者而言，大约是每股 40 美元。实际上，虽然当时的投资者无法阅读巴菲特 1988 年致股东的信，但上述估算的价格与巴菲特在 1988 年投资可口可乐公司的成本是一致的——在致股

东信中，他介绍当时投资的价格是每股 41.8 美元。[⊖]

基于年度报告中给出的其他详细信息，可口可乐的企业价值（EV）计算如表 14-5 所示。

表 14-5　计算企业价值

股价（美元）	40.00
已发行股票数量[①]（百万）	375
市价总值（百万美元）	15 000
净金融债务[②]（百万美元）	1 237
企业价值（百万美元）	**16 237**

[①] 1987 年年底，已发行股票数量为 3.72 亿股；已发行的股票期权为 0.056 亿股。由于股票期权的执行价在 10～45 美元，我认为应有 0.03 亿股被计算在已发行股票里。

[②] 净金融债务是基于下述数字算出：16.85 亿美元的短期贷款和债务、2.13 亿美元的一年内到期长期债务、8.03 亿美元的长期债务、10.17 亿美元的现金余额、4.51 亿美元的有价证券以及 0.04 亿美元的退休金负债。

就像前文在阐述财务业绩时所计算的，调整特殊项目后的息税摊销前利润为 13.6 亿美元。为了得到企业价值 / 息税摊销前利润（EV/EBITA），计算如表 14-6 所示。

表 14-6　企业价值 / 息税摊销前利润倍数

企业价值 / 息税摊销前利润	1987
息税摊销前利润（百万美元）	1 360
息税前利润率（%）	17.8
企业价值 / 息税摊销前利润倍数	11.9

这个 1987 年的企业价值 / 息税摊销前利润数字，意味着可口可乐公司是以 11.9 倍的企业价值 / 息税摊销前利润的估值进行交易的。这显然是个不便宜的估值。但在估算这个倍数时，有几个未并表的实体价值没有计入其中。现在，让我来尝试解决这一问题。

就理想的角度来说，对于未并表实体的价值（特别是那些上市实体），可以基于它们的市场价值进行部分加总估值。鉴于很难得到那些数据，我会按照可口可乐的处理方式，考虑它们的资产价值——要清楚这些数字多半都低估了那些未并表实体的市场价值。[⊜]作为这种情形的例证，可以看看可口可乐公司

⊖　巴菲特致伯克希尔 – 哈撒韦股东的信，1989 年 2 月 28 日。

⊜　有些未并表的实体是以市价总值进行估值的，而另一些却是按照成本法来定价的。

1987年年报的合并财务报表附注的第3项：在阐述其所持的 T.C.C. 饮料公司的部分上市权益中，当可口可乐把它们从历史成本转换到市价，进行重新估值时，确认了一笔会计收益。

基于资产负债表的数据，未并表的实体价值是 25.48 亿美元。如果我们在企业价值里减去这部分，则可口可乐的企业价值将减少为 136.89 亿美元。那么，调整后的企业价值/息税摊销前利润的倍数如表 14-7 所示。

表 14-7　调整后的企业价值/息税摊销前利润倍数

企业价值/息税摊销前利润	1987 年调整后
息税摊销前利润（百万美元）	1 360
息税前利润率（%）	17.8
调整后的企业价值/息税摊销前利润倍数	10.1

10.1 倍的企业价值/息税摊销前利润依然不是非常便宜，但鉴于这家企业的品质，这看起来还是一个非常好的价格。假设那些以成本法计量的未并表的实体还有更多的隐藏价值，那么，调整后的企业价值/息税摊销前利润的倍数将会更低。

就市盈率倍数，我既计算了年报数字，也计算了调整后的数字（在市价总值中减去未并表企业的价值）。调整后的市价总值是 124.52 亿美元，那么，由此得到的调整过的股价是 33.21 美元（所用的流通股数量是 3.75 亿股）。

可口可乐公司的市盈率倍数与企业价值/息税摊销前利润倍数应该基本一致。应该指出的是，由于美国在 1988 年开始实行较低的企业所得税率，因此即使净利润相同，它的每股收益在 1988 年会高一些。在不考虑任何增长的情况下，潜在投资者算出的 1988 年的市盈率应该低于 13.7 倍。

尽管如此，正如 10.1 倍的企业价值/息税摊销前利润倍数那样，13.7 倍的市盈率仅对真正卓越的企业（如可口可乐公司）才是个不错的价格（见表 14-8）！对没有增长的企业，当时保守投资者（今天的也一样）投资价格不会超过约 7 倍的企业价值/息税摊销前利润或 10 倍的市盈率。有鉴于此，我的结论是：巴菲特所付价格里考虑了该公司的增长。当时很明显，可口可乐的核心软饮料业务正受惠于多帆驱动之态：①由欠发达市场较以前更高的人均消费量所驱动的国际扩张，以及②由分销网络整合和新增网络密度驱动的效率持续提升。此外，可口可乐公司的增长既有很长的历史持续性，而且未来几十年的前景也很清晰。最终，投资可口可乐公司成为巴菲特以一个非常公允的价格（也是大部分投资者认同的），投资了一家卓越企业的经典案例！

表 14-8　市盈率

市盈率	1987 年	1987 年调整后
股价（美元）	40.00	33.21
每股收益（调整后）(美元)	2.43	2.43
市盈率	16.5	13.7

巴菲特投资可口可乐的传奇还有续集：1988～1989 年，他对可口可乐公司继续投资了超过 10 亿美元。这几乎大约是当时伯克希尔公司全部市值的 25%。

从事后的角度看问题很容易；在巴菲特可口可乐这项投资中，我们能看到他那奇迹般准确的预测和所获的丰厚投资收益。然而，若不做事后诸葛亮，从这一案例中，我们所学到的另一个点是：要从假风险中识别出真正的风险。很明显，当时所有的媒体报道和一些市场份额数据显示，在 20 世纪 80 年代，可口可乐公司的确正面对来自百事可乐的激烈竞争。然而，相关历史数据表明，那时并未有相互伤残的竞争大战。从母公司的角度看，可口可乐最大的业务是国际业务，而且作为一个整体，国际业务和可口可乐在那几十年发展极佳！虽然有人也许会说巴菲特仅仅在新可乐事件后的 1988 年进行了投资，但在我看来，这里蕴含的更大的经验是，巴菲特能专注于那些扎实的数据和整体情况（见表 14-9～表 14-11）：可口可乐公司是一家卓越的企业，过往非常成功，而且，在未来会更加成功！

表 14-9　财务概要（1977～1987 年）

（单位：百万美元，除比率和每股指标外）

财务年度 截至 12 月 31 日	单位	1987	1986	1985	1984	1983	1982	1981	1980	1979	1978	1977
运营概要												
净营业收入	百万美元	7.658	6.977	5.879	5.442	5.056	4.760	4.836	4.640	3.895	3.423	2.733
产品成本	百万美元	3.633	3.454	2.909	2.738	2.580	2.472	2.675	2.594	2.101	1.854	1.531
毛利润	百万美元	4.025	3.523	2.970	2.704	2.476	2.288	2.161	2.046	1.794	1.569	1.222
销售和管理费用	百万美元	2.665	2.446	2.163	1.855	1.648	1.515	1.441	1.366	1.150	967	694
重组减计准备	百万美元	36	180	—	—	—	—	—	—	—	—	—
营业利润	百万美元	1.324	897	807	849	828	773	720	680	644	602	528
利息收益	百万美元	207	139	145	131	90	119	85	56	46	41	32
利息费用	百万美元	279	197	190	127	77	76	34	30	10	7	6
投资收益	百万美元	118	156	164	117	84	46	20	14	18	17	19
净其他收入（损失）	百万美元	—	33	66	12	2	11	-20	-13	-7	-18	-12
出售子公司权益利得	百万美元	40	375	—	—	—	—	—	—	—	—	—
持续经营税前利润	百万美元	1.410	1.403	992	982	927	873	771	707	691	635	561
所得税	百万美元	494	469	314	360	374	379	339	313	306	284	251
持续经营业务净利润	百万美元	916	934	678	622	553	494	432	394	386	351	310
净利润	百万美元	916	934	722	629	559	512	482	422	420	375	331
每股指标												
持续经营业务净利润	美元	2.43	2.42	1.72	1.57	1.35	1.27	1.17	1.06	1.04	0.95	0.84
净利润	美元	2.43	2.42	1.84	1.59	1.37	1.32	1.30	1.14	1.13	1.01	0.89
股利												
现金股利	美元	1.12	1.04	0.99	0.92	0.89	0.83	0.77	0.72	0.65	0.58	0.51
实物股利	美元	0.90	—	—	—	—	—	—	—	—	—	—

年底头寸											
现金和有价证券	百万美元	1.468	869	835	734	559	344	254	235	153	325	351
固定资产净额	百万美元	1.598	1.538	1.482	1.284	1.247	1.160	1.233	1.045	976	833	688
总资产	百万美元	8.356	7.484	6.246	5.211	4.550	3.373	4.212	3.152	2.710	2.439	2.144
长期债务	百万美元	803	908	739	631	428	132	423	121	22	15	15
总债务	百万美元	2.702	1.610	1.139	1.229	520	227	493	213	130	69	57
股东权益	百万美元	3.224	3.515	2.979	2.778	2.921	2.271	2.779	2.075	1.919	1.740	1.578
总资本	百万美元	5.926	5.125	4.118	4.007	3.441	2.498	3.272	2.288	2.049	1.809	1.635
财务比率											
净资产收益率	%	27.2	23.8	23.5	21.8	19.4	19.9	19.6	19.7	21.1	21.2	20.6
债务资本比率	%	45.6	31.4	27.7	30.7	15.1	9.1	15.1	9.3	6.3	3.8	3.5
现金股利支付率	%	46.0	43.1	53.7	58.0	65.3	59.5	62.8	63.2	57.6	57.4	57.5
其他数据											
流通股平均数	百万美元	377	387	393	396	408	372	390	372	372	372	369
资本支出	百万美元	300	346	412	300	324	279	273	241	309	234	203
折旧	百万美元	152	151	130	119	111	94	104	87	77	61	55
12月31日股价	美元	38.13	37.75	28.17	20.79	17.83	17.33	11.58	11.13	11.50	14.63	12.42

资料来源：The Coca-Cola Company, *1987 Annual Report*, 34–35.

表 14-10 合并资产负债表（1986～1987 年）

（单位：千美元）

	财务年度截至 12 月 31 日	
	1987	1986
资产		
流动资产		
现金	1 017 624	606 848
有价证券，成本（接近市价）	450 640	261 785
商业应收账款，减备用金 13 429 美元和 11 657 美元	672 160	672 568
存货	776 740	695 437
预付账款及其他资产	674 148	932 630
应收票据（哥伦比亚公司）	544 889	—
流动资产合计	4 136 201	3 169 268
投资和其他资产		
联营公司投资	—	—
哥伦比亚公司	989 409	1 436 707
可口可乐公司	749 159	709 287
T.C.C. 饮料公司	84 493	87 696
其他	435 484	212 194
应收账款和其他资产	289 000	217 046
投资和其他资产合计	2 547 545	2 662 930
固定资产		
土地	112 741	98 842
建筑物及构筑物	763 317	695 029
机械及设备	1 488 464	1 390 689
集装箱	275 120	287 672
合计	2 639 642	2 472 232
减折旧备用金	1 041 983	934 679
固定资产合计	1 597 659	1 537 553
商誉及其他无形资产	74 155	114 377
总资产	8 355 560	7 484 128
负债及股东权益		
流动负债		
应付账款和应计费用	1 430 193	1 198 407
贷款和应付票据	1 685 408	697 743
1 年内到期的长期债务	213 609	4 628
应付实物股利	335 017	—
应计税款（含所得税）	454 313	344 141
流动负债合计	4 118 540	2 244 919
长期债务	803 352	907 676

（续）

	财务年度截至 12 月 31 日	
	1987	1986
递延所得税	209 880	239 813
应付哥伦比亚公司	—	576 741
总负债	5 131 772	3 969 149
股东权益		
优先股，1 美元面值—授权：100 万股；无发行股和流通股	—	
普通股，1 美元面值—授权：700 万股；已发行股份：415 977 479 股（1987）和 414 491 987 股（1986）	415 977	414 492
资本盈余	338 594	299 345
收益再投资	3 783 625	3 624 046
外币汇兑调整	−5 047	−118 087
合计	4 533 149	4 219 796
减库存股，成本价（43 621 336 股，1987；29 481 220，1986）	1 309 261	704 817
股东权益合计	3 223 888	3 514 979

资料来源：The Coca-Cola Company, *1987 Annual Report*, 36–37.

表 14-11　合并利润表（1985 ~ 1987 年）

（单位：千美元，除每股指标外）

财务年度截至 12 月 31 日	1987	1986	1985
净营业收入	7 658 341	6 976 558	5 879 160
产品成本	3 633 159	3 453 891	2 909 496
毛利润	4 025 182	3 522 667	2 969 664
销售和管理费用	2 665 022	2 445 602	2 162 991
重组减计准备	36 370	180 000	—
营业利润	1 323 790	897 065	806 673
利息收益	207 164	139 348	144 648
利息费用	279 012	196 778	189 808
投资收益	118 533	155 804	164 385
其他收入（损失）(净额)	34	33 014	66 524
出售子公司权益利得	39 654	375 000	—
持续经营业务税前利润	1 410 163	1 403 453	992 422
所得税	494 027	469 106	314 856
持续经营业务净利润	916 136	934 347	677 566
非持续经营业务净利润（减 7 870 美元所得税后净额）	—	—	9 000

（续）

财务年度截至 12 月 31 日	1987	1986	1985
出售非持续经营业务利得（减 20 252 美元所得税后净额）	—	—	35 733
净利润	916 136	934 347	722 299
每股指标			
持续经营业务净利润	2.43	2.42	1.72
非持续经营业务净利润	—	—	0.12
净利润	2.43	2.42	1.84
流通股平均数	377 372	386 831	393 354

资料来源：The Coca-Cola Company, *1987 Annual Report*, 38.

第三部分

近期

（1989～2014 年）

随着规模的增长，伯克希尔－哈撒韦在进入 20 世纪 90 年代时，就已经有了数十亿美元的价值。在此之前，巴菲特已经成为一位著名的投资人，首先扬名于投资界，随后成为今天家喻户晓的人物。在这个阶段，巴菲特投资了更多的私募交易，同时，也购买了一些声名显赫的大企业的股票。此期，巴菲特的一个核心行为特征是：由于伯克希尔－哈撒韦的成长壮大，他的投资规模进入了巨量的级别；这种巨额资金的投资带来了潜在的挑战，同时，也内携潜在的优势——更多的资金意味着更多的交易机会和提供更多资金的能力（在竞争对手无法匹敌之时）。在这个年代的后期，巴菲特忙于寻找配置这些大笔资金的最佳方式，或者，用他自己的话说，设法卸下"猎象之枪"。与此同时，他还在继续着力于从内生机制的角度，构建伯克希尔的核心业务，尤其是保险业务。

1989 ~ 2014 年的经济背景差异很大，至少可以说，是变化多端。在 20 世纪 90 年代末期，联军进入了第一次海湾战争，同时，美国进入了一个全面（但短暂）的衰退。这时的股票价格崩盘，其中也包括伯克希尔－哈撒韦的股票——它的价格较前一年的跌幅相当大。按照借用战争恐慌购买的经典含义，这是一个收购扫货的好时机，巴菲特参与其中，购买了富国银行的股票。不过很快，十来年的悲观氛围逆转为市场狂欢。及至 2000 年，股票牛市再现，而且，还是几十年都没有出现过的股市盛况。最近这次牛市的根源是互联网的发展及其背后的技术演进。此期，这个领域的许多公司证明它们的创新力要强于其盈利能力，但这种创新的新纪元和还说得过去的估值，并没能阻止一个市场的非理性狂欢。

就像所有的狂热最终都会被影随的恐慌所取代的一样，互联网泡沫终于在 21 世纪初期破灭。在 2002 年，美国经济和全球经济又一次陷入了另一次衰退之中。而在 2001 年 9 月，恐怖分子对纽约城双子大厦的袭击震颤了整个世界！紧随 2002 年的那些年份都是市场复苏期。牵引这次复苏的则是在住宅价格上形成的新一轮泡沫。及至 2007 年，道琼斯指数竟然越过了 14 000 点，甚至远远高出了 2000 年的峰值（此时的点位仅略高于 11 000 点）。

不过，在相关的背景之下，下述深植的问题开始浮现：主权债务问题、商业银行抵押贷款宽松政策的结果。这些问题的丑恶面孔迅速显现，经济从

2007年的峰顶跌落至2008年的深度危机之谷。伴随这次金融阵痛的是金融市场的极度动荡。在这场混乱之中，全球最大的金融机构之一的雷曼兄弟，成为轰然倒下的祭品之一。为了避免20世纪30年代大危机的再现，发达国家进行了数轮金融机构的拯救活动。在为它们注入巨额资本之后，随之而来的经济复苏速度超出了人们的预期。在2009年年末之前，道琼斯指数又一次越过了10 000点的关口。不过，在2010年之前，有些深层的问题和注入巨额钞票的后遗症尚未消失。在2011年，金融领域仍然存在着很大的不确定性。这个阶段最大的市场动态之一，是大宗商品价格的上升，特别是黄金和石油。在这个时期，巴菲特有意识地设法利用各种可能的投资机会。他最近的一次大型收购（伯灵顿北方公司）就是在2009年的经济动荡中进行的。

第 15 章

1989：美洲航空集团

　　就像与所罗门兄弟的交易一样，沃伦·巴菲特于 1988 年对美洲航空集团（US Air）的投资所涉的是优先股：购买 3.58 亿美元的优先股，10 年后强制赎回，9.25% 的股息率，和以每股 60 美元转为普通股的权利。当时的普通股价格在每股 35 美元左右，相应的美洲航空（见图 15-1）的总市值为 15 亿美元。虽然这笔投资最终是盈利的，但对巴菲特来说，美洲航空的交易常常被作为一个投资失误的案例而提及引用。即便是在他给股东的年度信函里，巴菲特也论述了这笔投资的不足之处，以及他未能正确甄别这笔投资的前景。例如，在他 1996 年年底给予股东的信函中，他阐述道：

　　　　我喜欢并推崇埃德温·卡洛尼（该公司当时的 CEO），而且，我现在仍然如此。但我对美洲航空业务的分析流于表面，且是错误的。当时，我受到了下述两个因素的误导：该公司长期盈利的经营史；拥有优先级证券所给予我的保护。这些使我忽略了一个关键点：随着航空业管制的解除，美洲航空的收入，将会受到日益激烈的市场竞争所带来的负面影响，与此同时，在管制庇护的利润之下，所形成的成本结构，还一时半会儿无法得到改变。无论这家航空公司过往的业绩如何亮丽，如果这些成本问题不予以解决，那么，它们就是灾难的征兆。

图 15-1

回首往事，批评投资决策是一件很容易的事情。这里内含一个有趣的问题：彼时，潜在投资者会如何看待美洲航空呢？要想回答这个问题，人们必须回头认真审视美洲航空 1988 年年报，即巴菲特购买该公司之前最近一个完整年份的年报。

这份报告始于重点财务数据的披露，显示 1988 年美洲航空录得 57.1 亿美元收入，1.65 亿美元的净利润。此前一年，该公司也有盈利，在 30 亿美元收入的基础上，录得 1.94 亿美元的净利润。基于这些核心财务数据和董事长兼 CEO 埃德温·卡洛尼随后的经营回顾内容，美洲航空公司的总体情况是：这是一家盈利的公司，但正在经历大范围的巨变。该公司刚刚完成了收购西南太平洋航空的整合，正启动整合彼得蒙特航空的工作（它是 1989 年兼并的）。总的来说，这两项收购使得美洲航空的经营规模翻了一番还多，在全美境内增加了一些航线。在内生性成长上，1988 年年末，美洲航空已经确认了 83 架新飞机的订单（订单价值 20 亿美元），将在 1989 ~ 1991 年交付，外加 108 架飞机的可选订单（订单价值 30 亿美元）。这里仅确认的订单就会使美洲航空的现有集群总量增加 20%。

除了快速增长外，该公司的年度报告还有 3 个突出的要点。首先，公司的收入在 1988 年几乎是成倍数地增长（比 1987 年增长了 90%），但净利润却下降了。这种背离现象部分归于下述两项非常费用：收购的兼并整合；BAC$_{1-11}$ 飞机（机群中过时的机型）的一次性减计。但即便是调整了这些费用，美洲航空的经营利润（非常费用之前的）仅增长 36%——比收入增长慢了很多。仔细审视它的利润表会发现，这个相关的肇事者是经营费用——它的增幅超过了收入的增幅，达 97%！在经营支出这个类别里，人员费用、租金和起降费用及飞机维护支出增长最快。经营费用一年的巨额增长，虽然并不意味着这些费用的长期膨胀，但它肯定会使人担心，尤其是其中的一些费用，如何才能得到有效的控制。在空中交通的快速增长挤压资源的同时，机场所收的起降费用和飞行员工资会无节制地增长吗？燃油增长所携的敞口风险有多大？对这些成本支出有什么控制措施吗？

第二个要点是建立在第一个之上的。它所携的风险和不确定性不仅更多，而且，对潜在投资人还是显而易见的。它是负债和经营租赁。为了给这两个大型收购（西南太平洋航空和彼得蒙特航空）提供资金，在 1987 年，美洲航空以信贷协议的方式，负上了 10 亿美元的新债。在 1988 年，通过发行商业票据的所募资金，美洲航空偿还了这笔债务的一部分。但在那年的年底，美洲航空仍然负有接近 15 亿美元的巨额金融债务[⊖]（内含承诺条款、还款计划以及巨额债务的所有其他风险）。使得风险陡增的是，除了金融负债，美洲航空还有64 亿美元不可撤销的经营租赁（详述于该报告的第 23 页）。这些都是美洲航空承诺要支付的，有关下述事项的未来租赁的支付义务：飞机、地面设施和其他设备。相比于美洲航空 4.34 亿美元的经营利润，这笔金额的确是一个巨大的数字。就像其到期的金融负债利息一样，如果业务进行良好的话，这些费用都不是问题。但如果业务恶化，这些支付义务就会成问题，而且，公司就会有破产清算的风险！

第三个需要注意的事实，是与美洲航空业务的经济属性相关，涉及两个方面：①不确定性；②一般性。

① **不确定性**。在评估其业务的品质时，一个关键的因素是要看它带来的已投资金利润率是多少。为了计算这个利润率，你必须首先能够准确地估算一个稳定状态的利润水平。就美洲航空业而言，这并非易事。第一个挑战就是其利润的周期性变化。在表 15-1 所选的美洲航空的财务数据显示，在好的年份里，它的净利润率（大约 7.5%）两倍于坏的年份（大约 3%）。

为了抚平这种周期性波动，潜在投资者会采用过往 3 年净利润率的平均数 4.9%。这可能适合于具有年度周期性和稳定性交叉的企业，但美洲航空并没有这些特征。相反，它面临的是一般的商业周期，既没有可预测的时间表，也难于预测。而且，它自身的情形也肯定不是处在稳定状况，因为它的一连串快速收购的非常整合费用混淆了它的真实成本费用，也模糊了美洲航空和被购企业潜在内含的不同利润率。虽然这些都使得它的不确定性陡增，但投资者通常还是能够拿出一个大概稳定的利润数字（通过采用历史平均利润率，即做过某些调整，并基于加总美洲航空及其收购企业的收益，所计算的历史平均利润率），但前提是它不会带来更大的复杂性，因为整个航空业本身就正处在一个根本性的变革之中。美洲航空年报的经营统计表充分说明了这一点（见表 15-2）。

⊖　US Air Group, *1988 Annual Report,* 21–22.

表 15-1 精选财务数据

（单位：千美元，每股数据除外）

	1988	1987	1986	1985	1984	1983	1982	1981	1980	1979	1978
利润表											
经营收入	5 707	3 001	1 835	1 765	1 630	1 432	1 273	1 110	972	729	567
经营支出	5 273	2 682	1 666	1 597	1 483	1 304	1 194	1 052	880	677	533
经营利润	434	319	169	168	192	128	79	58	92	52	34
净利润	165	195	98	117	122	81	59	51	60	33	32
完全稀释的每股利润	3.81	5.27	3.33	3.98	4.46	3.22	2.88	2.66	3.59	2.24	2.82
普通股每股股息	0.12	0.12	0.12	0.12	0.12	0.12	0.12	0.12	0.09	—	—
资产负债表											
总资产	5 349	5 257	2 147	1 951	1 621	1 318	1 062	881	715	533	404
长期负债	1 419	1 870	454	474	430	350	334	303	236	184	144
股东权益	2 070	1 895	1 058	956	737	615	459	353	272	216	167
在外流通的普通股数量	43.8	43.2	27.3	26.9	23.0	22.8	19.8	17.1	12.0	11.9	9.9
每股面值	40.28	43.90	38.77	35.44	31.89	26.77	22.89	20.34	18.43	13.85	11.82

资料来源：US Air Group, *1988 Annual Report*, 30–31.

表 15-2　经营统计数据（1978～1988 年）

	1988①	1987	1986	1985	1984	1983	1982	1981	1980	1979	1978
乘客收入（百万美元）	32.5	24.8	21.7	19.3	17.0	16.2	14.6	13.4	14.2	14.1	12.8
乘客平均旅程（英里②）	533.3	527.7	513.5	504.8	480.5	446.5	415.2	404.6	385.3	359.1	318.1
客运营收里程（百万）	17 315	13 072	11 155	9 732	8 191	7 245	6 078	5 424	5 476	5 049	4 083
有效座位里程（百万）	28 234	20 014	18 254	16 433	14 098	12 235	10 666	9 383	8 992	7 853	6 721
航班客座率（%）	61.3	65.3	61.1	59.2	58.1	59.2	57.0	57.8	60.9	64.3	60.8
单客英里收入（美元）	15.33	14.91	14.93	16.71	18.57	18.42	19.51	18.93	16.26	12.88	12.29
单位有效座位里程成本（美元）	9.34	8.90	8.74	9.45	9.98	10.50	11.07	11.07	9.65	8.46	7.67
两个航站之间的平均距离（英里）	437.7	425.2	405.8	395.4	374.3	354.5	339.3	325.6	306.1	284.2	242.6
航班客座率平衡点（%）	58.7	57.3	56.4	54.2	51.7	54.6	54.1	54.9	55.6	60.2	56.9
加仑燃料消耗量（百万）	617	463	435	404	367	327	301	276	273	262	239
加仑燃料成本（美元）	52.58	54.74	53.85	79.74	84.80	89.08	97.30	103.14	86.74	55.83	39.65
年末雇员数量	24 337	16 509	14 976	13 789	12 524	11 899	11 046	10 765	10 379	9 741	8 745
年末飞机数量	226	162	149	143	133	127	119	106	95	90	93

① 1988 年 4 月 9 日，PSA 并入美洲航空集团。

② 1 英里=1 609.344 米。

资料来源：US Air Group, *1988 Annual Report*, 30–31.

　　航空出行的旅客越来越多，平均旅行距离也在逐年上升。与此同时，单客公里收入却下降得很快，因此，航空公司都在拼命削减单客公里成本，增加航班客座率。当然，不断增加的乘客需求显然对美洲航空是有利因素，但削减成本的压力无疑是一个负面因素。此外，还有其他的不确定性。虽然自 20 世纪 80 年代早期以来，燃油成本一直在稳步下降，但未来的价格却是未知的。这种正反力量冲突的复杂性，使得精确计算未来可持续的利润值，几乎是一件不可能的事情。

　　② **一般性**。如果你仍然认为对美洲航空的质疑证据不足，并认为它非常成功的 1987 年业绩反映了其创造现金利润的内生能力，那么，就可用下述方式计算已用有形资金回报率（ROTCE）（注意：资产负债表的下述所有数据都是以美元为单位，只是外加了一个收入百分比，以便显示下述各科目重要性的绝对值和相对值）。

　　（a）财产、工厂和设备：35.2 亿美元（收入的 117%）。

　　（b）其他无形资产：2.02 亿美元（收入的 7%）。

　　（c）存货：2.4 亿美元（收入的 8%）。

　　（d）应收账款：3.43 亿美元（收入的 11%）。

　　（e）应付账款：–2.83 亿美元（收入的 –9%）。

　　（f）已用的有形资金：40.22 亿美元（收入的 134%）。

　　基于 1987 年 3.19 亿美元的经营利润（EBIT），税前已用有形资金利润率是 7.9%。相应的税后数字（基于彼时 34% 的税率）是 5.2%。（在 1988 年，公司税率仍然是 34%；因此，它被用来确认该企业的内生资金回报率。）在任一情形下，这里的关键点是：美洲航空的业务是资本密集型，PPE（拥有的飞机和设施 / 设备）的金额都超过了公司的年度收入。最终的资金利润率，即便是在好的年份（不足 8%），都没有超过它的资金成本（美洲航空在 1988 年发行的商业票据利息率在 9.5% ～ 9.9%）。这似乎说明这是一家几乎没有什么内生结构优势的企业。它不同于巴菲特在同期所投的其他那些高品质的企业，如可口可乐公司和富国银行（这两家都有很好的已用有形资金利润率）。

　　潜在投资者应该已经把美洲航空视为一家具有下述特征的受经济周期影响

企业：几乎没有什么结构性优势，但有很大的财务风险。然而，这家公司还是有一些积极的方面。首先，埃德温·卡洛尼是一个积极的要素。美洲航空的这个 CEO 不仅备受崇敬，而且，他的职业生涯几乎没有任何瑕疵。及至 20 世纪 80 年代末，卡洛尼已经把一个年收入只有 5 亿美元的小型区域性航空企业，引领到了美国最大航空企业之列（见表 15-1）。他不仅做到了这一点，而且，在这期间的任何一年，都没有发生过亏损，即便公司的利润有时波动很大。运营上，在卡洛尼的领导下，美洲航空公司改善了几个关键指标，包括乘客上座率和乘客平均运程（见表 15-2）。如果美洲航空是一个纯粹执行类的企业（而非那种具有结构性竞争优势的企业），那么，它就是那种执行力相当不错的企业。

除了一个好的管理层，美洲航空还有一些有利的因素。尤其是，如果和实际发生的事情一起来考虑它的经营指标，那么，美洲航空公司应该是 1988 年美国航空业表现最突出的公司之一。在美国航空业，它的飞行架次最多，并在巴尔的摩、克利夫兰、费城和洛杉矶等城市，构建了很强大的航运枢纽。作为客户忠诚概念的倡导者，它的俱乐部网络也是全国最大网络之一，在 24 个不同的机场，设置了 28 个优质会员候机室。美洲航空公司既有一个良好的声誉，还有一个规模和轮辐航运系统所带来的区域密度优势。

该公司积极要素清单还有可以追加内容。在 1988 年年底，美洲航空公司有着行业里服役时间最短的机群之一，平均服役年份为 8.9 年。由于服役年份短的飞机所需的维护少且更省燃油，所以，它和不少同行相比意味着更低的成本。与西南太平洋航空和彼得蒙特航空的整合似乎也不错，虽然美洲航空由此出现了一些模糊每股真实利润的非常费用，但这里最终会出现协同效应：随着非常费用的消失，利润率自然会改善。因此，对于一个寻找该公司积极面的投资人来说，公允的概括应该是：美洲航空公司是一个在发展迅猛的行业中，有着良好执行力的企业，而且，它似乎正在巩固自己在某些区域市场的强势地位。此外，还应该加上这么一个公允的结论：此期的非常费用丑化了公司 1988 年的利润率。

最终，所有这些分析都会导向估值——它始于美洲航空的普通股估值。在 1989 年，这只股票的交易价格在低点 28 美元和高点 40.25 美元之间波动。如果采用35美元为中间价（该股票在全年大部分时间里的交易价格），那么，它的利润倍数看起来就如表15-3所示。

表　15-3

	1988 实际值	1987 实际值
每股利润（已稀释）(EPS)(美元)	3.81	5.27
市盈率倍数（PER）	9.2	6.6
息税前利润（EBIT）(百万美元)	434	319
企业价值 / 息税前利润[①]（EV/EBIT）	6.6	9.0

① 企业价值（EV）的计算是基于15.3亿美元的市值加上净负债13.4亿美元等于28.7亿美元。

行笔至此，让我们先把早先有关无法准确估算美洲航空未来可持续利润的论述放在一边。实际上，对于一个很有执行力和相当成长性，甚至还有些许结构优势的企业来说，它的历史估值指标看起来还是很平实的。其实，在调整过与兼并整合相关的特别费用和BAC$_{1\text{-}11}$飞机的减计费用后，1988财年市值的市盈率倍数只有7.2倍。由于美洲航空有着巨额的负债，这个市盈率倍数看起来还是比企业价值 / 息税前利润（EV/EBIT）倍数便宜，虽然从绝对值来看，6.6的企业价值 / 息税前利润倍数也不贵。这就是如何估值普通股的综述。

不过，巴菲特投的是一笔私募，购买的是固定收益率为9.25%的可转换的优先股，以每股60美元的价格转换为普通股的权利，以及一个从发行日起计的10年赎回期。

类似于所罗门案例的设计，这种证券的风险属性完全不同于普通股。它的主要价值源自其支付股息的固定收益特性，即该公司在支付其他一般股息之前必须予以支付的收益；然而，可转换特性则是一个红包，以备美洲航空未来几年后变得异常成功，其普通股价格就会从彼时的每股35美元涨到每股60美元之上。与所罗门案例相比，这个案例的不同之处在于：这次可转换价格的设置要远高于美洲航空彼时的普通股价格。相比较而言，它意味着这里的固定利润部分更加重要，因为要想达到这种权益的转换水平十分困难。因此，投资者应该把这项投资看作巴菲特购买了一只固定收益的证券，以期获得一个9.25%的收益——大致相当于美洲航空的发债成本。当然，这只证券的风险要高于美洲航空的真实债券（相对于优先股有优先清偿权的那些债券），但它还有选择权内涵的价值，以备美洲航空在随后的10年里变得更加成功。及此，让我们来重温一下它的普通股估值。实际上，60 美元的转换价格是基于 1988 年的每股利润以调整过的 12.4 倍的市盈率对美洲航空进行的估值。从表面来看，这个估值不是特别贵，而且，如果美洲航空能够持续它的历史增幅及其盈利能力，这应该是很容易取得的成果。

综合来看，巴菲特的这个美洲航空的投资案例，明显不同于一般投资者会选择的那种投资。他投的是可转换的优先股，转换价格是每股 60 美元，而彼时一般投资人所面对的该普通股的价格却是每股 35 美元上下。如果认真着力于普通股的分析，那么，潜在投资人既会看到该公司许多正面的因素，也会碰到不少负面的东西。一方面，美洲航空看起来像是行业里的领头羊，一个执行力很强的企业，有一个被实践证明很得力的管理团队。另一方面，投资者应该非常清楚，由于这项业务和行业的巨大变化，以及金融负债和经营租赁所内携的巨大风险，很难预测该公司的未来盈利情况。对于一位审慎的投资人来说，美洲航空的普通股多半适合于那种"很难说清"的股票类别。但这并非巴菲特的投资所指。

在给股东的信函里，巴菲特对美洲航空这项投资之后的行业情况，给予了很好的阐述。几乎就在巴菲特投资了美洲航空之后，持续的航线竞争和飞机票价上不断强大的定价压力，使得美国整个民航业陷入沉闷的萧瑟之中。第一次海湾战争期间，即 1990 ～ 1991 年的经济危机袭来之时，美国的民航业出现了大批倒闭现象。1991 ～ 1992 年，一些美国民航业的最大同仁纷纷破产清算，包括中途航空公司（Midway Airlines）、泛美航空公司（Pan Am）、美国西部航空公司（American West）、大陆航空公司（Continental）和环球航空公司（WTA）。雪上加霜的是，这些航运公司在破产清算之后，摆脱了过往金融负债的束缚，继续经营，而且采用更低的定价和你死我活的竞争。1990 ～ 1994 年，美洲航空亏损了总计 24 亿美元，抹去了其所有股东权益的金额。在 1994 年，巴菲特所有的优先股分红都被暂停了。巴菲特减计了在美洲航空优先股上 3.58 亿美元投资的 3/4，并设法（但没有成功）在 1995 年，以 50% 面值的价格出售这些优先股。[⊖]

⊖　巴菲特致伯克希尔 – 哈撒韦公司股东的信，1997 年 2 月 28 日。

幸运的是，美国的航空业随后逐渐得到了复苏，而且美洲航空 1995 年最终完整年份的业绩不错，又恢复了优先股的分红。事实上，由于巴菲特行事极为慎重，在构建这个初始交易时，对可能缺失的股息设计了一个罚则，所以，在前一年未付的 9.5% 的股息之上，他还得到了更多的收益。及至 1997 年，该公司的业务得到了持续的改善，交易价格曾经低至每股 4 美元的普通股，也涨到了每股 73 美元——足以使巴菲特的优先股转换价格体现出价值。[⊖]随后，在 1998 年 3 月，根据赎回条款，这些股份被美洲航空公司赎回。总的来说，巴菲特在美洲航空上的投资为他带来了两笔收入：在其持有的 8 年时间里，超过 2.5 亿美元的股息；通过这只证券的可转化属性获得的收益。尽管经历了巨大的灾难性问题的打击，并成为巴菲特最著名的失误之作，但结果，它仍然是一个盈利的投资项目（见表 15-4 ~ 表 15-6）。

表 15-4　综合资产负债表（1987 ~ 1988 年）(年度截止日 12 月 31 日)

（单位：千美元）

	1988	1987
资产		
流动资产		
现金和现金等价物	78 000	232 577
应收账款（净额）	381 127	343 170
原料和半成品（净额）	265 310	239 838
预付支出	97 088	80 530
流动资产总计	821 525	$896 115
财产和设备		
飞行设备	3 117 121	3 162 995
地面财产和设备	824 230	642 444
减：累积的折旧	778 100	591 800
财产和设备总计	3 163 251	3 213 639
采购定金	405 448	306 440
财产和设备总计（净额）	3 568 699	3 520 079
其他资产		
商誉（净额）	623 889	576 857
其他无形资产（净额）	189 678	202 463
其他资产	145 087	61 239
其他资产总计	958 654	840 559
资产总计	5 348 878	5 256 753

⊖ 巴菲特致伯克希尔 - 哈撒韦公司股东的信，1998 年 2 月 27 日。

（续）

	1988	1987
负债和股东权益		
流动负债		
长期负债的到期部分	85 643	71 402
应付账款	371 146	283 437
应付机务费余额和未用机票额	318 883	297 485
应付未付支出	433 381	341 086
流动负债总计	1 209 053	993 410
长期负债，扣除了到期部分	1 332 872	1 798 226
递延信用和其他负债		
所得税	340 769	344 508
递延利得和其他负债	396 672	225 691
递延信用和其他负债总计	737 441	570 199
负债总计	3 279 366	3 361 835
股东权益		
优先股①	—	—
普通股②	44 411	43 801
实缴资本	1 068 958	1 050 637
留存收益	982 904	823 111
所持库藏普通股③	−26 761	−22 631
股东权益总计	2 069 512	1 894 918
负债和股东权益总计	5 348 878	5 256 753

① 没有名义或票面价值的，已授权的可系列发行的有 100 万股。

② 每股票面价值 1 美元，已授权 7500 万股，已分别发行了 4441.1 万股和 4380.1 万股。

③ 分别是 63.5 万股和 63.2 万股。

资料来源：US Air Group, *1988 Annual Report,* 17.

表 15-5　综合利润表（1986 ～ 1988 年）（年度截止日 12 月 31 日）

（单位：千美元，除每股数据外）

	1988	1987	1986
经营收入			
乘客运输	5 273 955	2 775 581	1 709 050
其他	433 037	225 503	126 149
经营收入总计	5 706 992	3 001 084	1 835 199
经营支出			
人员费用	1 944 428	1 039 471	687 389
航油费	638 453	377 602	237 946
旅行代理商佣金	382 718	203 623	124 154

（续）

	1988	1987	1986
租金和起降费	510 740	200 397	83 778
飞机维护费	337 564	155 782	73 140
折旧和摊销	229 729	127 630	93 191
其他	1 229 768	577 361	366 237
经营支出总计	5 273 400	2 681 866	1 665 835
经营利润	433 592	319 218	169 364
其他利润/支出			
利息收益	12 573	22 474	22 633
利息支出，扣除了资本化的利息	−123 206	−88 828	−31 488
BAC$_{1\text{-}11}$飞机和零部件的减计金额	−33 000	—	—
其他	−20 445	3 501	9 393
其他利润/支出总计	−164 078	−62 853	538
彼得蒙特的税前利润和净利润	269 514	256 365	169 902
预提所得税	104 150	101 080	71 550
扣除少数股东权益（不计彼得蒙特利润）前的利润	165 004	155 285	98 352
彼得蒙特利润的权益	—	39 364	—
净利润	165 004	194 649	98 352
每股利润			
原始股金额	3.81	5.28	3.34
完全稀释的股份金额	3.81	5.27	3.33
用于计算的股份			
原始股数量	43 304	37 728	31 560
完全稀释的股份数量	43 315	37 802	31 695

资料来源：US Air Group, *1988 Annual Report*, 16.

表15-6　现金流量表（1986～1988年）（年度截止日12月31日）

（单位：千美元）

	1988	1987	1986
经营性现金流			
净利润	232 577	336 158	349 667
把净利润调整为经营活动所提供的现金流的调整项			
折旧与摊销	165 004	194 649	98 352
递延所得税	229 729	127 630	93 191
BAC$_{1\text{-}11}$飞机和零配件的减计	−3 739	57 294	65 020
以彼得蒙特净利润形式所示的权益，扣除了股息	33 000	—	—
销售财产的亏损/利润	—	−37 508	—
其他	2 119	−6 184	−7 213
某些资产和负债的变动额（扣除了购买分支机构的影响）	3 299	9 339	609

（续）

	1988	1987	1986
应收账款的减少 / 增加	−37 957	64 512	10 597
原材料、半成品和预付支出的减少 / 增加	−43 483	−7 028	−23 532
应付机务费余额和未用机票金额的增加 / 减少	21 398	−37 530	27 485
应付账款和应计未付支出的增加 / 减少	139 209	−8 915	18 290
经营性净现金流	508 579	356 259	282 799
投资性现金流			
购买分支机构的付款，扣除购买得到的现金			
彼得蒙特	—	−1 476 705	—
西南太平洋	—	−313 291	—
郊区航空	—	—	−8 432
财产和设备的增加值	−544 985	−503 251	−266 614
采购定金的减少 / 增加	−99 008	27 805	−25 054
处置财产的进项	564 433	353 607	24 076
投到克维尔合伙企业的投资	−113 133	—	—
其他	−15 285	19 052	5 715
投资性净现金流	−207 978	−1 892 783	−270 309
融资性现金流			
债务发行	127 241	1 905 450	5 799
债务偿还	−591 510	−965 085	−35 507
普通股发行额	14 302	517 268	7 048
库存股	—	−20 043	—
股息	−5 211	−4 647	−3 339
融资性净现金流	−455 178	1 432 943	25 999
现金和现金等价物的净增加额 / 减少额	−154 577	−103 581	−13 509
年末的现金和现金等价物	78 000	232 577	336 158

资料来源：US Air Group, *1988 Annual Report,* 18.

第 16 章

1990：富国银行

当伊拉克在 1990 年 8 月进攻科威特时，美国正进入一个严重的经济衰退期之中。一方面，股票价格（包括伯克希尔的）都崩盘了，从前一年的高点滑落了 25%。另一方面，在 20 世纪 80 年代的大牛市跃进之后，股市的估值最终摔回到了地板上。与此同时，在 1990 年，加州的房地产市场也开始由盛转衰，而且，对做抵押贷款的银行来说，所有情况似乎都意味着一个长期悲惨的前景。对富国银行（见图 16-1）而言，尤其如此，因为这家银行是所有银行中，在加州做抵押贷款最多的一家。不过，富国银行（Wells Fargo）还是全美国最赚钱的银行之一，在加州有着根深蒂固的优势。此外，该银行彼时的董事长是卡尔·莱卡特，一位真正以效率意识而闻名遐迩的高级管理者。

在 1989 的年报里，[⊖]富国银行管理团队（由总裁保罗·哈金和董事长兼 CEO 卡尔·莱卡特领导）从年报的第 1 页开始，就对他们的主要业务部门予以了明确的定义。（注意，1989 年年报，公布于 1990 年 3 月 6 日，应该是潜在投资者在 1990 年早期和中期，能够得到的最近一个完整年份的年报。）富国

⊖ 富国银行，1986～1992 年年报，受惠于伦敦商学院图书馆的微型胶片。

银行主要由 4 个部门组成。在年报里，虽然财务数据不是按照这些业务部门拆分的，但管理层论述部分给予了读者足够的相关信息，理解这些业务是什么——更重要的是，知道这些业务是如何做的。

图 16-1

　　第一个部门是零售和分行部。这是该行最大的部门，组织了该行 364 亿美元存款的大部分，还有其 417 亿美元贷款余额的近 40%。该部门发放的贷款都是消费贷款、小企业贷款和住房抵押贷款。在 1989 年，该行着力在加州建设一个核心分支网络，推行一个他们称之为"增强顾客纽带"的战略。这包括购买已有的银行网络，如巴特县的天堂银行、格棱戴尔的峡谷国民银行、贝克菲尔德的美洲国民银行以及圣迭戈的多利松集团。同时，富国银行还把自己的许多国际机构进行剥离，在国外采取了合伙制的方式。

第二个部门（商业和公司银行业务）为商业企业提供贷款。这个部门还为商业顾客提供收费的服务，包括现金管理和交易处理业务。在这一年中，这个部门的主要精力也是放在了在加州新增网点上。实际上，这个部门的业务包括传统的商业业务和部分农业业务。

第三个部门（房地产贷款业务）提供房地产贷款，既有个人抵押贷款，也有建筑贷款。与商业和公司部门所提供的这种贷款一起，这些贷款占了该行贷款余额的60%，总计417亿美元。这个部门还关心社区的发展，为一些帐篷项目提供了资金，包括洛杉矶彼时一些最大的社会活动帐篷项目。

最后一项业务是投资管理业务。这包括一个称为"富国投资顾问"的指数基金经理团队，和一个管理个人财富和信托的私人银行业务部门。前者管理的资产有800亿美元，后者的有340亿美元。这个部门推出了一些新的产品，包括"产品利益最大化"的服务：为账户资金在25万美元之上的投资者提供全套的证券经纪和咨询服务。

总而言之，这份年报就下述事宜似乎论述得很清楚：这4个部门的功能构成了富国银行一个完整的业务链；这个单一的银行实体有一个得力的支撑面，即有提供多元服务（既提供个人业务也提供企业业务）的零售分支机构网。因此，随后有关富国银行财务业绩的论述，同样会从整体业务上展开。

依据该行财报的财务数据，1989年该行的净利润是6.011亿美元，每股利润11.02美元。相比于前一年，净利润增长了17%，每股利润增长了20%。总资产收益率是1.26%，净资产收益率是24.5%。相比于1988年1.14%的总资产收益率和24%的净资产收益率，这两个数据都得到了改善。就绝对值来看，这些收益率都明显高于银行业的均值。为了进一步说明，这里仅给读者提供一个特别的视角：24%的净资产收益率意味着，该行用100美元自己的钱，在那一年获得了24美元的利润。无论以什么标准衡量，这都是很不错的回报！

接着，管理层通过分解净利息收益和非利息收益，详述了6.011亿美元净利润是如何创造的。对利息收益贡献最大的单项是该行所放的贷款。在利息成本方面，与资金来源相关的最大单项成本是不同形式的储蓄存款。非利息收益的主要来源包括各种交易费和佣金、存款账户的服务费以及来自信托和投资管理的收益。仅仅基于这些数字，富国银行在潜在投资人的眼里，似乎是一个地道的存款银行：它的大部分业务是为存款客户提供服务，并发放相关的贷款。这里没有太多涉及衍生品的业务，也没有其他另类的业务模式。[⊖]

接着，管理层阐述了资产负债表的数据，详述了为银行带来主要收益的资产和贷款。在资产方，贷款是主色调：在该年底 487 亿美元的资产总额中，贷款余额占了 410 亿美元。在这一年的整个期间，贷款和总资产的相应平均余额分别是 394 亿美元和 478 亿美元。通过分类方式，管理层阐述了几种贷款所出现的积极态势，并给出了自己的看法。在表 16-1 中，我摘录了这些信息。

表 16-1　贷款的发展动态

类别	平均余额（10 亿美元）	同比变化（%）	评述
商业贷款	14.2	+14	中型企业贷款增加
建筑贷款	4.4	−4	
房地产抵押	11.7	+19	1 ～ 4 人家庭首次抵押贷款
消费贷款	7.6	+6	
其他贷款	1.5	−48	海外贷款的大幅下降
总计	39.4	+7	

就像你通过表 16-1 所能看到的，资产的总体增长主要来自中型企业贷款的上升，和 1 ～ 4 口之家抵押贷款的增长。由于富国银行的主要业务是在加州，所以这些贷款也主要是在该州发放的。

行笔至此，应该简单地环顾一下彼时银行业的投资环境。这对潜在投资者审视这类投资项目，十分重要。在 1989 年，美国银行业正处在大规模的整理和"清洁"之中。伴随着房地产的衰退（1986 ～ 1991 年），许多储蓄贷款机构和较弱的银行都面临严重的问题。放贷业务一直不慎重的那些机构，定期爆出负面新闻，而且有些已经遭遇了破产的厄运。这个时期还有一个标志性现象：较强的银行出面整合那些较弱同业（往往是以一个优惠的估值），但是，仍然很难区分好机构与坏机构。总的来说，1980 ～ 1990 年，储蓄贷款机构的

⊖ 看起来风险高于普通贷款的资产只有高杠杆的交易贷款，它们明显属于企业的优先级担保债务，用于管理层收购、并购以及与其他的公司交易。在 1989 年，这种企业债的敞口总额是 42 亿美元。

数量减少了大约 50%，而商业银行的数量则减少了约 20%。

　　这个乱局之果，就是银行总体资产的大量减持。彼时，市场担心富国银行会像某些较弱的银行一样，面临类似的问题。看看富国银行 1990 年的股票价格（这是投资者会考虑这类股票的重点时期）。在 1990 年的第 3 季度和第 4 季度，人们看到了股票价格狂降（这就是巴菲特购买那些富国股票的时候）[⊖]。因此，人们此时出现的担忧不是完全没有道理的。就像前面提到过的，富国银行在建筑和抵押贷款上的风险敞口还是不小。而且，这些贷款大部分发生在加州（这个地区在经历了多年房地产价格上涨之后，肯定会包含房地产价格修正的风险）。

　　不过，在 1989 年的财务报表上，富国银行呈现的财务数据多是一些利好的动态。与此同时，潜在投资者也会考虑富国银行所呈现的风险指标。这些指标的表述形式是资本比率和贷款坏账准备金的波动情况。就资本比率来说，在 1989 年年底，富国银行报告的基于风险的一级资本比率是 4.95%。实际上，一级资本的构成都是普通股权益和合格的优先股。相较于 1988 年年底的 4.57%，这个资本比率得到了改善。同时，它还比美联储当时规定的水平（4%）高出不少。[⊖]当把视线转到逾期和呆坏的贷款时，人们在表 16-2 上可以看到，逾期超过 90 天的贷款总额是 1.268 亿美元，占 1989 年贷款总额的 0.32%。

表 16-2　逾期超过 90 天的贷款并仍在累积（年度截止日为 12 月 31 日）

（单位：百万美元）

	1989	1988	1987	1986	1985
商业、金融和农业贷款	46.4	34.6	51.5	71.1	46.1
房地产建筑贷款	2.3	30.7	6.1	11.2	14.3
房地产抵押贷款	28.6	26.9	41.3	65.4	42.0
消费贷款	47.8	35.9	35.3	62.9	43.5
租赁融资	1.7	2.1	1.3	1.7	0.2
海外贷款	—	—	—	3.7	1.5
总计	126.8	130.2	135.5	216.0	147.6

　　资料来源：Based on Wells Fargo, *1989 Annual Report*, p.15, table 12.

⊖ 富国银行 1990 年年报第 24 页。在 1989 年和 1990 年的每个季度，该公司都会定期公布其股票价格的波幅和收盘价。

⊖ 基于美联储 1992 年指南；因此，富国银行已经在遵循这个行业的远期指南——在 1992 年之前并不具备法定意义。

这里的数据要小于 1988 年那笔 1.302 亿美元的可比数据（无论是以货币绝对值，还是以总贷款额的百分比）。所有这些几乎应该让人们放心了。如果再看看管理层有关贷款损失拨备的论述，也许你也会得出这样的结论。在 1989 年年末，贷款损失拨备的总额是贷款总额的 1.77%，低于 1988 年 2% 的数字。这可能是基于管理层最佳判断的结果。最后，就我所知，富国银行对于因房地产风险敞口而崩盘的担心，并没有反应在 1990 年年初富国银行报告的财务数据里。这并不是说，富国银行在加州房地产的敞口头寸绝对没有问题，但如果你信任这个管理团队及其公司的财务数据，那么，你就无法从这些报告的数据中，看出彼时相关业务恶化的证据。无论是从利润角度还是风险管控角度，富国银行的表现都在行业平均水平之上，是一个运作得相当不错的企业。而且，在过往的若干年里，它看起来还在年复一年地改善着已经不错的那些数据指标。

现在，让我们转向估值。鉴于巴菲特 1990 年购买富国银行股票时所支付的每股 57.88 元均价这个事实，⊖你可以得出两个结论。首先，在 1990 年第 3 季度和第 4 季度时，巴菲特已经完成了自己手里富国银行大部分股票的收购。因为在那一年该股票仅在这两个季度探底过每股 60 美元以下的价格。其次，该股票价格的波幅是在 42.75 ～ 80.13 美元；如果你认为潜在投资者彼时具有的价格是每股 58 美元（大约是巴菲特的均价），那么，它的估值看起来就像是下一段落所述内容。

基于 1989 年年报所含综合财务报表（在这一章的末尾）的相关数据，富国银行的市值是 32 亿美元（见表 16-3）。

表 16-3　市值的计算

股票价格（美元）	58.00
流通股数量① （百万）	54.98
市值（百万美元）	**3 189**

① 1987 年年底报告的流通股数量包括 5110 万普通股和 450 万优先股。我所用的优先股价格是 50 美元，因为它们是该公司对这类股票的赎回价格。而且，彼时该优先股还有一个略低于 10 年期债券的收益率。所得的估值相当于 388 万份普通股的价值。我这里没有考虑股票期权，因为该公司把它们说成是"无关紧要"之列。

⊖ 巴菲特致伯克希尔 – 哈撒韦股东的信，1991 年 3 月 1 日。

由于富国是一家银行，我在评估这家公司的估值时，会主要关注市盈率和市净率指标。鉴于银行与生俱来的高杠杆资产负债表（就资产和负债而言），我认为企业价值（EV）这个指标的相关性不是很大。

从过往1989年的净利润来看，富国银行的交易价一直处在净利润5倍左右的水平。如果你确信公司管理层所呈资产负债表的可信性，那么这个价格就十分便宜了。也就是说，如果没有进一步的贷款坏账需从资产中减计较多备用金的话，那的确是便宜！如果投资者买到了1990年处于低位每股42.75美元的股票，那么，市盈率倍数（见表16-4）会在一个更加令人难以置信的3.9倍（前年净利润为基础）。最后，作为价值投资者的我，也不会太介意股息收益率，但管理层1990年意欲每股支付接近4美元的事实，似乎是在表明他们对公司前景非常有信心。此外，富国银行彼时还在回购自己的股份。

表 16-4　市盈率倍数

市盈率	1988	1989
股票价格（美元）	58.00	58.00
每股利润（报表所示）(美元)	9.20	11.02
市盈率	6.3	5.3

让我们再来看看市净率估值。你可以看到，在1989年年底的股东权益总计是28.61亿美元。由于市值是31.89亿美元，1989年年底的市净率是1.1倍。这意味着这个企业的估值只是比它的面值稍高一点（基于每股58美元的价格）。虽然这不一定是银行最便宜的地板价，但对于一家净资产收益率做到20%以上的银行来说，肯定是很便宜的。就此，潜在投资人的推理逻辑可能是：若一家银行的净资产收益率等于其资金成本，那么，其公允净财值应大致等于它的面值；但若一家银行或企业的资金平均成本是8%，而它却挣到了16%的净资产收益率，那么，其净财值应该是其面值的2倍。就富国银行来说，假设它24%的净资产收益率是可持续的，那么，其财值明显要远高于其面值。

为了校准富国银行的实际估值，考虑一下这种情形：为了使富国银行有一个10倍的市盈率或2倍的市净率，且保持一个更公平的每股58美元的价格（仍偏保守），那么，它的利润就需要大致减半，从6.01亿美元减到3亿美元。就已经显露的1.26亿美元的贷款坏账来看，这意味着：为了使这个股价有合理性，还要使该行的贷款坏账增加 3 倍以上，进而以一个很大的量级削减它 1989 年的利润才行。而且，这种削减后的利润值必须从目前开始，一直延续到无限的未来——这似乎不太可能。因此，我认为富国银行的估值存在着一个很不错的**安全边际**。

在做最终结论之前，还要对该银行核心业务做最后一个评价。这里必须提到的是：除了通过财务数据显示的优势，富国银行似乎还有几个特殊的长处和优势。首先，它的管理团队不仅非常称职，而且已与银行结伴随行了好多年。重要的是，在 1973 ～ 1975 年和 1981 ～ 1982 年，他们就已经在这家银行了（这使人相信他们的贷款做法应该是慎重保守的）。在这个年度报告里，管理层也说得很智慧很实在（我把这视为一个称职管理团队的一种表现）。其次，彼时按加州所有银行的资产总额排名，富国银行只能排第三，但它却在该州银行业的两项业务上排名第一：中型企业放款和商业地产贷款。而且，它还在零售存款上排名第二。事实上，它在有些专业领域很具竞争优势并闻名遐迩，而且管理层还规划了继续增强这些优势的方略。

总之，对 1990 年年初和年中的潜在投资者来说，富国银行看起来是一个经营得非常好的银行，有明显好于行业平均水平的财务数据，且还在逐年改善。它的策略是集中地为加州客户提供更好的服务。虽然这种聚焦点有意义且运营还在不断改善，但这也意味着加州房地产敞口风险的扩大（这是某些投资者所担心的）。不过，基于它的资本充足率、贷款亏损数据和贷款损失拨备的注释来说，该银行没有什么使投资者在彼时深感不安的事情。如果考虑到它当时的盈利能力和所见风险，那么，富国银行股票接近 5 倍市盈率和 1.1 倍市净率的估值，似乎内含一个很大的折扣（见表 16-5 和表 16-6）。

基于上述所知，巴菲特在富国银行的投资，看起来是买了一只不错企业的股票：过往的业绩优于同行、由他信任的一流管理团队经营、企业的估值也不错。这个案例不同于可口可乐和美国运通的投资，因为这个企业的内在品质及其成长的经济机理，也许掺杂着更多的风险和更少的有力支撑点（在富国银行的案子里，巴菲特也没有为其成长支付成本）。还有这种可能，即巴菲特信任管理层在年报里所呈的那些积极的核心财务数据，而且在确认富国银行的未来时，没太关注其他银行失败的环境证据。看起来，巴菲特为了对富国银行的风险做出判断，做过包括贷款坏账的初始调研，但他的结论肯定与该行彼时管理层所呈的积极数据和预期一致。

在1990年巴菲特完成了这些股票的购买，和它报告了1990财年一组不错的数据之后，富国银行的确在1991年感到了日益增长的贷款坏账压力。特别是与商业地产贷款相关的问题，使富国银行不得不把它的亏损拨备增加到16.5亿美元，或其贷款总额的3.73%（大约是1989年拨备的两倍）。不过，如1991年年报所示，富国银行的股票价格，在那一年处在48～97美元，明显高于前一年的均价。彼时现实情况是：有一些风险市场已经准确地看到了，但1990年估值所含的安全边际，早已包含了该银行未来的任何负面消息。在一个稍长的时期里，富国银行恢复过来，成为一家非常成功的银行，并持续成为伯克希尔－哈撒韦股票篮子里最优秀的股票之一：不仅所持头寸为最大之列，而且内含收益也不菲。

表16-5 利润表（1987～1989年）（年度截止日为12月31日）

（单位：百万美元，每股数据除外）

	1989	1988	1987
利息收益			
贷款	4 582.5	4 889.5	3 602.5
有息存款	3.7	10.2	99.4
证券投资	281.0	268.7	250.8
往来账款证券	0.1	3.8	7.6
拆出的联邦基金	2.9	5.3	7.7
利息收益总计	4 870.2	4 177.5	3 967.5
利息支出			
存款	1 810.1	1 560.3	1 463.5
短期借款	645.3	370.2	364.8
优级和次级债	256.2	274.9	337.6
利息支出总计	2 711.6	2 205.4	2 165.9
利息净收益	2 158.6	1 972.1	1 801.6
贷款坏账准备金	362.0	300.0	892.0
利息净收益（扣除贷款坏账准备金后）	1 796.6	1 672.1	909.6
非利息收益			
国内收费和佣金	283.7	278.2	270.8
存款账户的服务费	246.7	219.6	180.6
信托投资服务收益	178.2	153.7	156.5
证券投资亏损	-2.7	-4.3	-12.9

（续）

	1989	1988	1987
其他	72.8	35.0	5.0
非利息收益总计	778.7	682.2	600.0
非利息支出			
工资	631.3	619.8	599.3
雇员福利	149.2	152.4	151.5
净营业场地费	178.5	166.8	178.7
设备费	137.3	135.8	132.9
其他	478.2	444.3	458.1
非利息支出总计	1 574.5	1 519.1	1 520.5
非利息收益净额	−795.8	−836.9	−920.5
利润 / 亏损（所得税支出 / 优惠前）	1 000.8	835.2	−10.9
所得税支出 / 优惠	399.7	322.7	−61.7
净利润	601.1	512.5	50.8
归属普通股的净利润	573.6	486.7	28.0
每普通股			
净利润	11.02	9.20	0.52
公布的股息	3.30	2.45	1.67
流通普通股平均数	52.1	52.9	53.8

资料来源：Wells Fargo, *1989 Annual Report*, 22.

表 16-6　资产负债表（1988 ～ 1989 年）(年度截止日 12 月 31 日)

（单位：百万美元）

	1989	1988
资产		
现金和到期存款	2 929.8	2 563.2
带息存款	5.1	322.1
所投证券（市值 17.049 亿美元和 37.998 亿美元）	1 737.7	3 970.4
拆出的联邦基金	6.3	27.0
贷款	41 726.9	37 670.0
贷款坏账拨备	738.6	752.1
贷款净额	40 988.3	36 917.9
场地和设备（净额）	679.6	688.0
到期的客户存兑	211.0	244.9
商誉	352.6	373.4
累积应收利息	389.9	365.7
其他资产	1 436.3	1 143.9
总资产	48 736.6	46 616.5

（续）

	1989	1988
负债和股东权益		
存款		
不带利息的——国内	8 003.2	7 105.5
不带利息的——国外	—	7.0
带息的——国内	28 153.7	26 580.3
带息的——国外	273.4	1 376.0
存款总额	36 430.3	35 068.8
短期借款		
拆进的联邦基金和回购协议	2 706.7	2 207.2
未到期的商业票据	3 090.4	2 747.7
其他	44.3	47.4
短期借款总额	5 841.4	5 002.3
未到期的承兑票据	211.0	244.9
应付的累积利息	100.8	110.1
债务偿还	695.2	923.0
其他负债	751.2	693.9
总额	44 029.9	42 043.0
次级负债	1 845.8	1 994.1
负债总额	45 875.7	44 037.1
股东权益		
优先股	405.0	405.0
普通股——面值 5 美元，已授权 1.5 亿份；已 发行流通的 51 074 971 份和 52 546 310 份	255.4	262.7
实缴资本溢价	274.1	389.7
留存收益	1 930.7	1 528.2
累积外币汇率调整	−4.3	−6.2
股东权益总额	2 860.9	2 579.4
负债和股东权益总计	48 736.6	46 616.5

资料来源：Wells Fargo, *1989 Annual Report*, 23.

第 17 章

1998：通用再保险公司

1998 年 12 月 21 日，伯克希尔 – 哈撒韦以 220 亿美元的价格，用现金和股票作为对价，购买了通用再保险公司 100% 的股份。从战略的视角看，这次收购的逻辑在于：对于一家经营现金流很强的公司来说，伯克希尔是一个平抑大型再保险公司收入波动性的理想对象。⊖ 这里的思考逻辑是：伯克希尔无须担心某个业务面短期的财务波动，而另一边，与独立时相比，通用再保险公司（General Re Corporation）被收购后，有机会承保更多有利润的保单。与此同时，通过通用再保险公司的资金，伯克希尔也许能够投更多好资产。最后，伯克希尔能够获得额外的有关保险的专业知识，外加一个更广阔的国际分销渠道网络。

在切入这项收购的细节之前，你必须了解这项收购所处的金融环境。在 1998 年的前一年，股票市场一直处在疯狂状态：1995 ～ 1997 年，标普指数的年度涨幅超过了 20%。在 1998 年，这种癫狂之状还在进行之中。作为这些年份牛市在经济层面的反照，保险业也分享了这些年的好日子。就像 1997 年

⊖ 对于不熟悉这个词的人来说，再保险企业就是承担其他保险公司分过来的那些风险业务；因此，它是承保来自其他保险公司部分或全部风险的保险公司。

度巴菲特给客户的信函中所提及的（发布日期是 1998 年 2 月[⊖]），伯克希尔的保险企业已经连续 5 年创造了保险利润。

为了深究通用再保险公司这个投资案例，必须从它的基本面开始。在 1997 年年底的年度报告里，通用再保险公司把自己描述为由 4 个主要部门构成的全球性企业（见表 17-1）。

表 17-1　经营视角

分部	收入（百万美元）	总收入占比（%）	总经营利润占比（%）
北美财险 / 伤害险	3967	48	63
国际财险 / 伤害险	2706	33	23
寿险 / 健康险	1277	15	6
金融服务部	301	4	8
总计	8251	100	100

如表 17-1 所示，通用再保险公司的业务集中在分保财险和伤害险上，但公司最赚钱的区域是北美。

这个报告就北美财险 / 伤害险分部做了进一步的详述，说它原则上主要直接做固定分保和临时分保。固定分保指的是这样一种再保险业务：由基础合同确定，自动涵盖了原保险公司分给再保险公司所有特定种类的风险。临时分保涉及的是通过特定合约承保单个风险。（还有另外两种分保业务——按比例分保：由再保险公司分保一个整体风险的一个确定的比例；超额分保：指超出原保险公司承保限额的赔偿责任由再保险人承担的一种非比例的分保业务。）在聚焦于这两种分保业务的过程中，通用再保险公司要么承担固定合约的风险、要么承担单个的风险。在这个部门，伤害险和财险所占的百分比大约是 60% 和 30%，剩余的 10% 是特殊保险项目。

第二个部门（国际财险 / 伤害险分保）就本质而言非常类似于第一个部门的业务。该部门保费总额的 61% 来自财险的分保，39% 来自伤害险的分保。主要区别是这个分部的国际性，它在 150 个国家做分保业务。这个国际分部是 1994 年收购总部在德国的科隆再保险公司的结果。

第三个业务部门（全球寿险 / 健康险业务）也部分是收购科隆再保险公司的结果，也是国际业务：欧洲的保费收入占了 38%，北美的保费占了 47%，

剩余的部分则来自全球各地。不同于前两个部门，这个部门的主要分保业务是建立在个体和集体的人寿及健康险保单上。多数寿险业务都是按比例分保的，而多数健康险的业务都是按照超额分保的方式做的。

最后一项业务（金融服务）是一个小业务，但囊括了不少专业服务，如房地产经纪和不动产管理，外加一些衍生品和结构产品。衍生品和结构产品小组为大公司、保险公司和金融机构提供定制的风险管理服务。

总之，作为潜在投资者，我并没有在它的业务设置上，看到什么明显的特别之处。由于涉及全球的伤害和财产险，以及部分人寿和健康险，所以，通用再保险公司的某些风险敞口更大了。但若不认真看它的财务指标，很难判断它的业务质量的高低。就我的保险业务经验来看，对一家公司业绩的关键判断应该是公司的经营是否保守慎重、追求利润或追求增长。为了确定这一点，关键要审视公司所呈数据和支撑这些数据的那些假设。在此，需要一些更多的解释，以便看懂这些数据是如何在通用再保险公司这里表现的。

通用再保险公司 1997 年年报里，提供了非常详细的过往 11 年的关键财务数据，涵盖的年份 1987 ～ 1997 年。它显示了公司收入从 1987 年的 31 亿美元，增长到 1997 年的 83 亿美元，一个 10.2% 的十年复合增长率。同样，净利润从 5.11 亿美元增长到 9.68 亿美元——6.6% 的年复合增长率只是稍差一些。要注意，对于通用再保险公司来说，它收入的大部分都是已挣保费。已挣保费收入来自保单已过保期的客户，因此是按时间段来确认的（例如，约翰·史密斯支付了 1 年期的车险，而且，已经过去了 7 个月——就可以确认这 7 个月的收入为已挣保费收入）。

在成本方面，第一个成本大项来自已经发生的索赔，而且是必须赔付的（例如，约翰·史密斯后来因事故要求做车辆修理）。索赔的总成本被称为损失支出。除了索赔成本本身，保险公司还有与经营保险业务相关的成本费用，比如销售费用和承保费用。这种费用的总额除以已挣保费总额，被称作**费用比率**。如果你加总索赔成本和经营成本，你就得到了保险总成本。这个保险总成本除以已挣保费总额就是**综合成本费率**。作为一个数字，综合成本费率越低越好；它意味着更好承保决策带来每单已挣保费更少的索赔，或以低运营费用高效地从事保险公司的经营，或两者兼之。

在保险的术语中，低于100%的综合成本费率意味着，已挣保费足以覆盖承保的总成本。当综合成本费率高于100%时，这意味着保险公司的索赔支付和其他成本，要高于它通过保费所挣的收入。那么，这个差额就必须通过投资收益或其他形式的利润补齐，否则，公司就会遭遇整体亏损。[一]在保险行业，不高于100%的综合成本费率被视为一个良好的业绩表现。

这种说法看起来有些奇怪：获得相当于总保费收入的总成本费用是一种"良好的业绩"！不过，保险业务有一个很大的特点：它几乎总是在做赔付之前收进保费。在某些分保业务（所承保的风险都是长期风险），客户支付保费的时点和它们提出索赔的时点之间，可能是若干年的时间。因此，保险公司本质上就是一种能够持有属于客户的钱的实体。保险公司可用这笔钱（在资产负债表上被称为浮存金）进行投资，以获取投资收益。例如，总的承保业绩（收入减去成本）仅是为保险公司创造浮动资金的成本。如果这家公司创造的投资收益好于这个总的承保成本，那么，作为一家保险公司就有机会获得利润。因此，承保业绩可接受的门槛是：低于100%的综合成本费率。100%的综合成本费率意味着，保险公司创造了无成本的浮动资金。保险公司的主营业绩不一定要出色到要做出正向的收益，因为它可以创造投资收益。例如，作为一个整体而言，保险行业的综合成本费率一般是高于100%的，通常是用投资收益来弥补承保业绩的不足。

图17-1是瑞士再保险公司一份研究报告里的曲线图，它展示了1980～2000年保险公司的总体承保业绩。[二]这张图表现了美国、西欧和日本的整个保险业（除人寿险）的综合成本费率。

就像你能从图17-1中看到的，虽然这个费率是随着保险业的周期起伏变化，峰值出现在1984～1993年，但在每个地区，整个行业的综合成本费率的均值都还是在100%以上。

那么，通用再保险公司的业绩表现是个什么水平呢？在它的1997年年报里，该公司报告了两个最大部门（北美和国际财险/伤害险部门）的损失、支

[一] 请注意，这些保险比率和保险会计是通行的表述。虽然这些指标和表述通常就是按照所述的那样计算，但无论在表述还是会计方法上，还是有些不同的形式。

[二] Swiss Re, "World Insurance in 2000," *Sigma*, no. 6, (2001): figure 5, 13.

出和综合成本费率。我把这些归纳在表 17-2 里。

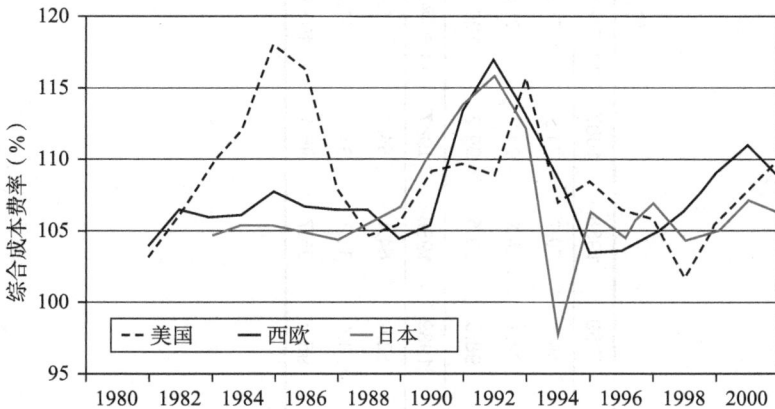

图 17-1

就像你能看到的，总体而言，通用再保险公司在北美的财险/伤害险业务的承保业绩十分稳定，11 年的综合成本费率均值都是 100.6%。这意味着它的总承保成本大致相当于它的净保费收入——而且，进一步看，通用再保险公司的承保业绩也好于行业平均水平。

通过对索赔成本和经营成本类别更详尽的分析，你可以看到这 11 年期间，通用再保险公司能够把它的损失比率从 75% 降到 68%，但这个改善的结果多被增加的经营成本抹去了——在那个时间段里，作为已记保费的经营费用百分比从 25% 增加到 31%。因此，虽然承保决策不错，而且北美的业务也在改善，但从经营情况看，这家企业逐渐臃肿起来。巴菲特可能已经看到了这个可能改善的地方。

在通用再保险公司里，国际财险/伤害险部门（在 1994 年以前这个部门大部分是科隆再保险公司的）业绩起伏更大，同期的综合成本费率均值在 103%。1990 ~ 1993 年是一个非常差的时期，此时的综合成本费率平均在 109% 以上。在看完损失比率和费用比率，彼时投资者的结论可能是：这个原因可能始于 1990 年，是不慎重的承保行为和糟糕的经营效率所致。虽然及至 1997 年以费用比率表现的经营效率已经下降了，但 1997 年 72% 的损失率仍然远高于 20 世纪 80 年代末。这种损失可能是不当承保决策的余毒所致，或许是 20 世纪 80 年代末非常有利的保险环境导致的。

表 17-2　经营数据摘要

(%)

	1997	1996	1995	1994	1993	1992	1991	1990	1989	1988	1987	11 年平均值
北美财险 / 伤害险												
损失比率	68.4	69.0	67.3	71.4	70.0	78.8	72.0	67.5	69.7	70.7	74.5	70.8
费用比率	30.8	30.1	32.3	30.5	31.1	29.3	29.3	31.5	28.3	28.8	24.7	29.8
综合成本费率	99.2	99.1	99.6	101.9	101.1	101.3	101.3	99.0	98.0	99.5	99.2	100.6
国际财险 / 伤害险												
损失比率	72.1	73.2	77.0	69.2	75.1	80.2	75.8	71.5	62.4	64.4	64.2	71.4
费用比率	30.3	28.9	25.8	29.4	30.9	32.8	35.2	37.5	33.4	31.3	31.9	31.6
综合成本费率	102.4	102.1	102.8	98.6	106.0	113.0	111.0	109.0	95.8	95.7	96.1	103.0

总而言之，受制于两个核心财险 / 伤害险分保部门的通用再保险公司，似乎还是说得过去的，但谈不上是品质惊艳的分保企业。作为一个潜在投资者，在北美和国际业务两个部门，我会看到些许的不同：前者在承保业务上有改善，但在经营效率上却没有起色；后者正在从那些糟糕的经营年份中恢复。

不过，就像我提到过的，重要的不仅仅是数字，还有它们背后的假设。许多分保的单子虽频次不高但索赔风险大，相关的索赔往往是在保单最初签署和保费已收的许多年后，才可能出现。因此，管理层或承保团队必须测算与某类已签保单相关的未来索赔额。这意味着，许多原先呈报的数字特别是损失率和综合成本费率，在很大程度上取决于管理层的假设。如果管理层想要，它可以在任一年份预估出非常少的索赔损失，但增加了他们在随后年份需要向上估高损失的可能性。这就是为什么在保险公司的分析中，潜在投资者在推算这些索赔损失时，会十分看重管理层的慎重行为，并根据这种预估值的高低，来看待所签的保单。

不用进入储备金设置和保险会计的深奥细节，投资人查明管理层是否在他们承保决策中真正采取了谨慎保守态度的方法之一，就是看看一段时期每个承保年份相关数据的动态。这能体现在赔付损失储备动态表里。就通用再保险公司的北美业务来说，这组动态数据体现在表 17-3 的 10K 表里。最上面两行数字代表每个保单所签年份承保额的最佳赔付义务预估值，即 1987 年数据就是基于 1987 年所签的保单所做的预估值，而 1997 年的就是基于 1997 年所签的保单所做的预估值。然后，这些预估值的动态情况是在保单签署的年份序列栏里表现出来的。对于 1987 承保年的保单，有 10 年的预估数据。在另一方面，对于 1997 年，却只有一个预估数据。

在表 17-3，你可以看到，对于 1987 ～ 1991 年的承保年份，所有承保义务预估值的初始值都是负面动态。例如，与 1987 年所签保单义务相关的预估值，最初预估计算的是接近 47 亿美元。但在下一个 10 年，这个数据值增加了几乎 30%，到了 61 亿美元。显然，在当初预估这些赔付义务时，管理层没有表现出足够的慎重原则。随着时间的推移，他们不得不为填补这个缺口而增加备用金。对于与 1987 承保年相关的赔付义务，在第 6 年（1993 年）和第 7 年（1994 年）增加了大约 2.5 亿美元，在第 8 年（1995 年）增加了约 3 亿

表 17-3　北美区净索赔额和索赔费用的动态数据分析

（单位：百万美元）

	1987	1988	1989	1990	1991	1992	1993	1994	1995	1996	1997
未付索赔净义务和索赔费用	4.738	5.217	5.549	5.842	6.230	6.635	6.803	7.029	7.385	8.741	8.881
重估的净义务											
相关年份：											
1 年以后	4.903	5.185	5.537	5.856	6.286	6.775	6.767	7.042	7.337	8.563	
2 年以后	4.927	5.247	5.481	5.778	6.352	6.850	6.845	6.868	7.055		
3 年以后	4.991	5.166	5.502	5.906	6.475	6.994	6.739	6.731			
4 年以后	4.983	5.236	5.683	6.091	6.638	6.935	6.703				
5 年以后	5.044	5.420	5.900	6.319	6.635	6.979					
6 年以后	5.284	5.642	6.173	6.326	6.720						
7 年以后	5.528	5.958	6.190	6.442							
8 年以后	5.855	5.979	6.319								
9 年以后	5.882	6.139									
10 年以后	6.066										
累计的（不足）富裕	−1.328	−922	−770	−600	−490	−344	100	298	330	178	—
已付义务净值的累计金额											
相关年份：											
1 年以后	747	812	927	905	1.044	1.291	1.207	1.176	1.253	1.584	—
2 年以后	1.354	1.436	1.584	1.613	1.955	2.195	2.063	1.959	2.142		
3 年以后	1.846	1.903	2.115	2.332	2.570	1.850	2.617	2.677			
4 年以后	2.209	2.320	2.689	2.769	3.071	3.300	3.179				
5 年以后	2.546	2.814	3.025	3.184	3.437	3.754					
6 年以后	2.965	3.085	3.362	3.481	3.808						
7 年以后	3.203	3.375	3.618	3.806							
8 年以后	3.472	3.611	3.890								
9 年以后	3.695	3.858									
10 年以后	3.923										

美元。对于 1997 年的潜在投资者来说，这种信息携的多半会是一种危险信号。这里的内涵是：像 1987 年这种年份，管理层在做最初的支付义务的预估时，显然没有坚持自己的谨慎保守原则。

在 1997 年，如果我考虑投资通用再保险公司的话，我想要确信下述两点：①这个管理团队应该比他们在 1987 年看起来要谨慎得多；②对准备金不足的年份，现在应该做完了准备金补充工作，即再也没有新增准备金的需要（见表 17-4）。在历史上，准备金不足的风险已经通过许多案例揭示出来了。我最熟知的一例是更近的案例：英国汽车保险商在 2002 ～ 2010 年的案例。那时，英国汽车保险业经历了一个狂乱的时期：在 2002 年，行业综合成本费率开始是低于 100%，及至 2010 年，结束于 115% 左右。在这 8 年的时间段里，许多公司都被反复要求增加它们的准备金，有些公司不得不完全退出一些业务领域。这个案例的教训是：当一家保险公司增加准备金时，这往往只是第一步，随后需要好几项调整来修正相关的问题，而且，更麻烦的是，有些公司会好几年隐藏它们准备金不足的问题，方法是设法创造额外的收入和浮动资金，使它们的问题"过度生长"。有时，有些公司为了达到目的，会随意签订便宜保单，因而，在设法解决短期问题的同时，滋生了一个长期问题。当然，审视 1987 年通用再保险公司的投资者，不可能接触到这么精确的案例研究，但随意承保的逻辑结果，就是这类问题的迭出。

表 17-4　国际部净索赔额和索赔费用的动态数据分析　（单位：百万美元）

	1994	1995	1996	1997
未付索赔净义务和索赔费用	3.289	4.352	4.664	4.560
重估的净义务				
相关年份：				
1 年以后	3.545	4.134	4.141	
2 年以后	3.316	3.776		
3 年以后	3.100			
净支付义务的累积增 / 减，包括汇率	−189	−576	−523	
减：由于汇率的增 / 减	285	591	533	
因汇率而调整的累积（不足）	−96	−15	−10	
下述年份所支付的净义务累积金额：				
1 年以后	408	800	1.060	
2 年以后	704	1.569		
3 年以后	1.571			

因为损失成本必须预估，所以保险商在计算承保业绩时，心态起了很大的作用，而且，这使得投资者很难计算保险公司浮动资金的真正成本。一位有经验的观察者通常能够看出准备金中大量的错误，但一般的公众往往只能接受财报所呈的数字。

——巴菲特致伯克希尔 – 哈撒韦投资者的信，1998 年 2 月 27 日

不过，通用再保险公司还是有几个能够安抚敏感投资者的方面。1993 ～ 1996 年的承保动态数据好像更加正面，出现了储备金释放现象（而非增加）。哪怕是在储备金不足的早些年，该公司的储备金增幅还是比较稳定的。这说明在最后几年它的经营是更加慎重小心的。

了解了承保方基本面后，你现在必须转到通用再保险公司的收益上来。在 1997 年，通用再保险公司的税前投资收益是 12.9 亿美元，税后收益 9.69 亿美元。这笔收益产生于总额为 246 亿美元保险资金的投资，意味着 5.2% 的税前收益率和 3.9% 的税后收益率。在该年年末，企业的股东权益是 81.6 亿美元，意味着税前的净资产收益率是 15.8%，税后净资产收益率是 11.9%。这些数据还算体面，但不出色。例如，在巴菲特投资前一年，富国银行的净资产收益率是 24%。

就像综合资产负债表（见表 17-9）所示，该公司的大部分投资（大约 160 亿美元）都是固定收益类产品——这对于设法让风险最小化并要将资产负债期限相匹配的保险公司来说，是情理之中的事。虽然没有予以正规的详述，但请注意还有 3.52 亿美元的非保险和投资的收入，推测应该是来自金融服务的收入。对通用再保险公司来说，这项计有近 1 亿美元的税前经营利润，看起来是利润率很高的业务了。

在转到估值之前，就通用再保险公司的管理团队，还有几句话要说。就像我担心通用再保险公司先前的承保做法一样，我同样感兴趣的是想知道，在 1993 年左右的时间里，该公司在一个新管理团队的领导下，是否有向谨慎承保方面迈出一大步的可能性。就 1997 年管理层在年度报告里的描述，似乎管理层不会有什么真正的变化：自 1987 年起，CEO 罗奈德·弗格森就占据了这

个位置，而 CFO 约瑟夫·布兰登自 1989 年起就和公司在一起了（虽然只是在 1997 年任职 CFO 的位置）。因此，就承保的谨慎性上，管理层是否会有巨大的改变这一点上，投资者根本无法推断。当我们转到估值时，只要看看巴菲特在购买该企业整个股份时的情况，投资者就会对它的估值有一个清晰的信息画面。在伯克希尔－哈撒韦于 1989 年 6 月 19 日公布的有关伯克希尔收购通用再保险公司的文件里，伯克希尔所说的收购总价是 220 亿美元，即每股 276.50 美元的单价。用通用再保险公司 1997 年 10K 文档里的所含信息，对这个数字予以校准的话，你可以看到：通用再保险公司当年股票的价格区间在 151 ～ 219 美元，年底的收盘价在每股 212 美元。因此，巴菲特所支付的溢价比通用再保险公司 1997 年年底的每股价格高出了 30%。

既然通用再保险公司是一家金融机构，就有必要看看基于 1997 年年底数据的市盈率和市净率指标（见表 17-5）。

表 17-5　市盈率倍数

市盈率	1997	1996
每股价格（美元）	276.50	276.50
报告所呈的每股利润（稀释的）（美元）	11.76	10.78
市盈率倍数	23.5	25.6

基于 1997 年的过往利润，通用再保险公司股票的交易价格是处在 23 倍的市盈率水平。即便是对一家出色的企业，这似乎也是一个极高的倍数。巴菲特为富国银行（另一家金融公司）所支付的价格，也只是前一个完整年份每股净利润的 6 倍。

当把目光转到市净率时，你看到的如表 17-6 所示。

表 17-6　市净率倍数

市净率	1997	1996
市值（10 亿美元）	22.0	22.0
股东权益（10 亿美元）	8.16	7.33
市净率倍数	2.7	3.0

同样，基于 1997 年年底股东权益 2.7 倍的面值，通用再保险公司看起来还是价格不菲。依据巴菲特投资前一年全年的数据，富国银行股票的价格水平也只是市净率的 1.1 倍，而且，它还有 24% 的净资产收益率。通用再保险公

司股票的价格水平却是 2.7 倍的市净率，而且，只有 12% 的税后净资产收益率。这看起来着实贵出了很多！

如果是我在那个时候考虑对通用再保险公司的投资，那么，我会把它视为一个比一般保险公司好一点的标的，但会十分担心管理层在承保上的谨慎保守不足。基于 1997 年 23.5 倍的市盈率和 2.7 倍面值的价格水平，我的结论是通用再保险公司的价格太高了，因为该企业 1997 年只有 12% 的净资产收益率的创造力。再看看通用再保险公司在 1997 年年底每股 212 美元的价格，对应的估值是 18 倍的市盈率和 2 倍的市净率（见表 17-7 和表 17-8）。我认为这是一个更加合理的估值，但对过往十年间每年的净利润率只有 7% 的企业来说，并不是一个令人满意的标的。作为一个单独的企业，我看不到它的卓越非凡之处。在这个案例里，巴菲特投资的合理性似乎主要放在与通用再保险公司的大额浮动资金（巴菲特多半能够把它们以合理的收益率进行再投资）相关的某些专业知识上了。实际上，作为一项投资，潜在投资者也能在市场上找到和投资通用再保险这类公司，但这里的前提是：他是在寻找一家经营良好的保险公司。

***

就巴菲特自己对该公司收购的诠释来说（见他在 1998 年年底给伯克希尔 – 哈撒韦股东的信），他所采取的立场不同于我基于随后所提数据的推论。巴菲特评述道："在数十年间，通用再保险公司的名字代表着分保行业的品质、诚实和专业——而且，在罗恩·弗格森的领导下，这种名声被更加发扬光大……我们可以从他们身上学到很多东西。"随着对彼时管理团队和整个企业的正面评价，巴菲特继续解释道：通用再保险公司和伯克希尔的结合会给整合后的企业独一无二的结构优势，肯定能够抚平任何利润的波动性（这内涵于以预期收益率而非利润的平稳发售保单的优质分保企业）。特别是，不像其他上市的独立分保公司，通用再保险公司再也不用再担心那些不喜欢利润波动的投资者的惩罚了，而且可以只关注发售那些有利润的保单，哪怕是包括了一些利润波动性大的保单。巴菲特继续阐述了通用再保险公司所具有的一种能力，即拓展伯克希尔全球范围分销保险产品的能力，以及它为伯克希尔所带来的做承保的技术能力。令人惊讶的是，在这个案例里，巴菲特的投资仅仅是部分倚重对方的财务数据，他的收购决策是基于业务的合理性。

表 17-7　11 年的财务数据摘要（1987～1997 年）

（单位：百万美元，除每股数据外）

经营业绩摘要	1997	1996	1995	1994	5年复合增长率	1993	1992	1991	1990	1989	1988	1987	10年复合增长率
综合的数据													
总收入	8.251	8.286	7.210	3.837	19.5%	3.560	3.387	3.207	2.954	2.742	2.719	3.115	10.2%
所收保费净额	6.545	6.661	6.102	3.001	22.7%	2.524	2.349	2.249	2.150	1.898	1.903	2.365	10.7%
净利润	968	894	825	665	8.1%	711	657	657	614	599	480	511	6.6%
每基本股	12.04	11.00	9.92	7.97	9.8%	8.28	7.55	7.46	6.89	6.52	5.04	5.04	9.1%
每稀释股	11.76	19.78	9.74	7.86	9.6%	8.16	7.45	7.32	6.76	6.40	5.03	5.03	8.9%
已实现盈盈/亏之上的税后利润	965	877	788	621	15.7%	604	465	563	566	559	518	458	7.7%
每基本股	12.00	10.79	9.47	7.43	17.8%	7.01	5.30	6.37	6.35	6.08	5.44	4.52	10.3%
每稀释股	11.72	10.57	9.30	7.33	17.4%	6.91	5.25	6.25	6.23	5.97	5.44	4.52	10.0%
税前投资利润	1.288	1.205	1.017	749	11.3%	755	755	752	706	673	570	506	9.8%
税后投资利润	969	909	787	622	9.3%	619	620	618	581	558	494	435	8.3%
保险投资	24.576	23.168	21.061	17.237	17.5%	12.012	10.986	10.471	9.291	8.758	7.831	6.945	13.5%
总资产	41.459	40.161	34.263	28.116	23.0%	19.419	14.700	12.416	11.033	10.390	9.394	8.902	16.6%
长期负债	285	286	150	150	8.4%	184	190	290	290	250	100	100	11.0%
普通股权益	8.161	7.326	6.587	4.859	14.1%	4.761	4.227	3.911	3.270	3.084	2.695	2.563	12.3%
净资产经营收益率（%）	16.9	16.2	16.5	14.5	—	15.4	13.1	17.7	20.0	21.9	21.9	20.4	—
净资产总收益率（%）	23.4	14.5	32.9	9.5	—	18.3	15.8	23.6	17.4	24.7	19.5	21.2	—
北美财险/伤害险经营情况													
所收保费净额	3.058	3.081	2.964	2.581	7.0%	2.275	2.177	2.122	2.040	1.789	1.780	2.251	3.1%
税前投资利润	814	727	711	986	3.0%	705	703	703	662	638	539	479	5.45
已实现盈盈/亏之上的税后利润	849	741	716	599	11.7%	644	489	647	649	612	511	449	6.6%

（续）

经营业绩摘要	1997	1996	1995	1994	1993	5年复合增长率	1992	1991	1990	1989	1988	1987	10年复合增长率
法定盈余	6.309	5.326	4.607	3.770	3.836	12.8%	3.452	3.363	2.902	2.684	2.319	2.009	12.1%
投资	15.995	14.879	13.481	11.177	11.601	8.8%	10.477	10.003	8.848	8.417	7.532	6.666	9.1%
净索赔和索赔支出义务	8.881	8.741	7.385	7.029	6.803	6.0%	6.635	6.230	5.816	5.535	5.218	4.739	6.5%
损失率（%）	68.4	69.0	67.3	71.4	70.0	—	78.8	72.0	67.5	69.7	70.7	74.5	—
费用率（%）	30.8	30	32.3	30.5	31.3	—	29.9	29.3	31.5	28.3	28.8	24.7	—
承保综合成本费率（%）	99.2	99.1	99.6	101.9	101.1	—	108.7	101.3	99.0	98.0	99.5	99.2	—
国际财险/伤害险经营情况													
所收保费净额	2.268	2.505	2.429	420	249	67.5%	172	127	110	109	123	114	34.9%
税前投资利润	369	394	247	52	43	51.0%	47	44	39	31	27	24	31.4%
已实现盈/亏之上的税后利润	315	320	200	46	25	67.3%	24	30	25	35	33	26	28.3%
投资	8.581	8.290	7.535	6.060	589	75.9%	509	469	442	342	299	279	40.9%
净索赔和索赔支出义务	4.560	4.664	4.352	3.289	253	86.5%	202	164	156	121	109	105	45.8%
损失率（%）	72.1	73.2	77.0	69.2	75.1	—	80.2	75.8	71.5	62.4	64.4	64.2	—
费用率（%）	30.3	28.9	25.8	29.4	30.9	—	32.8	35.2	37.5	33.4	31.3	31.9	—
承保综合成本费率（%）	102.4	102.1	102.8	98.6	106.0	—	113.0	111.0	109.0	95.8	95.7	96.1	—
国际人寿/健康保险的经营情况													
所收保费净额	1.219	1.075	709	—	—	—	—	—	—	—	—	—	—
税前投资利润	73	59	40	—	—	—	—	—	—	—	—	—	—
已实现盈/亏的税前利润	83	53	50	—	—	—	—	—	—	—	—	—	—
人寿/健康保险合同的保单净收益	637	523	379	330	—	—	—	—	—	—	—	—	—

项目													
金融服务经营情况													
已实现盈／亏之上的收入	300	269	250	229	211	115	100	88	90	101	106	21.1%	11.0%
已实现盈／亏之上的税前利润	105	100	100	85	58	10	1	6	14	27	30	60.0%	13.3%
普通股股东信息													
普通股流通数的平均数													
每股基本股	79.5	80.3	82.1	82.1	84.5	85.7	87.1	88.0	91.3	95.3	101.4		
每股稀释股	81.9	82.5	84.2	84.0	86.6	87.6	89.0	89.9	93.2	95.3	101.5		
每普通股股息	2.20	2.04	1.96	1.92	1.88	1.80	1.68	1.52	1.36	1.20	1.00	4.1%	8.2%
普通股股息总额	174	163	161	157	159	153	146	133	124	114	101	2.6%	2.6%
普通股回购成本	864	735	35	207	134	179	59	236	206	268	274	—	—
每股普通股股东权益	105.40	89.92	80.22	59.35	56.92	49.89	45.14	37.50	34.28	29.04	26.20	16.1%	14.9%
普通股价格													
高位	219.38	169.38	157.88	128.50	132.75	123.13	101.88	93.00	95.75	59.25	68.38	12.1%	12.1%
低位	151.25	139.13	122.88	102.50	105.38	78.63	84.88	69.00	55.00	45.88	48.75	14.0%	12.0%
年底	212.00	157.75	155.00	123.50	107.00	115.75	101.88	93.00	87.13	55.25	55.88	12.9%	14.3%

资料来源：General Re Corporation, *1997 10K Report*, 7–9.

表 17-8　利润表（1995 ~ 1997 年）

（单位：百万美元，除每股数据外）

	1997	1996	1995
保费和其他收入			
已签约净保费			
财险 / 伤害险	5.326	5.586	5.393
寿险 / 健康险	1.219	1.075	709
已签约净保费总额	6.545	6.661	6.102
已执行净保费			
财险 / 伤害险	5.414	5.618	5.141
寿险 / 健康险	1.193	1.060	696
已执行净保费总额	6.607	6.678	5.837
投资收益	1.288	1.205	1.017
其他收入	352	309	292
已实现投资收益净额	4	104	64
收入总额	8.252	8.296	7.210
费用			
索赔和索赔费用	3.788	3.984	3.680
寿险 / 健康险优惠	883	789	505
收购成本	1.414	1.478	1.345
其他经营成本和费用	810	727	550
商誉摊销	29	21	13
费用总额	6.924	6.999	6.093
所得税和少数股东权益之前的利润	1.327	1.297	1.117
所得税支出（优惠）			
当期额	254	327	288
递延额	48	−4	−41
所得税支出	302	323	247
少数股权权益之前的利润	1.025	974	870
少数股东权益	57	80	45
净利润	968	894	825
股份数据			
每普通股净利润			
原始股	12.04	11.00	9.92
稀释股	11.76	10.78	9.74
流动普通股平均股份数			
每基本股	79 502 845	80 251 342	82 085 315
每稀释股	81 947 547	82 466 750	84 227 806
普通股股东每股股息	2.20	2.04	1.96

资料来源：General Re Corporation, *1997 10K Report*, 34.

表 17-9　综合资产负债表（1996 年～ 1997 年）

（单位：百万美元）

资产	1997	1996
投资		
固定期限，可随时出售证券（成本：15 895 美元，1997 年；16 298 美元，1996）	16.847	16.992
优先股，公允值（成本：980 美元，1997 年；771 美元，1996 年）	1.041	789
普通股，公允值（成本：2 098 美元，1998 年；1 940 美元，1996 年）	4.748	3.672
短期投资，摊销成本，接近公允价值	1.172	1.019
其他投资资产	768	696
保险投资总额	24.576	23.168
现金	193	154
累计投资收益	358	350
应收账款	1.858	2.663
再保险公司所持基金	488	474
可回收的分保费	2.706	2.935
递延收购成本	476	457
商誉	968	1.038
其他资产	962	804
金融服务资产		
投资证券，公允价值（成本：790 美元，1997 年；176 美元，1996 年）	792	179
交易证券，公允价值（成本：1 908 美元，1997 年；2 994 美元，1996 年）	1.859	2.967
短期投资，公允价值	129	248
现金	159	211
来往账款资产	4.313	3.962
再售协议下购买的证券	903	—
其他资产	719	551
金融服务资产总额	8.874	8.118
资产总额	41.549	40.161
负债和股东权益		
负债		
索赔和索赔费用	15.797	15.977
寿险 / 健康险合同的保单优惠	907	751
尚未挣得的保费	1.874	1.957
其他分保余额	2.948	3.388
应付票据	285	286
所得税	1.104	732
其他负债	997	963
少数股东权益	1.032	1.166
金融服务负债		

（续）

资产	1997	1996
回购协议下拆出的证券，合同价	1.030	1.985
购买但尚未支付的证券，合同价	1.190	869
交易账款义务	3.664	3.785
商业票据	689	140
应付票据	746	4
其他负债	1.032	830
金融服务负债总额	8.351	7.613
负债总额	33.295	32.833
累积的可转换优先股（已发股份：1 700 231，1997 年；1 711 907，1996 年，无面值）	145	146
给雇员的储蓄和股票持有计划的贷款	−142	−144
普通股股东权益		
普通股（1997 年和 1996 年发行 102 827 344 份；面值 0.50 美元）	51	51
实缴资本	1.109	1.041
未实现的投资升值，扣除了递延所得税	2.460	1.625
货币兑换调整，扣除了递延所得税	−42	−53
留存收益	7.492	6.708
减：库藏普通股，成本价（所持股份：25 393 840，1997 年；21 262 113，1996 年）	−2.909	−2.046
普通股股东权益总计	8.161	7.326
负债和股东权益总计	41.459	40.161

资料来源：General Re Corporation, *1997 10K Report*, 35.

第 18 章

1999：中美能源公司

在 1999 年 10 月，巴菲特宣布了一项交易：以每股 35.05 美元的价格，以现金支付方式，收购中美能源公司（MidAmerican Energy Holdings Company）近 76% 的股份——收购价比公告之前的收盘价溢价 29%。在这项交易里，伯克希尔－哈撒韦不仅购买了普通股，还购买了优先可转换股和固定收益证券。这个交易结构使伯克希尔－哈撒韦享有该公司 76% 的经济利益，但不足 10% 的投票权。之所以采取这种架构，部分原因是因为要避免违反 1935 年《公用事业控股公司法案》的相关规定。在特定的条件下，这项法案会严格限制公用事业控股公司的业务活动。比如，如果伯克希尔的投票权高于 10%，那么，该公司的业务活动就要受到相关的限制。总之，伯克希尔－哈撒韦在这次交易中支付了近 20 亿美元，而且这项交易还包括了两位著名的联合投资人：沃尔特·斯科特（他自 1988 年起就是伯克希尔－哈撒韦的董事，而且，这次交易还是他介绍给巴菲特的），大卫·索科尔（此时中美能源控股公司颇具创新精神的 CEO）。⊖

⊖ 巴菲特致伯克希尔－哈撒韦股东的信（1999 年年底），2000 年 3 月。

让我们直接切入这个投资案例。如果我此时是一位潜在的投资者，我会就这家公司问两个主要的问题：这是一个有品质的企业吗？这家公司卖了一个好价钱吗？实际上，就案例分析来说，中美公司1998年年底的年度报告是一个好的起点，因为这是该项交易在1999年年底发布时，能够得到的最近的一份完整年报。

就像这份年报所示，中美公司是一家能源多元化企业，涉入最多的业务是发电，但也有电力输送和"上游"气田的勘探业务。根据财报注释里分块报告披露的信息，中美公司把其业务分为3个核心部分以及相关的经营费用（见表18-1）。

表 18-1　业务板块概览

板块	收入（百万美元）	经营利润（百万美元）	评述
国内发电	583	314	
海外发电	224	143	主要在菲律宾
海外公用事业	1843	173	主要在英国
公司总部	33	-10	
总计	2683	619	

这份报告还包括一份1998年年底公司发电厂的清单。

就像你能看到的，创造了最大收益的业务板块是国内的发电部分，而且位于美国的多数发电厂都处在艾奥瓦和伊利诺伊两州。这些发电厂包括了煤电厂、天然气电厂、地热电厂、水电厂和核电厂。海外电厂（包括菲律宾的3家和英国的2家）是海外发电分部的资产。

在经营上，国内和海外的发电业务是类似的。在这两种发电业务中，核心的活动都是兴建和运营发电厂——购买燃料（如煤炭）和售电。这里，影响电厂利润高低的因素相当微妙——抑或是替代燃料和成本、抑或是它们各自影响用的技术或者是它们经营效率的高低。实际上，这两种企业的最大差异在于政府管制的不同。发电业务是世界范围里受到政府管制最严厉的行业之一，因此，发电企业的盈利能力往往是与各自经营所在国的管制环境紧密相连的。

在此时的美国，与中美公司相关的监管机构和政策有好几家和好几种。在全国层面，1980年《公用事业监管政策法案》通过以来，独立的能源生产商受到了鼓励，公用事业公司不能不买它们的电了。这些监管条例还延伸到了价格层面。在州一级，还有很多的监管条例，往往和国家的政策相关。例如，在艾奥瓦州，直接的利润监管条例规定：如果中美公司的普通股年收益率超过12%，那么，这些利润的一部分就必须与消费者共享。同样地，除非中美公司普通股收益率跌到 9% 以下，否则，它是不能够提价的。

在英国，发电行业的监管包括一个被称为"Pool"的电力交易市场。自从 1989 年《电力法案》分阶段生效后，实际上，所有在英格兰和威尔士生产的电力都必须通过"Pool"买卖——价格在这里确定。这意味着，即便一家公司生产电力并把它作为一个公用产品出售，它也必须按照既定的价格把它的电力卖给"Pool"，而且，为了把它再卖给公用事业客户，还得再从这个"Pool"购买。这种做法和其他几种相关措施，使得这种产品的价格管制在英国很盛。

总之，政府管制的效果（国内和海外）都是把利润率限制在一个健康而非丰厚的区间。在约定的合同框架里，如果能源公司能够提升效率，它就能提高利润，但只能局限于此。一旦监管机构发现它们的利润偏高，就会设定新的管制。

该公司最后的两个业务板块分别是海外公用事业和公司业务。海外公用事业主要由北方电力分销有限公司主导，它是英国电力的一家分销商。在 1998年，该企业有接近 17000 公里的输电线和 26000 公里的地下电缆，并有向 150万客户提供电力的权利。除了作为一家电力分销商，北方电力公司还出售和分销天然气。除了北方电力公司，中美公司还有其他企业，包括 CE 天然气英国有限公司（从事天然气的勘探和生产）。因此，在海外，尤其是在英国，中美公司有传统的公用事业业务，包括能源产业的全价值链：从勘探、生产、分销到向客户直接出售。最后一个业务板块是公司业务，包括像法务和金融等公司功能型业务，同时，还包括几项利基业务，比如，住宅服务——属于整个中美公司的房地产业务。

现在，让我们转向该公司的财务报表（见表 18-2）。对于控股公司，1998年，中美公司在 25.5 亿美元收入的基础上，报告的净利润是 1.27 亿美元。基于 1998 年年底稀释的 7410 万流通股，每股的净利润是 2.01 美元。就经营利润来说，这里计算的息税前利润是 4.91 亿美元。这还不包括 2.2 亿美元的净利息支出，9300 万美元的所得税计提，4100 万美元的少数股东权益支出和

表 18-2　发电厂摘要（1998年）

项目①②	设备（净兆瓦）	拥有的净兆瓦③	燃料	位置	商业运营	美元支付	电力买家	④政治风险保险
运营项目								
夫斯能源中心，单元1&2	131	131	煤	艾奥瓦	1954，1958	是	MEC	无
夫斯能源中心，单元1	675	534	煤	艾奥瓦	1978	是	MEC	无
路易莎电厂，单元1&2	700	616	煤	艾奥瓦	1983	是	MEC	无
尼尔电厂，单元1&2	435	435	煤	艾奥瓦	1964，1972	是	MEC	无
尼尔电厂，单元3	515	371	煤	艾奥瓦	1975	是	MEC	无
尼尔电厂，单元4	624	253	煤	艾奥瓦	1979	是	MEC	无
奥塔姆瓦电厂	716	372	煤	艾奥瓦	1981	是	MEC	无
阔德城电站	1 529	383	核能	伊利诺伊	1972	是	MEC	无
里弗赛德电厂	135	135	煤	艾奥瓦	1925～1961	是	MEC	无
燃气轮机发电	758	758	燃气	艾奥瓦	1969～1995	是	MEC	无
风车式水力发电	3	3	水力	伊利诺伊	1970	是	MEC	无
因皮里尔河谷	268	134	地热	加利福尼亚	1986～1996	是	Edison	无
萨拉克	240	90	燃气	纽约	1994	是	NYSEG	无
电力资源	200	100	燃气	得克萨斯	1988	是	TUEC	无
诺康	80	32	燃气	宾夕法尼亚	1992	是	NIMO	无
尤马	50	25	燃气	亚利桑那	1994	是	SDG&E	无
罗斯福温泉	23	17	地热	犹他	1984	是	UP&L	无
沙漠之峰	10	10	地热	内华达	1985	是	N/A	无

马纳纳东	165	149	地热	菲律宾	1997	是	PNOC-EDC	有
马利博格	216	216	地热	菲律宾	1996～1997	是	PNOC-EDC	有
阿帕马赫	119	119	地热	菲律宾	1996	是	PNOC-EDC	有
蒂赛德电力公司	1 875	289	燃气	英国	1993	否	Various	无
维京	50	25	燃气	英国	1998	否	Northern	无
运营项目总计	**9 517**	**5 197**						

① 该公司运营除下述项目外的所有上述项目：蒂赛德电力公司、阔德城电话、奥塔姆瓦电厂和沙漠之峰。

② 表 18-2 没有包括印度尼西亚的 3 个项目，其中两个还在仲裁之中，一个在 1998 年 3 月开始运营。

③ 实际的兆瓦可能会不同，这取决于运营和水库条件以及电厂的设计。设施的净产能（以兆瓦计）表示设施总产能减附加载荷。附加载荷是设施自身所用的电力产能，并没有出售于公用事业单位或其他外在卖家所期具有的净兆瓦。所期有的净兆瓦表示的是当期具有法律权所有权的那部分。实际用的电力产能，并没有反映合伙分销网的当期情况。

④ PNOC-EDC——菲律宾国家石油公司能源发展公司，菲律宾政府和菲律宾全国灌溉管理局（NIA）也从该设施购买了水库资源；Northern——北方电力有限公司。菲律宾政府承诺承诺承担保菲律宾国家石油公司和菲律宾能源发展局两家的负债义务。Edison——南加州爱迪生公司；SDR&G——圣迭戈燃气电力公司；UP&L——犹他电力公司；NYSEG——纽约州电力燃气公司；TUEC——得克萨斯公用公司；NIMO——尼亚加拉莫霍克电力公司；MEC——中美能源。

1100 万美元的非经常性支出。鉴于净利息的支出水平（接近净利润的两倍），这里的息税前利润要比净利润，更能反映这个企业内含的盈利能力。就利润率来说，息税前利润率是 19.2%，净利润率则是 5%。

作为该公司的潜在投资人，我还会考虑这项业务的资金密集度和收益的经济性，为此，我会计算已用资金收益率。这里，我们用 4.91 亿美元的息税前利润减去 35% 的公司税（1998 年适用的税率），得到的税后净经营利润是 3.19 亿美元。表 18-3 体现了有形资金基数的相关情况。

表　18-3

类别	数量（百万美元）	占收入的 %
财产工厂和设备	4236	166
存货	—	0
应收账款	528	21
应付账款	−306	−12
已用资金总额	4458	174

就像你能看到的，中美公司在发电和公用事业业务上使用的资金量相当大。从总数目上看，它占了收入的 174%。这比生产性企业高了很多。基于这个有形已用资金和 3.19 亿美元的税后经营利润净额，所得的已用有形资金收益率是 7.2%。这个收益率还算不错，但谈不上出色。考虑一下这种情形：在年终，有些财产厂房和设备显示于资产负债表上，但它们对当年的利润没有什么贡献。1997 年年底，一个不那么保守的已用有形资金量（37.31 亿美元）还算比较合理。基于这个数字，相应的已用有形资金收益率应该是 8.5%——好些，但仍然不是非常好。作为一位投资人，我的结论是：中美公司业务的已用资金收益的经济性尚可，但肯定不是出类拔萃的。

当然，还有需要考虑的其他因素。鉴于中美公司是一家从事公用事业的企业，有很高的稳定性，它多半有便宜的资金渠道，因而，能够创造的收益率应该比它的已用有形资金收益率更好。计算净资产收益率是测试这种假设的一种较好的方式。用 1.27 亿美元净利润和 8.27 亿美元普通股金额相比，中美公司的净资产收益率是 15%。这看起来的确是支持这样一个假设：中美公司之所以能够获得一个还不错的收益率，部分原因是它能够利用价格合理的资金所构建的财务杠杆。总之，我的结论是：中美公司是一家经营和增长都好于同行的企业，但它的核心业务并非什么内在的精湛组合。

最后，让我们来看估值：鉴于伯克希尔－哈撒韦以每股35.05美元的价格购买中美公司，相关的估值如表18-4和表18-5所示。

表 18-4　企业价值 / 息税前利润（EV/EBIT）倍数

企业价值 / 息税前利润（EV/EBIT）(百万美元)	1998	1997
企业价值（EV）[①]（百万美元）	7 867	7 867
息税前利润（EBIT）	491	343
企业价值 / 息税前利润（EV/EBIT）倍数	16.0	22.9

① 计算企业价值（EV）的方法是：35.05 美元（每股价格）×7264 万股（1999 年 6 月 30 日流通的稀释股份）加上 1999 年 6 月 30 日的 53.21 亿美元的净负债。净负债的计算方法是：2.47 亿美元的现金 +1.3 亿美元的可售证券 +3.85 亿美元受限现金 +1.9 亿美元的股权投资 −20.17 亿美元的母公司负债 −42.56 亿美元项目负债。注意：这个基于最近一期 10Q 报告的金额要低于这次收购在媒体发布文件上所引用的近 90 亿美元的企业价值。有两个因素可以用来解释这个差异：①6 月 30 日和新闻稿发布日之间净负债的变动额；②优先股价值的计算。

表 18-5　市盈率倍数

市盈率	1998	1997
股票价格（美元）	35.50	35.50
报告所呈的每股净利润（按稀释股份计）(美元)	2.01	负数
市盈率倍数	17.4	不适用

这些倍数看起来都非常高，尤其是基于前面分析的结论：中美公司并不是一个很好的业务组合体。实际上，在中美公司的估值里，肯定会有 1 ～ 2 个价值明显的下属企业（比如，房地产）没有算在其中。除非它的利润遭受了周期性市场的挤压，否则，对于作为潜在投资者的我来说，中美公司彼时的价值并没有被低估。鉴于 1998 年获得的 7% 的已用有形资金收益率和 15% 的净资产收益率，我认为它遭受周期性利润挤压的可能性不大；由于发电业务明显属于资金密集型业务，所以，我推测这种业务周期性的已用有形资金收益率也高不过 12% ～ 13%。假设，在一个非常好的年份，基于同样资产基数的利润会高出 50%，对应可比的企业价值 / 息税前利润（EV/EBIT）倍数会接近 11 倍，市盈率会接近 12 倍——这也并非是很便宜的估值。

这里唯一令我感到印象深刻的就是该公司的增长速度！

1994 ～ 1998 年，就像遴选的财务数据所示，它的收入从 1.54 亿美元增长到 25 亿美元。类似地，同期的净利润从 0.37 亿美元增长到 1.27 亿美元。

这份年报的评述清楚地说明，公司的增长分别来自内生性要素和收购。总而言之，我视中美公司为一家经营稳定且成长表现不错的企业，但收益率一般。我不会视其为一个有吸引力的投资，至少就普通股而言如此。

那么，巴菲特在这个案例里看到了什么不同之处呢？1999年10月25日，伯克希尔－哈撒韦在有关这项收购的新闻稿中提供了一些线索。首先，这项交易的结构不是通过购买所有普通股方式所做的简单收购。为了使投票权比例符合监管要求，伯克希尔－哈撒韦投了将近12.5亿美元的普通股和无股息的可转换股，以及一个8亿美元的不可转换的信托优先股。就像伯克希尔在给股东的年度信函里披露的，8亿美元的信托优先股相当于收益率为11%的固定收益证券，而且，巴菲特也是这样看的。鉴于这一点，你可以视为巴菲特在中美公司的投资，是巴菲特购买了12.5亿美元的股权，以及额外的几乎没有什么风险的、收益率为11%的固定收益产品。虽然这种结构的设置有点复杂，但这项交易看起来很像一桩私募股权交易。巴菲特及其合伙人并没有以每股35.05美元，购买约7200万流通的稀释股⊖——这会花掉他们接近25亿美元。巴菲特仅仅支付了12.5亿美元，获得了该公司利润76%的所有权，同时投资了收益率为11%的固定收益产品。剩余的现金是以债券的形式抵的负债，同时，联合投资人沃尔特·斯科特和大卫·索科尔投资了一个较少的3亿美元。在这个结构里，巴菲特似乎得到了双倍的好处。首先，他享有了非常有吸引力的固定收益投资；其次，他能通过一个稳定增长的企业获益，即相比内含于这个企业温和的已用有形资金收益，他通过股票就能得到更高的收益。虽然难于量化，但这次交易似乎要远优于一般投资人投资中美公司的普通股。此外，还有一点看起来也很清楚：这项交易的结构被设计得如此复杂，规避监管的要求并不是唯一的原因。

在巴菲特的这个投资案中，另一个关键点好像是对管理团队和董事会。在阐述中美公司的收购过程时，巴菲特说道："如果我在美国企业界有两个选秀权的话，那么，沃尔特·斯科特和大卫·索科尔就是我为这个行业挑选的人。"⊜由此可见，巴菲特是打算给他认为很卓越的经理人投资，即这项投资中的两位合伙人。中美公司的年报并没有给人以很强的管理团队感，但从公司

⊖ 股份回购减少了股份数目，应该远离了1999年6月30日的7400万稀释股。
⊜ 伯克希尔－哈撒韦，新闻稿，1999年10月25日。

的成长历史来看，管理层很明显是称职的。巴菲特显然得益于他个人对这个管理团队能力的了解。

在阅读了随后年份巴菲特对这家企业的评述之后，[⊖]我惊讶于巴菲特对相关数字非常敏锐的眼光。特别是他评述道：中美公司计有大额的商誉摊销（也称为收购价格分摊）——它会逐渐消失掉。1998 年年报的确包括了商誉摊销的数字，但这个数字隐匿于公司利润表"折旧和摊销"项下。在 1998 年，这个科目仅有 4200 万美元，但商誉摊销并不是作为一项真正的费用来计算的，因为它只是一项记账成本而非企业持续经营所需的成本。考虑到这个因素，真正的息税前利润（EBIT）减去合并对价分摊（PPA）应该是 5.33 亿美元而非 4.91 亿美元——高出大约 10%。相应的企业价值 / 息税前利润（EV/EBIT）倍数应该从 16 变为 14.6（企业价值 / 息税前利润（EV/EBIT）减 PPA）——仍然偏高，但比原来低。

综合看这些因素，巴菲特似乎主要是投资给他最信任的管理人团队，相信他们能够带领企业持续发展。与此同时，他还投资了一种特殊的架构——要远高于私人投资者以同样的价格购买该公司普通股所能得到的利益。不过，就价格来说（比我一直关注的要低一点），若基于中美公司业务原来的利润，那么，巴菲特似乎是支付了全价。也许，真实的情况是，在 1999 年间（股票市场价格狂欢的尾端），巴菲特必须支付比以往更高的价格，获得一家能以不错（但不是很高）收益率运用大额资金的企业（见表 18-6 ～表 18-9）。

表 18-6　5 年财务数据摘要（1994 ～ 1998 年）

	1998[①]	1997	1996[②]	1995[③]	1994
利润表数据					
经营收入	2 555 206	2 166 338	518 934	335 630	154 562
总收入	2 682 711	2 270 911	576 195	398 723	185 854
支出	2 410 658	2 074 051	435 791	301 672	130 018
未计所得税计提的利润	272 053	196 860[④]	140 404	97 051	55 836
少数股东权益	41 276	45 993	6 122	3 005	—
未计会计准则改变和非常项目影响的利润	137 512	51 823	492 461	63 415	38 834
非常项目，扣除了税款	−7 146	−135 850	—	—	−2 007
会计准则改变带来的累积影响，扣除了税款	−3 361	—	—	—	—

⊖　巴菲特致伯克希尔 – 哈撒韦股东的信，2002 年 2 月 28 日。

（续）

	1998[①]	1997	1996[②]	1995[③]	1994
净利润 / 亏损	127 003	−84 027	2 492 261	63 415	36 827
优先股股息	—	—	—	1 080	5 010
可供普通股股东分配的净利润 / 亏损	127 003	−84 027	492 461	62 335	31 817
每股利润					
未计会计准则变化和非常项目影响	2.29	0.77[④]	1.69	1.32	1.02
非常项目	−0.12	−2.02	—	—	−0.06
会计准则改变带来的累积影响	−0.06	—	—	—	
净利润 / 亏损	2.11	−1.25[④]	1.69	1.32	0.96
流通的基本普通股	60 139	67 268	54 739	47 249	33 189
每股利润					
未计非常科目和会计准则改变带来的累积影响——稀释股	2.15	0.75	1.54	1.22	0.95
非常项目——稀释股	−0.10	−1.97	—	—	−0.05
会计准则改变带来的累积影响——稀释股	−0.04	—	—	—	
净利润 / 亏损——稀释股	2.01	−1.22[④]	1.54	1.22	0.95
流通的稀释股	74 100	68 686	65 072	56 195	39 203
资产负债表数据：					
总资产	9 103 524	7 487 626	5 630 156	2 654 038	1 131 145
总负债	7 598 040	5 282 162	4 181 052	2 084 474	867 703
公司必须赎回的下属信托的可转换优先证券	553 930	553 930	103 930	—	—
下属信托的优先证券	66 033	56 181	136 065	—	—
少数股东权益	—	134 454	299 252	—	—
可赎回的优先股	—	—	—	—	63 600
股东权益	827 053	765 326	880 790	543 532	179 991

① 反映了 KDG 的收购。

② 反映了下述收购：北方电力公司、富尔肯近海勘探公司和合伙权益（持有不到 1 年）。

③ 反映了马格马电力公司的收购（持有期不到 1 年）。

④ 包括 87 000 美元、每基本股 1.29 美元、每稀释股 1.27 美元、非经常性的印度尼西亚资产减计费用。

资料来源：MidAmerican Energy Holdings Co., *10K Report 1998*, 61.

表 18-7 资产负债表（1997 ~ 1998 年）(年度截止日为 12 月 31 日)

（单位：千美元）

资产	1998	1997
现金和现金等价物	1 604 470	1 445 338
合资公司现金和投资	1 678	6 072
限制性现金	515 231	223 636
限制性投资	122 340	—

（续）

资产	1998	1997
应收账款	528 116	376 745
财产、厂房、合同和设备（净额）	4 236 039	3 528 910
所购净资产公允价值之上的超额费用	1 538 176	1 312 788
权益投资	125 036	238 025
递延费用和其他资产	432 438	356 112
总资产	9 103 524	7 487 626
负债和股东权益		
负债		
应付账款	305 757	173 610
其他累积负债	1 009 091	1 106 641
母公司负债	2 645 991	1 303 845
子公司和项目负债	3 093 810	2 189 007
递延所得税	543 391	509 059
总负债	7 598 040	5 282 162
递延收益	58 468	40 837
公司必须赎回的下属信托的可转换优先证券	553 930	553 930
下属信托的优先证券	66 033	56 181
少数股东权益	—	134 454
应赎回的普通股和期权	—	654 736
股东权益		
普通股，每股 0.067 5 美元面值[①]	5 602	5 602
追加的实缴资本	1 233 088	1 261 081
留存收益	340 496	213 493
累积的其他综合收益	45	−3 589
应赎回的普通股和期权	—	−654 736
库藏股——23 375 和 1 658 份普通股（成本价）	−752 178	−56 525
股东权益总计	827 053	765 326
负债和股东权益总计	9 103 514	7 487 626

①已授权 18 万股，发行了 82 980 份，流通股分别是 59 605 股和 81 322 股。

资料来源：MidAmerican Energy Holdings Co., *10K Report 1998*, 73.

表 18-8 利润表（1996 ～ 1998 年）(年度截止日为 12 月 31 日)

（单位：千美元，除每股数据外）

	1998	1997	1996
收入：			
经营收入	2 555 206	2 166 338	518 934
利息和其他收益	127 505	104 573	57 261

（续）

	1998	1997	1996
总收入	2 682 711	2 270 911	576 195
成本和费用			
销售成本	1 258 539	1 055 195	31 840
经营费用	425 004	345 833	132 655
管理费用	46 401	52 705	21 451
折旧和摊销	333 422	276 041	118 586
卡西柯南项目股权投资亏损	—	5 972	5 221
利息支出	406 084	296 364	165 900
减：资本化利息	−58 792	−45 059	−39 862
非经常性费用——资产估值减计	—	87 000	—
成本费用总计	2 410 658	2 074 051	435 791
未计所得税计提的利润	272 053	196 860	140 404
所得税计提	93 265	99 044	41 821
未计少数股东权益的利润	178 788	97 816	98 583
少数股东权益	41 276	45 993	6 122
未计非常项目和会计准则改变带来的累积影响的利润	137 512	51 823	92 461
非常科目，扣除了税款	−7 146	−135 850	—
会计准则改变带来的累积影响，扣除了税款	−3 363	—	—
可支付普通股股东的利润 / 亏损	127 003	−84 027	92 461
每股			
未计非常项目和会计准则改变带来的累积影响的利润	2.29	0.77	1.69
非常项目	−0.12	−2.02	—
会计准则改变带来的累积影响	−0.06	—	—
净利润 / 亏损	2.11	−1.25	1.69
每股——稀释			
未计非常项目和会计准则改变带来的累积影响的利润	2.15	0.75	1.54
非常项目	−0.10	−1.97	—
会计准则改变带来的累积影响	−0.04	—	—
净利润 / 亏损	2.01	−1.22	1.54

资料来源：MidAmerican Energy Holdings Co., *10K Report 1998*, 74.

表 18-9　现金流量表（1996 ~ 1998 年）(年度截止日为 12 月 31 日)

（单位：千美元）

	1998	1997	1996
经营性现金流			
净利润 / 亏损	127 003	−84 027	92 461
调节经营性现金流净额的调整项			

（续）

	1998	1997	1996
非经常开支——资产估值减计	—	87 000	—
非常项目，扣除了税款	7 146	—	—
会计准则改变带来的累积影响	3 363	—	—
折旧与摊销	290 794	239 234	109 447
所购净资产公允价值之上的超额成本的摊销	42 628	36 807	9 139
原始发行折扣摊销	42	2 160	50 194
递延融资和其他费用摊销	21 681	31 632	11 212
递延所得税计提	34 332	55 584	12 252
权益投资收益	−10 837	−16 068	−910
适用于少数股东权益的利润/亏损	5 313	−35 387	1 431
其他科目的变化			
应收账款	−135 124	−34 146	−13 936
应付账款、累积负债、递延收益	−41 803	29 799	2 093
经营性现金流净额	344 538	312 588	273 383
投资性现金流			
购买下述权益支出：KDG、北方电力公司、富尔肯近海钻探公司、合伙制企业、马格马公司，扣除收购所得现金	−500 916	−632 014	−474 443
股权投资股息	17 008	23 960	8 222
与经营项目相关的资本支出	−227 071	−194 224	−24 821
菲律宾建筑	−112 263	−27 334	−167 160
印度尼西亚建筑	−83 869	−146 297	−76 546
英国燃气资产的收购	−35 677	—	—
国内建筑和其他发展项目的成本	−36 047	−12 794	−73 179
短期投资的减少	1 282	2 880	33 998
受限现金和投资的减少/增加	20 568	−116 668	63 175
其他	−33 787	60 390	−2 910
投资性现金流净额	−990 772	−1 042 101	−713 664
融资性现金流			
出售普通股、库藏股和行使股票期权的进项	3 412	703 624	54 935
来自下属信托的可转换优先证券的进项	—	450 000	103 930
来自母公司发债的进项	1 502 243	350 000	324 136
偿还母公司债务	−167 285	−100 000	—
来自展期贷款的净进项	—	−95 000	95 000
来自下属公司和项目举债的净进项	464 974	795 658	428 134
偿还下属公司和项目负债	−255 711	−271 618	210 892
与债务融资相关的递延费用	−47 205	−48 395	−36 010
购买库藏股票	−724 791	−55 505	−12 008
其他	21 701	13 142	10 756

（续）

	1998	1997	1996
融资性现金流净额	797 338	1 741 906	757 981
汇率变化影响	3 634	−33 247	4 860
现金和现金等价物净增额	154 738	979 146	322 560
现金和现金等价物的年初值	1 451 410	472 264	149 704
现金和现金等价物的年末值	1 606 148	1 451 410	472 264
附加披露：			
已付利息（扣除资本化的利息）	341 645	316 060	92 829
已付所得税	53 609	44 483	23 211

资料来源：MidAmerican Energy Holdings Co., *10K Report 1998*, 76.

第 19 章

2007 ~ 2009：北伯灵顿公司

在 2007 年年底致股东的信函里，沃伦·巴菲特披露了北伯灵顿铁路公司
（Burlington Northern Santa Fe, BNSF）的股权交易：60 828 818 份股票，总价
47.3 亿美元。这些数字代表了该公司 17.5% 的股权，均价每股 77.76 美元。这
标志着巴菲特对北伯灵顿铁路公司的初始投资——后者曾是且仍然是北美两大
铁路公司之一（另一家是联合太平洋铁路公司）。2009 年年底，在另一次交易
中，巴菲特和伯克希尔－哈撒韦购买了该公司所剩余的所有流通股。此时该公
司的总市值为 340 亿美元，相当于每股 100 美元的 3.412 亿流通股。这次所购
股份占了该公司总股份的 77.4%。2007 ~ 2010 年，伯克希尔－哈撒韦公司把
所持的该公司股份从 17.5% 增加到 22.6%。本章将从 2007 年的初始投资角度
和 2010 年全额收购的角度，看看巴菲特对北伯灵顿公司投资的相关情况。经
营一个铁路网往往需要很多的资金。北伯灵顿公司的绝大部分收入来自北美各
主要经济中心之间的货物运输，因此产生了维护下述项目的成本费用：大量机
车和车厢、轨道基础设施和整套的支持设施，包括场地、站台、调度中心以及
特殊服务和维修站点等。根据北伯灵顿公司 2008 年年报（见图 19-1），该公司

有接近 40 000 名雇员、6510 台机车、82 555 节车厢。该公司的首席执行官和董事长马修·罗斯披露：1997 ~ 2008 年，北伯灵顿公司支出了 300 亿美元改善其轨道设施和全部车辆。以任何尺度衡量，这种投入都是一笔巨资。除了处理日常的经营外，运营一家盈利的铁路公司还涉及在企业的扩张过程中，理智地配置资金、维系相应的竞争格局、成功地把握诸如轨道铺设权等监管问题。

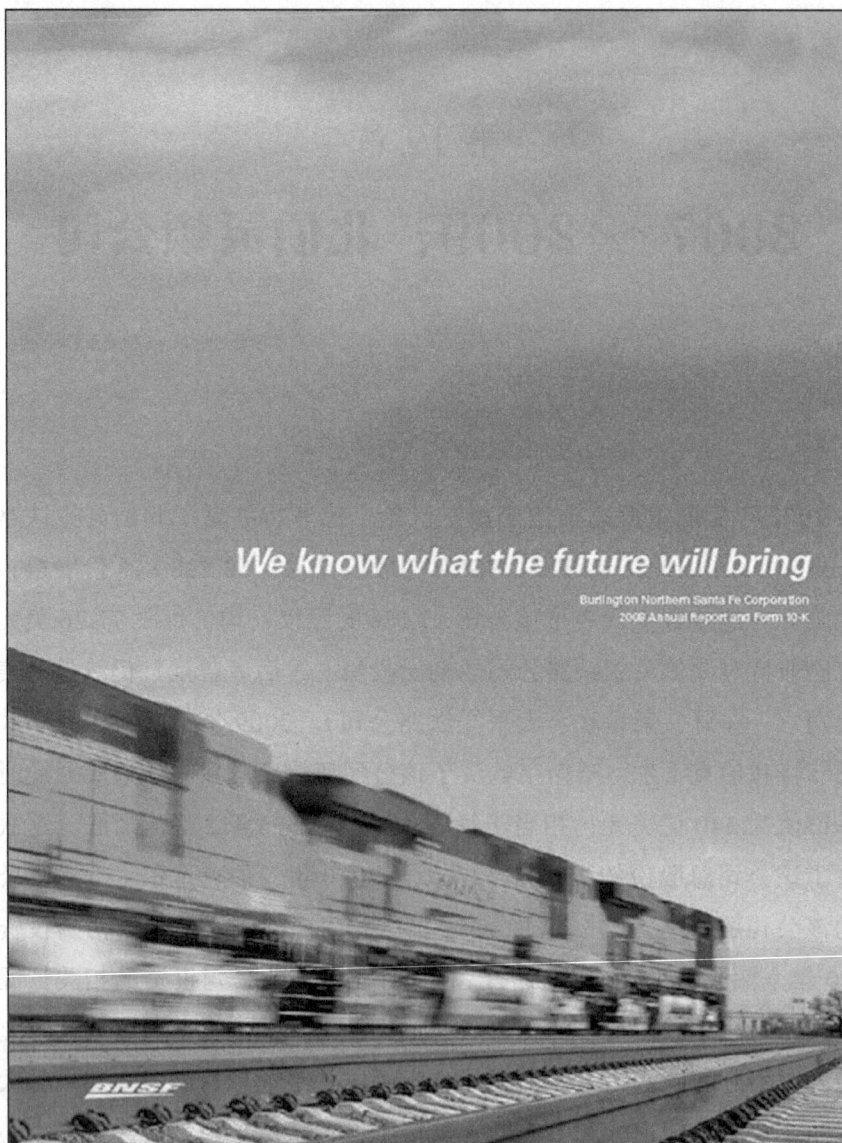

图 19-1

根据 2008 年北伯灵顿公司的年报，该企业被分为四个核心部门和一个"其他"类别。它们各自的收入情况如表 19-1 所示。

表 19-1　各部业务数据概览

部门	收入（百万美元）	占总量的 %
消费品	6 064	34
工业品	4 028	22
煤	3 970	22
农产品	3 441	19
其他	515	3
总计	18 018	100

在 2008 年，不计其他类别，4 个核心货运部门创造了 175 亿美元的收入。如表 19-1 所示，虽然从事消费品运输的部门是最大的部门，但工业品、煤和农产品的量也不小。

如果进一步查看每个货运类别的详尽情况，可以看到，消费品涉及了近 90% 的集装箱业务（既有国际海运的集装箱，也有国内商品的）和 10% 的汽车产品。工业产品涉及基建产品、建房产品、成品油、化工／塑料产品以及食品饮料等。煤虽然还是煤，但这里特指的是北伯灵顿公司运输的美国低硫煤（产自怀俄明州和蒙大拿州的粉河盆地）。农产品指的是玉米、小麦、大豆和其他大宗粮食作物，以及乙醇、化肥和其他相关产品。总之，无论是什么产品种类，北伯灵顿公司的主要业务活动就是运输大宗商品。如图 19-2（取自当年的 10K 报表）所示，北伯灵顿公司运输业务所涉区域，主要覆盖美国的中部和西部地区。

如 10K 报表所示，北伯灵顿公司收入的客户构成是：该公司 2/3 的收入是服务期各异的单个客户合同贡献的，另外 1/3 的收入来自按公布的普通货运价格支付的客户。

就像你能看到的，虽然平均的货运距离大致保持在标准之内，但在过去的每一年中，吨英里（量）的总额已经增加了 1%～2%。不过，真正的区别来自于吨英里的平均收入——价格在过往的两年中，上升的幅度相当大，在 4%～13%。原因之一是燃油价格的高企；但根据北伯灵顿公司的详尽财务数据，燃油费用仅增加了 17 亿美元，而货运收入却增加了 30 亿美元（见表 19-2）。这个信息说明北伯灵顿公司还是有着某种程度的定价权。

——— 北伯灵顿的铁路线和协议的路线权

——— 区域连接线

------- 多式联运运输安排

图 19-2　北伯灵顿公司业务覆盖区地图

资料来源：Union Pacific Corporation, *2007 Annual Report*.

表 19-2　运营指标（北伯灵顿公司）

年度截止日 12 月 31 日	2008	2007	2006
吨英里收入（百万美元）	664 384	657 572	647 857
货运收入（每千吨英里收入）(美元)	26.34	23.34	22.45
平均货运距离（英里）	1 090	1 079	1 071

资料来源：Based on Burlington Northern Santa Fe, *2008 10K Report*, 10.

　　理解北伯灵顿公司的另一个关键点是：弄清它的竞争地位。首先，北伯灵顿公司与其他铁路公司的竞争。作为北伯灵顿的铁路业务的最大竞争对手，联合太平洋铁路公司在 2008 年有 48 000 名雇员和接近 8700 辆机车。为了理解北伯灵顿公司与联合太平洋公司的竞争程度，看看图 19-3 所示的联合太平洋公司运营图。

　　就像你能看到的，联合太平洋公司和北伯灵顿公司，在中部平原和西海岸区域，有不少的竞争线路。⊖鉴于这个事实，两家铁路公司竞争的运营节点还必须包括服务的价格高低、服务的准时性和服务的品质。表 19-3 有摘自联合太平洋公司 2008 年度报告的运营指标。

　　⊖　Union Pacific, 2008 Annual Report, 5, 10.

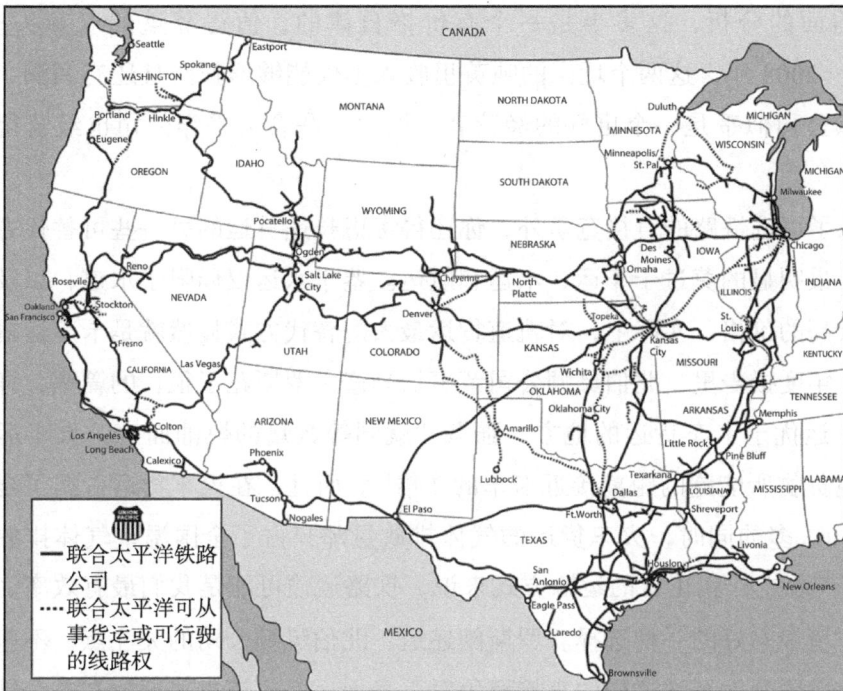

图 19-3　运营指标

资料来源：Burlington Northern Santa Fe Corporation, *2008 Annual Report*.

表 19-3　运营指标（联合太平洋公司）

年度截止日 12 月 31 日	2008	2007	2006
吨英里收入（百万美元）	562 600	561 800	565 200
货运收入（每千吨英里收入）(美元)	30.43	27.56	26.17
营运比率（%）	77.3	79.3	81.5
客户满意指数	83	79	72

资料来源：Based on Union Pacific, "Operating/Performance Statistics," *2008 Annual Report*, 35.

通过与北伯灵顿公司的相关指标进行比较，可以得出两个结论。首先，北伯灵顿公司的新增线路权或所管理的货运量略好于联合太平洋公司。不像联合太平洋公司（它在 2006 ～ 2008 年间吨英里收入有些许的下降），北伯灵顿公司在同期却经历了 3% 的增长。其次，和北伯灵顿公司一样，联合太平洋公司也一直在涨价。两家铁路公司都能够涨价的事实说明，这个行业还有不错的定价环境，不存在两家铁路公司之间你死我活的价格竞争。

就直接竞争来说，联合太平洋公司是北伯灵顿公司真正的竞争对手，但基于前面的分析，这多半是一个有价格自律的、值得尊重的双寡头垄断。2006～2008年，这两个玩家的吨英里收入不仅能够增长而且还有利润，但北伯灵顿公司似乎是一个更好的经营者，同时，联合太平洋公司也经营得相当不错。

除了可选铁路的直接竞争外，你还得考虑长途货运的另一些可替代方式的竞争，最明显的莫过于车运、水运和航运。鉴于水运仅局限于水道，以及航空运输极高的价格，实际上，对轨道货运最大的替代方式显然就是卡车运输了。

在年度报告里，北伯灵顿公司董事长马修·罗斯花了很长的篇幅，详述了轨道货运优于卡车货运的地方，强调"就同等数量的燃油而言，火车运输平均每吨货物所能跑的距离接近卡车的3倍"。而且，在火车货运占据了全国货运的40%多的同时，火车货运的气体排放量却只占了全国温室气体排放量的2.6%。[⊖]总之，就正常的运输方式来说，铁路运输可能是我们最有效率、最便宜和环境最友好的一种选择。罗斯阐述道：北伯灵顿公司的关注点，不应该只是放在像联合太平洋这样的直接竞争对手身上，而应该更多地放在整个铁路行业具有的机会上，捕捉全国整个货运蛋糕中更大的份额。

就北伯灵顿公司2000～2007年的动态财务数据来说，它的收入从2000年的92亿美元，增加到2007年的158亿美元。类似地，它的息税前利润从2000年的22亿美元，上升到2007年的35亿美元。净利润从2000年的9.8亿美元，增长到2007年的18亿美元。就这些年间的年复合增长率来看，收入、息税前利润和净利润的年度增幅大约分别是：8%、7%和9%。根据北伯灵顿公司2007年年底的资产负债表，它的资金需求和收益的经济性情况大致如表19-4所示。

如表19-4所示，铁路企业的主要资金用途是PPE，即财产、厂房和设备。这个类别包括轨道、设施和铁路车辆（包括机车和车厢）的维护。除了PPE，这类企业所需的资金非常少。基于158亿美元的收入和35亿美元的息税前利润，你可以计算出一个10.9%的税前收益率。假设税率为30%，可以得到24亿美元的税后净经营利润，而且，理论上税后已用有形资金收益率是7.6%。

⊖ Burlington Northern Santa Fe, 2008 Annual Report, 12–13.

虽然这个数字本身并不是非常漂亮（通常认为好的已用有形资金收益率应该是 15% 以上的水平），但北伯灵顿公司的有形资金的边际收益率要远好于它的整体资金的边际收益率。虽然这并不是很明显，但还是明白无误的。在该公司总的 400 亿美元的净值 PPE 中，约 80% 是体现在轨道设施和其他的道路工程上。[⊖] 所有的机车、车厢和其他的设备总共才占到 PPE 总额的 60 亿美元。这里，虽然机车和货运车厢每隔几年需要更换一次，或需要购买更多，但核心的铁路轨道和路基所涉的多是一次性发生的成本，不需要太大的追加资金。当然，还有一些区域的扩展需要建设和铺设新铁路，但这种"边际资金"的规模要远小于铺设核心路段的资金支出。说得更具体一点，北伯灵顿公司公布的 2006 年、2007 年和 2008 年的新铺和维护的铁轨英里数分别是：854 英里、994 英里和 972 英里。在该公司运营的总长约为 6 万英里的铁路线中，这仅代表了略超过 1% 的年度总里程数字。新扩建的铁路只是其运营总长度的一个零头。相对于货运收入的增幅（它们在 2007 年和 2008 年分别增长了 5% 和 14%），这仅仅是一项非常小的投资。因此，它的边际已用有形资金收益率至少是两倍于它的 7.6% 已用有形资金收益率（它是基于企业的资金总额计算的）。

表　19-4

类别	金额（百万美元）	占总收入的 %
财产厂房设备	33 583	213
库存	579	4
应收账款	790	5
应付账款	−2 824	−18
总资本（TCE）	**32 128**	**203**

总之，对于懂得这项业务的经济属性（具有某些结构优势的高品质企业所具备）的潜在投资者来说，北伯灵顿公司的吸引力在于下述两点：铁路年 6% ～ 8% 的长期增幅的效益要高于其他运输形式；15% 或更高的边际已用有形资金收益率。对北伯灵顿公司来说，人们持有的主要争议是有关定性的问题，即这是否是一个有竞争力的企业，这类企业成功的关键应该是优异的运营执行力。

这自然会引导我们来分析北伯灵顿公司的管理团队，优异的执行力只能源

⊖　BNSF, 2008 Annual Report, Notes to Consolidated Financial Statement no. 7, 54.

于他们。在 2007 年年底，管理北伯灵顿公司的团队包括首席执行官兼总裁马修·罗斯和财务总监汤姆斯·宏德。自 2000 年以来，马修·罗斯就一直是北伯灵顿公司的董事长兼首席执行官。他在 1993 年进入该公司，在运营层面不断晋升，在成为首席执行官之前，一直是在首席运营官这个岗位。在加入北伯灵顿公司之前，他也是在铁路行业（诺福克南方铁路公司的分支机构）任运输副总裁。罗斯显然是一位在铁路业务上颇具经验的经理人，而且，就像前面论述过的，作为首席执行官，他有过很辉煌的财务业绩，帮助公司创造了收入和利润的持续增长。在罗斯的带领下，北伯灵顿公司的业绩常常盖过了联合太平洋公司。⊖汤姆斯·宏德也是一位在铁路行业有着丰厚背景的高管人才。自 1999 年以来，他就一直是北伯灵顿公司的财务总监，而且，在此之前，他就在北伯灵顿公司和圣达菲铁路公司，分别就任过多种财务岗位。在 1999 年 12 月 31 日至 2007 年 12 月 31 日之间，北伯灵顿公司的流通股（稀释）减少了大约 23%，从约 4.67 亿美元减少到 3.59 亿美元，股息从每股 0.48 美元增长到每股 1.14 美元。这显示了汤姆斯·宏德优秀的资本管理才能。虽然北伯灵顿公司管理团队自身并无多少公司股份，但他们不仅经验丰富，而且做出了令人尊敬的过往业绩。

最后，又轮到估值了。巴菲特是分几批购买北伯灵顿公司股份的。就最初于 2007 年购买的该公司 17.5% 的股份来说，巴菲特支付了 47 亿美元——给该公司的总估值是 270 亿美元。从每股的角度看，这反映的是一个每股 77.78 美元的均价。表 19-5 展示了适用于这次收购的传统估值倍数。⊜

表 19-5　估值倍数

	2007（预期）	2006（实际）
每股利润（稀释）(美元)	5.10	5.11
市盈率	15.3	15.2
息税前利润（10 亿美元）	3.49	3.52
企业价值 / 息税前利润	10.1	10.0
市净率	2.43	2.42

由此可见，这可不是很便宜的估值。但对于一个笃信成长价值的投资者来说，面对一个管理优异并内含优良品质的企业（利润和收入有 7% 的年度增幅，

⊖ 基于美国铁路协会的经营统计数据。
⊜ 数据是根据 2007 年年报中的企业价值与盈利计算的。

外加一个较高的边际已用有形资金收益率，而且，这些都是建立在一个可理解的基础之上），这就不仅仅是一个公允的价格了。那么，行笔至此，问题的关键点就变成了，这种成长的确定性有多大。鉴于北伯灵顿公司有着自己的结构优势（更有效的货运燃油使用方法）、具有一个较长的增长史和一个称职的管理团队，那么，作为一个潜在的投资者，我对它的成长前景就有了相当的自信。

在 2010 年购买该公司剩余的股份时，对于伯克希尔尚未拥有的那 3.412 亿的流通股，伯克希尔的成本大约是每股 100 美元。这比巴菲特在 2007 年最初那次股份购买成本高出了大约 20%。基于 2009 年年底的利润（在做那次购买之时，第 4 季度的利润数据还无法拿到），新的估值数据如表 19-6 所示。⊖

表 19-6　估值倍数 II

	2009（预期）	2008（实际）
每股利润（稀释）(美元)	5.01	6.06
市盈率	19.9	16.5
息税前利润（10 亿美元）	3.26	3.91
企业价值 / 息税前利润	13.2	11.0
市净率	2.66	3.06

显然，巴菲特所支付的对价估值不便宜，而且，不仅远高于他在 2007 年的那次购买。即便考虑到为支付该公司 100% 所有权的溢价因素，但此时的投资者也很容易认为，基于 2008 年利润的 11 倍企业价值 / 息税前利润，也是建立在该行业利润的最高年份，而 2009 年 13.2 倍的价格则是更精确地反映了一个可持续的利润业绩。看起来，巴菲特支付 13.2 倍企业价值 / 息税前利润的价格，要么是他对北伯灵顿公司的成长前景有更好的理解，要么就是有足够的信心！

实际上，令我印象最深刻的是做这项投资的经济背景。当巴菲特在 2009 年年底做这项收购时，美国正在经历其最近一个时期以来最严重的经济衰退之一。2009 年 11 月 3 日，在北伯灵顿公司的交易被公布之时，道琼斯指数正漂浮在 10000 点上下，而在那一年的 3 月，它已经跌到了 7000 点以下。让我们来专门看看北伯灵顿公司该年底的经营业绩表现（这在巴菲特购买他的股份时还没法得到），它大致与该公司 2006 年（3 个整年份之前）取得的业绩相同（见表 19-7 ~ 表 19-9）。但尽管此时市场上充满了恐惧感，且有北伯灵顿公司

⊖　数据是根据 2009 年年报中的企业价值与盈利计算的。考虑到其 340 亿美元的企业市值和 91 亿美元的净负债，企业价值约为 431 亿美元。

短期业绩的糟糕表现，巴菲特却有勇气在一个很不确定的时期里，投出他职业生涯最大的一笔赌注。他看到了一个机会，去购买一家高品质的企业（有不错的成长性和较高的边际已用有形资金收益率），而且，还有足够的信心去支付他人认为是昂贵的价格——尤其是在2009年。这里，我仅有的推测是：就投资机会而言，巴菲特宁可坚持选择他所逐渐熟知的好机会，而不去碰那些在2009年年底市场危机之时，所出现的很有吸引力的机会。

表19-7 利润表（2006～2008年）（年度截止日为12月31日）

（单位：百万美元，除了每股数据外）

	2008	2007	2006
收入	18 018	15 902	14 985
经营支出			
燃油	4 640	3 327	2 856
薪酬和福利	3 884	3 773	3 816
购买服务	2 136	2 023	1 906
折旧和摊销	1 397	1 293	1 176
设备租赁	901	942	930
原材料和其他	1 148	959	780
经营支出总计	14 106	12 316	11 464
经营收益	3 912	3 486	3 521
利息支出	533	511	485
其他支出（净额）	11	18	40
未计所得税收益	3 368	2 957	2 996
所得税支出	1 253	1 128	1 107
净收益	2 115	1 829	1 889
每股利润			
每股基本利润	6.15	5.19	5.23
每股稀释利润	6.08	5.10	5.11
平均股份			
基本股	343.8	352.5	361.0
股权奖励的稀释影响	4.0	6.4	8.8
稀释股	347.8	358.9	369.8

资料来源：Burlington Northern Santa Fe Corporation, *2008 10K Report*, 39.

表19-8 资产负债表（2007～2008年）（年度截止日为12月31日）

（单位：百万美元）

资产		2008	2007
流动资产			
现金和现金等价物		633	330

（续）

资产	2008	2007
应收账款（净额）	847	790
材料和物料	525	579
递延所得税的当期部分	442	290
其他流动资产	218	192
流动资产总计	2.665	2.181
财产厂房和设备（净额）	30.847	29.567
其他资产	2.891	1.836
资产总计	36.403	33.583
负债和股东权益		
流动负债		
应付账款和其他流动负债	3.190	2.824
一年内到期的长期负债	456	411
流动负债总计	3.646	3.235
长期负债和商业票据	9.099	7.735
递延所得税	8.590	8.484
养老金和退休医疗及福利义务	1.047	444
伤亡和环境义务	959	843
员工离职费	57	77
其他负债	1.874	1.621
负债总计	25.272	22.439
股东权益		
普通股，0.01 美元面值，60 万份授权股，541 346 和 537 330 份已分别发售	5	5
实缴的追加资本	7.631	7.348
留存收益	12.764	11.152
库存股，成本价，分别为 202 165 份和 189 626 份	−8.395	−7.222
累积的其他综合亏损	−874	−139
股东权益总计	11.131	11.144
负债和股东权益总计	36.403	33.583

资料来源：Burlington Northern Santa Fe Corporation, *2008 10K Report*, 40.

表 19-9　现金流量表（2006 ~ 2008 年）（年度截止日为 12 月 31 日）

（单位：百万美元）

	2008	2007	2006
经营活动			
净利润	2.115	1.829	1.889
把净利润调节为净现金流的调整项（经营活动相关）：			
折旧与摊销	1.397	1.293	1.176
递延所得税	417	280	316

（续）

	2008	2007	2006
已付员工离职费	−15	−21	−27
长期的伤亡和环境义务（净额）	150	26	−55
其他（净额）	81	183	−43
流动资产和流动负债的变动额			
应收账款（净额）	191	20	−127
应收账款销售额项目变动额	−250	—	—
材料与物料	54	−91	−92
其他流动资产	−31	12	99
应付账款和其他流动负债	−132	−39	53
经营性现金流净额	3.977	3.492	3.189
投资活动			
资本支出	−2.175	−2.248	−2.014
设施融资的建筑成本	−64	−37	−14
设备采购等待的融资	−941	−745	−1.223
融资资产出售的进项	348	778	1.244
其他（净额）	−241	−163	−160
投资性资金流净额	−3.073	−2.415	−2.167
融资活动			
商业票据 / 银行借款的增 / 减净额	−161	−584	283
长期负债的融资进项	1.150	1.300	300
支付长期负债	−217	−482	−467
已付股息	−471	−380	−310
行使股票期权的进项	91	142	116
购买北伯灵顿普通股	−1.147	−1.265	−730
来自品质奖励计划的额外税收优惠	96	121	95
设施融资的进项	68	41	—
其他（净额）	−10	−15	−9
融资性现金流净额	−601	−1.122	−722
现金和现金等价物的增 / 减额	303	−45	300
现金和现金等价物：			
年初	330	375	75
年末	633	330	375
增补的现金流信息			
已付利息，扣除资本化的金额	538	494	462
已付所得税，扣除返还部分	820	680	779
非现金资产融资	258	461	109

资料来源：Burlington Northern Santa Fe Corporation, *2008 10K Report*, 41.

从总结的角度看，似乎巴菲特投资北伯灵顿公司的首要原因是：这项投资是以一个合理的价格，购买了一家有优秀管理团队的好公司。在 2009 年，他获得了一个机会，"仅"支付高于其初次购买价近 25% 溢价的对价，让他把自己熟知的一个企业私有化了——是在一个市场充满着不确定性，而且，该企业的势头仍然不明确的情况下。这对任何一位资深投资者来说，都需要极大的勇气——无论你是否应该给短期投资者的资金一个说法。

与马修·罗斯的对话

2009 年 12 月 21 日，在其内部的局域网上，北伯灵顿公司发布了一段首席执行官马修·罗斯访谈沃伦·巴菲特（伯克希尔－哈撒韦的首席执行官）的视频，谈论的话题是有关伯克希尔－哈撒韦收购北伯灵顿公司的相关事宜。下面是这个视频的内容。

北伯灵顿公司视频新闻
访谈沃伦·巴菲特
访谈人：马修·罗斯
2009 年 12 月 3 日

马修：大家好！我是马修·罗斯。欢迎来到北伯灵顿公司视频新闻特刊。如大家所知，我们最近频繁出现于新闻媒体，盖因一则重要的公告，即我们北伯灵顿公司未来所有权已经被伯克希尔－哈撒韦收购。就此，很多人问了我很多问题，诸如，这对北伯灵顿公司意味着什么？这对为北伯灵顿工作的人意味着什么？这对客户意味着什么？这对我们运营所在地的社区意味着什么？在此，我想，还有谁能比伯克希尔－哈撒韦的董事长兼首席执行官沃伦·巴菲特更好地回答这个问题呢！所以，我们今天要款待一个大人物！我们邀请到了沃伦·巴菲特到今天的录制现场，现在让我们直入主题。我已经向大约 20 个人提出请求，让他们向巴菲特提问题。他们提交的问题一共大约有150 个，我仅打算问其中的 15 ~ 20 个。当然，我将会根据时间来做具体的处理。让我们言归正传。沃伦，再一次表示欢迎，感谢您的到来！第一个问题是：您为何收购北伯灵顿公司，为何现在收购？

巴菲特： 好的！你们都知道，我钟情铁路。这要回到70年前。那时，我每周日都会去那个联合车站，在很多年的时间里，我都在关注铁路行业。在20年前，我们没有能力做这种收购，因为那时伯克希尔的规模还不够。但伯克希尔成长得很快。我们不支付股息，所以，我们一年能够集聚80亿、90亿甚至是100亿美元的资金。你们要知道，这就是我的梦想，找到机会购买一家像你们这样优秀的铁路公司。我对这次收购感到兴奋无比！

马修： 好的，现在是下一个问题。在这次收购的公告中，你说这是对美国经济前景的全力一搏。作为一位在数年的时间里累积起一家铁路公司控股权的人，巴菲特先生说，他非常喜欢做这种事情。那么，能否请你与我们分享一下有关铁路行业未来的情景和相关的思考？

巴菲特： 好的！如果这个国家的经济好，那么，它的铁路行业就一定会好，而且，这个国家的经济正在向好的方向发展。我不知道下一星期、下一个月甚至下一年的事情，但如果你看看下一个50年，这个国家还是会发展的，它的人口还会增加。因此，这个国家将会有更多的货物要运输，而铁路是运输其中许多货物的必然之选，而且，所占百分比会比过去更大——无论是基于成本效率，或是基于燃油效率和环境友好因素，都会如此。所以，铁路行业没有理由会失去份额，我认为整块蛋糕会逐渐变大，而铁路行业将要分得的那块也会变得更大。

马修： 好的，下一个问题。您曾经说过，您宁可花一个合理的价格购买一家伟大的公司，也不会花一个便宜的价格购买一家说得过去的企业。那么，北伯灵顿公司在哪些方面满足了您对一家伟大企业的定义？

巴菲特： 首先，作为一个很好的企业，意味着它会永远在这里。我是指，类似呼啦圈的企业会来去匆匆，然后，又是经营宠物石的以及其他类似的企业。甚至像电视机这类产品的生产厂家，也可以把生产迁到日本去。所有这些都属于一类。铁路业务是不会迁移到其他地方去的。它只能是在美国这片土地上。这里将会有四大铁路公司，运送越来越多的货物。所以，铁路运输业务的确是一项好业务。但它不可能成为像可口可乐或谷歌那样的业务，因为它还是一个提供公众服务的业务，这里还有不少作为业务拼图一部分的政府监管。但从长远的角度看，这是一个好业务。要想使得铁路行业得到扩张并变得更有效率，需要持续地投入越来越多的资金。这对这个国家是有意义的。所以，只要你们企业处在对社会有利的一边，社会就会给予你很大的支持。虽然不会是每天都这样，但大多数情况下都会如此。

马修：哦，我想我们 4 万名雇员绝对赞同你的看法。好的，让我们转到下一个问题。从过往的情况看，在加入了伯克希尔－哈撒韦之后，那些公司的盈利情况会更好吗？如果真是如此，那是为什么？

巴菲特：因为加入后，你们可以完全按照你们认为合适的方式经营企业。你不用去迎合银行，不用去看华尔街的眼色，不用去讨好媒体或任何其他人。从根上来说，这会解除对经理的束缚，让他们放手去做他们想做的事情，即按照自己的意愿去经营自己的企业。而且，没有任何地方可以真正像伯克希尔那样提供这种自由度。

马修：好的。下一个问题（但不是我问的）是，伯克希尔会直接涉足北伯灵顿公司的管理吗？它的管理结构会有变化吗？

巴菲特：不会的。道理非常简单：我们在奥马哈只有 20 个人，而且，没有一个人知道如何经营铁路公司。

马修：好的，让我们进入下一个问题。这项交易将会对员工雇用情况产生正面影响还是负面影响？

巴菲特：在这个问题上，我认为，真的不会有任何改变。我是说，你们将继续经营这家铁路公司，你们会以一种有效的方式经营。当境况好的时候，你们需要雇用的人会多于境况差的时候。但我们的所有权真的不会对雇用问题产生任何影响。

马修：好的。下面这个问题来自我们的一位机车工程师。他说，就有关的问题，铁路员工能够直接找您吗？您如何就合理工资、健康医疗及良好工作环境等问题，与伯克希尔 - 哈撒韦想要的利润进行平衡？

巴菲特：哦，就北伯灵顿公司的利润来说，你们只需按照你们过去的那种方式做就行了。我或奥马哈的任何人，都不会涉足诸如劳工问题、采购问题、机车购买问题或任何其他的这类问题。这主要是因为——我们购买这家公司，是因为它管理得不错。如果到了不得不为北伯灵顿公司引进管理层的境地，那么，我们双方都有麻烦了。

马修：好的。下一个问题来自我们的财务部门。为了支付 80 亿美元的收购负债，将会出售很大一笔北伯灵顿公司的资产吗？

巴菲特：一毛钱的资产都不会。一毛钱的资产都不可能。

马修：下一个问题。伯克希尔还会继续投资维持北伯灵顿公司基础设施所需的资金吗？

巴菲特：哦，如果我们不这样做，那就是疯了！我们不会去买一家企业，然后，让它饿死。你们走到目前的规模是因为你们愿意提前投资，只是这种投资需要在未来 3 年、5 年或 10 年才能收回。这是铁路业务的一部分，而且，将来还会继续是铁路业务的一部分。

马修：您已经听我谈过监管的风险。我与我们的员工就这个问题说了好多年。这里的问题是：您对我们行业监管的内含风险前景有什么看法？您是基于什么得出的结论？

巴菲特：哦，马修，是你的永远是你的。我的意思是，总有人对你的收费感到不满，无论他是牧场的牧场主还是其他人。尤其是考虑到这种业务有公共服务的属性时更是如此。同时，它还有企业家的属性在里面，但还是要考虑到它的公共服务的属性。所以，这项业务无论如何也脱离不了监管。水运和铁路运输之间的竞争关系是永远存在的，总会有人试图利用政治影响来干预运输费率。但最终的结果是，若这个国家还想让铁路行业保持现有的规模，就需要这个行业支出大量的资金，更别说还要使这个规模得到进一步扩张了。除非这个社会失去了理智，否则，它不会阻止这个行业获得一个合理的收益率。

马修：另一个来自财务部门的问题。北伯灵顿公司的资金需求现在必须在内部与伯克希尔其他所投公司进行竞争吗？

巴菲特：绝对不会！

马修：我认为这是一个不错的问题！好的，下一个问题。10 年以后，您将会如何评价北伯灵顿公司的这个收购案——先不管它是否成功？

巴菲特：哦，我会按照自己的标准来衡量，即我赌这个国家将来会发展得更好。如果我赌错了，那是我的问题，与北伯灵顿公司的任何人无关。但我会把它与其他的铁路公司相比较，看看北伯灵顿公司是如何做的。我会拿卡车运输及其他运输方式做比较，看看铁路行业做得如何。但最后，我不会太担心这个问题，因为我已经看到了这里是如何做的。我想我知道这个国家将会如何发展。我认为西部将会好起来。我宁可把赌注放在西部而非东部。所以，我真的不太担心这个问题。

马修：下一个问题是：北伯灵顿公司应该如何支持伯克希尔－哈撒韦公司实现长期目标？针对北伯灵顿的管理团队，您已经确定的预期是什么？

巴菲特：你们应该像过去那样经营管理这个企业，你们现在有了 25 万名股东。我是指他们的利益和伯克希尔－哈撒韦都是一样的，没有丝毫的区别。我们希望这家铁路公司能够尽量地经营好。你们从联合太平洋公司哪怕是多竞争来一个车皮业务，都会令我们高兴，但我们也希望联合太平洋公司能够经营得很出色。我的意思是，我们最好都能把我们各自的业务做好。我想我们在未来都会做得不错！在此，你们要清楚，如果我认为这家公司需要改变的话，我们是不会进来的。

马修：好的，这里有一个来自雇员的问题：我听说伯克希尔在某些公司停止了企业支持的养老金计划。那么，它对北伯灵顿公司的养老金计划有什么打算吗？当你们在评估是否持续保持所购公司的养老金计划时，你们会考虑哪些因素？

巴菲特：哦！这应该是管理层决策的事情。我是指，在政府法律规范的福利问题上，可能会有一些变化。我是说，谁能够猜到自其40年前出世以来，401K会有那么多变化或出现一些相关的东西。但就像其他的决策一样，你们也必须就这些问题做出相应的决策。

马修：北伯灵顿公司已经建立了一套薪酬制度，鼓励雇员用与公司业绩相关的部分奖金，购买公司的股票。在这次兼并后，原有的薪酬制度将会有什么变化吗？

巴菲特：涉及任何业绩薪酬安排的人或事，无论涉及股票还是其他的任何东西，或是有关这种业绩薪酬的奖励，都是你们要坚定不移地执行下去的。

马修：好的，这里有很多与您对国民经济的看法及其哲学观念相关的问题。我挑其中的两个。首先，最近坊间传说不断上升的国家负债将会引起下一次经济危机。您同意这个说法吗？应该采取什么方式应对这个问题？

巴菲特：好的，实际上，我在几个月前就此写过一篇文章。我认为，这肯定是一个问题。但如果我们静下心来，从1776年起，一年一年地捋，你可以记下一堆一堆发生在美国的问题。我们无法避免它们，但我们擅长解决它们。大家都知道，在这个国家甚至还进行过内战，更不用说，大萧条、世界大战、超级流感和其他类似的事件。所以，这个国家总是被问题所困扰，但这个国家也总能解决它们。我不知道商业环境是否能在3个月或6个月得以恢复，但我知道这一点：在下一个100年，我们可能会有15年差的光景，我是指美国会有15个坏的年份，可能还有另一个光景一般的15年，但我们可能会有70个好年份——大致是这种情况。我不知道它们即将呈现的先后顺序，但总体而言，这个国家还是会运转下去的。我们在1790年起步的时候，才有400万人口，看看我们现在的人口情况。说一千道一万，这里关键的还是那个制度在起作用。

马修：下个问题。您会促进您的那些下属公司的管理层进行合作吗？

巴菲特：是的，我告诉他们，如果他们能找到使双方共赢的合作方式，那就去做。但我们不会通过奥马哈去强推什么。例如，我们有一家地毯公司就弹性问题与我们的绝缘材料公司（约翰－曼威尔）合作制造出某种东西。我们也推动其他公司进行合作，例如，在计算机的采购上，形成集团购买力，可以得到特殊的折扣。但我们从未让奥马哈发布任何指令。我们从不干涉人们去做这或做那。但这些经理人的确要彼此相识，以便他们不时地想出一些能够互利的事情来。

马修：好的，下一个问题是，人们认为伯克希尔－哈撒韦原来没有投过工会强势的公司。鉴于这个问题，您对工会在私营部门的一般作用有什么看法，对北伯灵顿公司的工会作用有什么特别的看法？

巴菲特：是的，我多少会有一些看法。我们有十几个企业，它们的工会力量处在中等水平到强势程度之间。在《布法罗晚报》，我不是非常清楚，大概有 12 或 13 个工会。在喜诗糖果公司，也有一些工会。我们在 CTB（我们的农业设备公司）也有很多工会。我们有很多很多的工会。实际上，这在很大程度上取决于在哪个行业，取决于管理层在过去是怎么做的以及其他的一些相关事宜。

马修：您已经收购了一些非常好的非上市的家族公司，它们的老板非常钟情于他们的企业。是什么特质使得这些企业如此成功？拥有 4 万雇员的北伯灵顿家族如何才能在我们的工作和生活中应用这些特质？

巴菲特：对，我们寻找的标的都是经理人对自己的企业充满激情的公司。这是真正的区别所在。我是指，对某种事情有激情的人，都会带来日常工作和决策之外某种特别的东西。除非我认为你们对这个企业有很高的激情，否则，我今天真的不会在这里。我是指，在企业的日常运转中，有官僚气息贯穿其中，是不可思议的问题。这在美国是行不通的。激情是一个重要的成功要素。你会常常在家族企业里找到这种要素，而在专业管理的企业中，发现它的概率就不是那么大了。但我确定在北伯灵顿公司存在着这种激情。

马修：结束语？

巴菲特：结束语是，我很高兴今天能来到这里。为了这一天，我等到了 79 岁，终于使我孩提时期的梦想成真！

马修：哦，沃伦，对于生活会如何变化这个问题，我有不少领悟。只是对我们的有些雇员来说，他们对今天所涉事宜还是有点困惑，主要还是公司的结构问题。没有了原来那些股东，我们现在有了伯克希尔－哈撒韦和您。但我们的员工日常仍然会继续聚焦于改善我们的安全性、为公司获得更多的货运订单、降低成本、更深地切入客户的供应链。我们期待着与伯克希尔－哈撒韦有一个非常好的关系！我们很高兴您能在百忙之中到访，与我们一起做这一期视频新闻。我可以肯定的是，这对我们的员工意味深长。非常感谢！

巴菲特：谢谢你们的邀请！

第 20 章

2011：IBM

在 2011 年 11 月，沃伦·巴菲特在 CNBC 的"财经论坛"节目宣布：伯克希尔－哈撒韦已经购买了 IBM 公司 107 亿美元的股票——占该公司流通股的 5.5%。在解释这次收购行为时，巴菲特说，在过往的 50 年间，虽然他一直在看该公司的年报，但只是最近他才意识到，IBM 的业务对全球 IT 机构是何等重要。实际上，巴菲特是在阅读了 2010 年年报（见图 20-1）后，才开始购买该公司股票的。

在 1911 年，IBM 由查尔斯·兰赖特·弗林特创建时，只是一家从事计算、制表和计时业务的公司，涉及的都是 19 世纪晚期的相关技术，主要产品是商业天平和工业计时器等。及至 1924 年，在老沃森的带领下，该公司才做好海外扩张和聚焦新产品的准备。为了体现这些新的目标，老沃森把公司的名称改为国际商业机器公司（International Business Machine，IBM）。老沃森成为一个标杆性的领袖，擅长把一种几近虔诚的激情注入公司员工的内心。此时，专业化和以客户为中心成为公司的基调，而且，公司的新方向都围绕着它的座右铭"深思"（Think）展开。

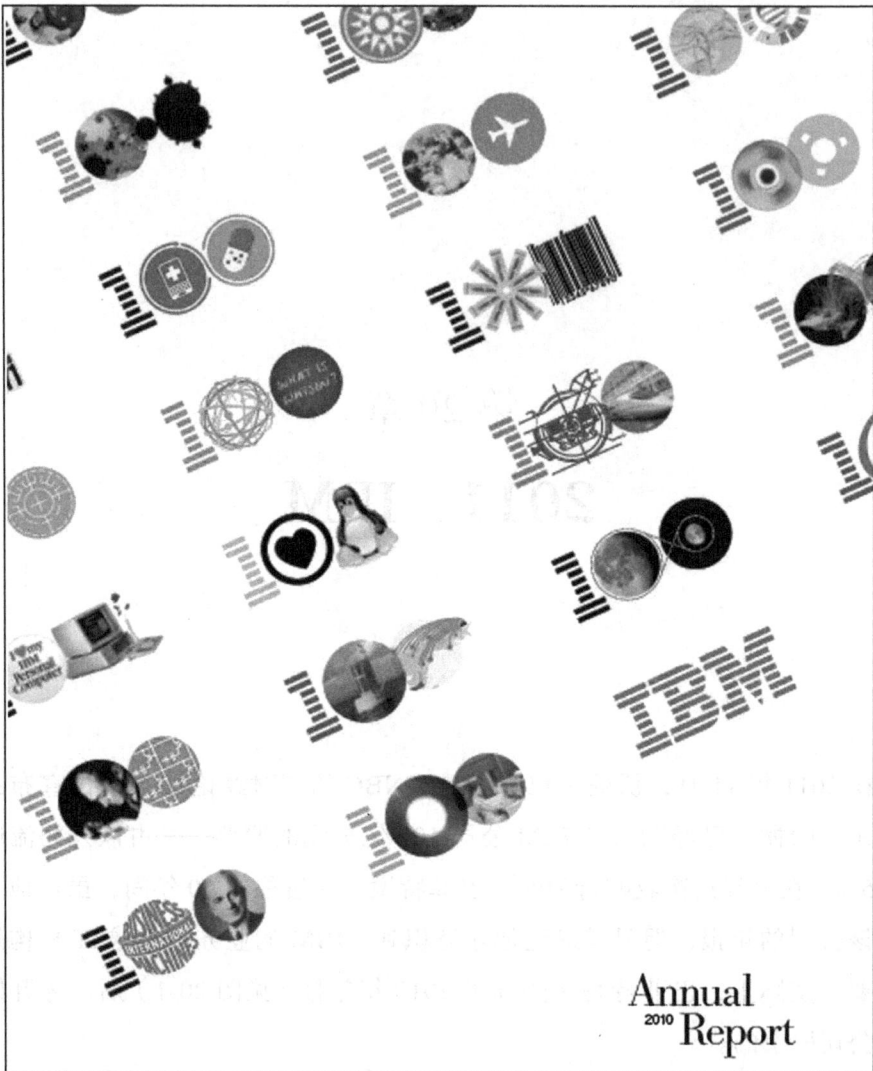

图　20-1

　　自创建以后，IBM 就一直是一家具有强大研发能力的组织。1930～1980
年，这家公司就一直在记录存储和计算机业务上在全球扮演着主要角色——既
服务商业企业（例如，为美国航空公司开发出订票系统 SABRE），也服务于政
府（例如，为政府建立起用于社保的记录存储系统）。在 2013 年，Bloomberg
指出，IBM 每年获得的专利，已经连续 20 年为所有美国公司之冠。它的发明
包括：自动取款机、软盘、硬驱动盘、磁条卡片、统一条形码、扫描隧道显微

镜、"沃森"人工智能系统（2011 年于一个叫"冒险者"的游戏节目里赢得胜利）。在过往历史中，IBM 一直在系统、计算和流程需求方面，以定制的方式，为各种国际用户提供相关的服务。

自世纪之交以来，IBM 进行了一些调整：对强健的部门进行扩充，并逐渐放弃了一些部门。在 2002 年，IBM 收购了普华永道咨询事务所，这个举动意味着加强它的国际商业服务部门（核心业务是信息系统的集成和咨询）。在 2005 年，IBM 把它的个人计算机业务出售给了联想公司。同时，IBM 还在软件领域、企业领域和云服务领域进行了一系列收购。这些收购的公司包括 Micromuse、SPSS、Ascential、FieNet、ISS、Cognos、Kenexa 和 SoftLayer Techologies。在过往的十几年间，IBM 的战略焦点一直都是在做强它的软件部门。

要想理解一位考虑 IBM 的投资人在 2011 年早期的所见，你就必须去看看该公司 2010 年的年报。这个报告的开头就是彭明盛（IBM 的董事长、总裁和首席执行官）的个人看法。他表述了公司正在转型为一家具有国际化和高回报特征的、从事产品和服务经营的企业，以及这种转型将在未来的十几年间，把 IBM 推向一个更强的竞争地位。在他给股东 5 页纸的信里，彭明盛为大家呈现了一个通往未来的清晰的路线图（2010 年路线图）。这个清晰的前景是：在未来 5 年，IBM 要取得以每股利润业绩为标准的成果。为了实现这个目标，需要驱动 3 个要素：①经营杠杆；②股份回购；③增长。对彭明盛来说，经营杠杆意味着，把资源转到利润率越来越高的业务，同时，改善公司的生产效率。就股份回购而言，彭明盛给出了一个具体的目标：在未来 5 年，用 5000 万美元做股份回购，2000 万美元用于发放股息。增长就要复杂得多了，但他给出了几个地区的目标增幅。例如，中国、印度和巴西被界定为"增长的市场"——这些都是 IBM 正准备使其分支机构翻倍的地方。彭明盛提出的目标是：在 2015 年之前，把这些增长市场的收入增幅，从 20% 提升到 30%。彭明盛还论述了业务分析和优化领域，指出了业务数据不断增长的大趋势以及 IBM 能够提供的价值：帮助企业运用这些数据，改善经营决策。第三个增长领域是云计算，IBM 可以帮助客户开发自己的私有云，也可以用 IBM 有关云的基础设施。最后，彭明盛阐述了他称之为"智慧星球"的内涵：于高增长行业（像健康医疗、零售、银行和通信等）大量应用新信息技术驱动的解决方案。

总之，从年报来看，IBM有一个对公司前景很清晰的CEO和董事长，知道如何在未来5年，为股东提升IBM的内含价值。作为潜在投资人，在为股东获取价值方面，我很欣赏彭明盛的直截了当及其目标的具体性。不过，就如何实现业绩增长，我还是有些质疑。

就IBM的业务来看，它分为5个独立的业务部门。我会按照IBM年报里的相同方式逐一对它们进行阐述。

如表20-1所示，该公司最大的部门是全球技术服务部、全球企业服务部和软件部门。它们创造的收入和税前利润分别占公司总额的79%和83%。事实上，由于软件部门的利润率如此之高，它在税前总利润中所占的份额要大于任何其他业务部门，高达44%。作为潜在投资人，我会集中精力了解这3个部门：两家全球服务部门和一家软件部门。

表 20-1 业务部门数据摘要

业务单元	2010财年收入（10亿美元）	占总额百分比（%）	毛利率（%）	税前利润率（%）
全球技术服务部	38.2	38	34.7	14.1
全球企业服务部	18.2	18	28.3	13.5
软件部	22.5	23	86.9	35.8
系统与技术部	18.0	18	38.5	8.4
全球金融部	2.2	2	51.3	48.0
其他	0.7	1	N/A	N/A
总计	99.8	100	21.5	19.5

全球技术服务部。对这个行业知识有限的投资人，可能只能理解这项业务的一些基础性的内容——它提供信息技术的基础架构和与业务处理相关的服务，并有4个相关的核心能力：①战略外包服务，包括整套信息技术系统和/或业务处理的外包（如把人力资源外包到像印度这样便宜的地区）；②集成技术服务，可提升企业的效率或生产率；③技术支持；④维护服务：提供产品支持服务以及软件平台和系统的维护。这份年报并没有提供如此详细的说明，所以，没有其他相关信息的投资者很难理解体现在这个部门的IBM的核心业务。只有谙熟IBM结构和这个行业的那些人，才能懂得全球技术服务部主要从事的是技术咨询业务，并关注它帮助客户实施上述业务的那些能力。与此同时，

它的用户主要是那些大公司——通常是由销售专员把解决方案及其实施直接出售给这些大公司的技术总监、市场总监和其他经理。提供类似服务的竞争对手包括艾森哲（Accenture）、德勤（Delloitte）、印孚瑟斯（Infosys）和高知特（Cognizant）。

全球企业服务部。根据 IBM 的年度报告，全球企业服务部主要帮助客户做两件事情。首先，**咨询和系统集成**——这是一组范围很广的服务，帮助客户开发和实施信息技术解决方案。这不仅包括安装第三方软件（如 SAP 或 Oracle），还有作为 IBM 增长领域强调的那些业务分析和优化解决方案。其次，**应用管理服务**，主要是定制软件和软件支持服务——IBM 用于帮助客户为特种业务目的而开发和维护的软件解决方案。同样，技术知识不够的潜在投资者多半只能理解这项业务的一些基础的东西，即概括为一组咨询和定制解决方案的实施。

软件部。对 IBM 来说，软件部涉及的是本公司拥有和支持的众多软件平台。这主要是中间件，企业级软件（企业用于集成来自不同功能和不同系统软件的信息）。IBM 提到了 5 个不同的平台：万维网环球服务系统平台（Websphere software）、信息管理软件（Information Management software）、蒂沃利软件（Tivoli software）、莲花软件（Lotus Software）和瑞理软件（Rational software）。除了中间件，IBM 还支持定制的操作系统——为运营一个系统而提供操作界面的主要软件（定制版本）。

表 20-2（IBM 在其年报里提供的）展示了中间件的各小组每年的增幅。就像这张表所示，中间件是一个增长的类别，而万维网软件和蒂沃利软件则是增幅最快的类别。

就 IBM 软件的销售方式来说，它的近 2/3 是基于年金的方式，来自续生许可费和售后支持。其他 1/3 则是以一次性收入或现货收入方式。这包括后合同支持、产品升级和技术支持。

就软件领域的竞争而言，有众多和 IBM 直接和间接竞争的软件提供商（如甲骨文公司、微软公司）以及一些细分市场的玩家（如 AG 软件等）。说实话，评估 IBM 这些核心业务的品质并非易事。在潜在投资者看来，软件的一个明显的特征是：对客户的黏性较高、资金密集度很低。但与此同时，IBM 的全球技术服务部和全球企业服务部的业务则要更复杂一些。它们提供的某些服务（像做专业数据分析的 IT 系统实施）好像是 IBM 历经多年累积起竞争优势的领域。其他服务（像企业咨询或外包服务）好像是更大路货的业务，有不少优秀竞争对手。

表 20-2　IBM 各子类软件收入摘要　　　　　　（单位：百万美元）

年度截止日 12 月 31 日	2010	2009①	同比变化（%）	同比变化（调整过货币的）
软件的外部收入	22 485	21 396	5.1	4.8
中间件	18 444	17 125	7.7	7.5
关键品牌中间件	13 876	12 524	10.8	10.7
万维网环球服务系统平台			20.8	20.6
信息管理软件			8.6	8.3
莲花软件			−2.3	−2.1
蒂沃利软件			15.0	15.1
瑞理软件			4.8	4.8
其他中间件	4 568	4 602	−0.7	−1.2
操作系统	2 282	2 163	5.5	4.9
其他	1 759	2 108	−16.6	−17.7

① 根据 2010 年年报进行了重新分类。

资料来源：IBM, *2010 Annual Report,* 28.

此时，潜在投资者的结论可能是：IBM 是一个软件解决方案和人力资源服务的复杂综合体——其中，经常性的、高质量的收入占了近 40%（与软件利润相匹配），还有 40%（与咨询和企业服务相关）的收入是建立在从低品质到高品质业务之上（面对不同类别的竞争对手）。就这第二部分收入来说（人力资源服务——轻资产，但重执行），投资者多半会意识到，它十分依赖于优秀的执行力。

在转到 IBM 的财务分析之前，让我们简单地涉猎一下 IBM 的最后两个部门——它们创造了该公司接近 20% 的收入。根据 IBM 年报，企业系统与技术部是为客户提供基于先进计算能力和存储能力的业务解决方案。按门外汉的话来说，这多是指像定制服务器和辅助产品的硬件解决方案——具体来说，就是 IBM 所指的 z 系统、动力系统和 x 系统。最后一个业务部门——全球金融部，负责为购买 IBM 产品的用户提供融资服务。

现在，让我们转到财务报表。你会注意到，在年报的第 10 页和第 11 页上，IBM 就下述指标提供了企业过往 10 年的数据：税前利润、每股利润、自由现金流和利润率。在 10 年的时间里，IBM 的税前利润从大约 110 亿美元增加到 210 亿美元。有关部门的税前利润，你可以看到，这项增幅的大部分来自全球技术服务部、全球企业服务部和软件业务（见图 20-2）。

部门税前利润①（10亿美元）

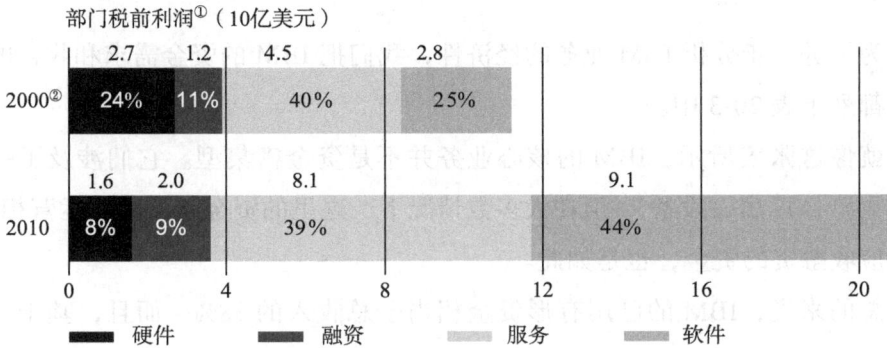

图 20-2 IBM 税前利润的动态数据（2000～2010 年）

① 部门的税前利润总和不等于 IBM 的税前利润。

② 未计企业投资和与股票相关的奖励。

资料来源：IBM, *2010 Annual Report*, 10.

表 20-3 已用资金总量概览

类别	数量（10 亿美元）	占收入的百分比（%）
财产厂房设备	14.1	14
无形资产	3.4	3
库存	2.5	3
应收账款	10.8	11
应收融资	26.8	27
应付账款	−7.8	−8
递延收益	−11.6	−12
已用资金总额	38.2	38

税前利润的增加也得到了其他相关指标的印证：在同期，每股利润和自由现金流都翻倍了。对整体的盈利指标来说，在过去的 10 年里，每年的增长率都高于 6%。而且，毛利从 37% 提升到 46%，税前利润率从 12% 提升到 20%。所有这些财务数据看起来都是巴菲特式的；除了 2003 年是下降外，IBM 的所有关键指标都是逐年上升的。这些证据都说明 IBM 业务明显实现了成功转型。

在这份年报里，似乎有一个被轻视的方面：收入。事实上，在有关这 10

年的表述中，似乎没有提及 2000 年的收入。被迫查阅前期年报的投资者会发现，相比于 2010 年 1000 亿美元的收入，2000 年的收入是 850 亿美元。由此得到的年复合增长率是接近 1.6%——与其他指标的增长幅度来说，显然逊色很多。

为了进一步分析 IBM 业务的经济性，我们把 IBM 的资金需求和收益的经济性都列于表 20-3 中。

就像这张表所示，IBM 的核心业务并不是资金密集型。它们涉及了一些 PPE(财产、厂房、设备)，但在大多数情况下，这里的资金需求都与运营相关，包括应收融资的资金，也是如此。

总的来说，IBM 的已用有形资金相当于总收入的 38%，而且，基于一个 198 亿美元的息税前利润，所计的税前已用有形资金收益率是 52%。如果我们假设的正常税率是 30%，那么，可比的税后已用有形资金收益率就是 36%。这是一个非常好的收益率，而且，这显然是 IBM 有能力以股息和股份回购的方式，向股东返还资金的基础。就财务数据来说，潜在投资者会发现 IBM 是一家利润丰厚和现金流充沛的企业，它唯一的不足就是收入的增长太过于温和。基于上文的初始分析，有理由相信这里的部分原因是这家公司的业务正处在结构转型阶段。当然，你可能总是乐见利润表最上端科目也能有强劲的增长，最好是像美国运通或是像北伯灵顿公司的情形。

除了基础性的业务活动和财务数据，潜在投资者无疑还会考虑 IBM 的现行管理团队。彭明盛就任董事长、总裁和首席执行官，所以，显然他就是负责人。彭明盛的专业背景满满的都是 IBM 的烙印；在 1973 年，他加入蓝色巨人时是做销售的，随后一路做到首席运营官的岗位。他在这个岗位上一直做到 2002 年 3 月被委任为首席执行官为止。他接替的是闻名遐迩且备受尊崇的郭士纳。郭士纳被赞誉为拯救 IBM 于 20 世纪 90 年代破产边缘的人——彼时，竞争对手已经蚕食了 IBM 的个人电脑业务。在科技泡沫崩盘后，彭明盛接管了企业。在后郭士纳时代，他以引导 IBM 新的转型创新的领导者而闻名。迄今为止，彭明盛的关键贡献包括引领 IBM 构建了更多元化的咨询能力（包括 2002 年购买普华永道的咨询业务）和支撑增长的相关领域，如数据分析和云计算。他还做出了那个有争议的决策：在 2005 年，把 IBM 的个人电脑业务出售给了联想公司。就像财务数据显示的，彭明盛之所以如此行为，是因为他的关注点是业务的盈利能力。基于这些事实、IBM 在其任内的财务业绩以及他为 IBM 表述的非常具体的前景和目标，潜在投资人多半会觉得，他作为一位高级经理人，不仅有能力，而且这种能力也被实践所证。他履行了自己的诺言！

在转到 IBM 估值以及面对投资 IBM 前景的潜在投资者会有什么结论之前，我想涉猎一下另外两个与分析 IBM 相关的问题。首先，IBM 显然是一家收购机器。2000～2010 年（就像在这份年报提及的），IBM 收购了 116 家公司。此期的收购净成本是 270 亿美元，或大约是 IBM 此期创造的现金流的 1/5。在这些收购的过程中，彭明盛把重点放在了收购能够嵌入 IBM 分销网络的服务能力或软件平台上。这是 IBM 增长的主要源泉，看起来也为企业创造了相当的价值。作为 IBM 的潜在投资人，我是积极看待这些兼并收购的：把 IBM 看作一个平台，能快速地集成所购之物，把补强型的收购不断地植入自己的分销网络。

其次，IBM 有着巨额的养老金义务。在它的资产负债表里，2010 年度报告的养老金净赤字就有 130 亿美元。这份年报相关注释部分展示了这些负债的完整金额。IBM 既有按美国定义的、也有按国际定义的员工福利计划，所有估算的相关负债的总金额为 990 亿美元。针对这个金额，IBM 也有公允价值为 860 亿美元的计划资产。这是一笔巨资，也是一个潜在风险！考虑到其他多数有养老金赤字公司的相关情况，这需要有不菲的现金流做基础，并在相当长的时间里来弥补这个缺口。就像你在现金流量表看到的，在包括 2010 年在内的前 3 年里，IBM 为了弥补这个缺口，每年支付了近 20 亿美元。这是实实在在的真金白银的支出，相关的资金无法再用于股份回购或发放股息或投到公司里去。它也占据了 IBM 一年税后所创现金流的近 15%。除了即刻的负面影响，这笔巨额的预估负债总值意味着，这里隐含着保险精算变化所带来的风险。具体地说，990 亿美元的总负债仅仅是建立在对参与者寿命、贴现率、工资涨幅等所做的假设之上的预估金额。因此，对于 IBM 未来具体所欠金额的多少，这些假设的细小变化都会带来货币绝对值的较大改变。例如，2009～2010 年，在评估按美国定义的养老金计划的总负债时，IBM 把它的贴现率假设从 5.6% 改为 5%。仅这一项变化的精算结果，就为 IBM 新增了 15

亿美元的负债。只需快速浏览一下，就能发现，IBM 的假设似乎并非谨慎保守；作为潜在投资者，这个问题会是我心中一个挥之不去的长期风险隐患。除此之外，IBM 看起来像是一家经济属性很好的企业，业绩表现不错，业务品质一流。

现在，让我们转向投资估值。就像早先提到过的，巴菲特是在 2011 年上半年购买的 IBM 股份。依据伯克希尔那年给股东的信函所示，巴菲特支付的均价是每股 169.87 美元。⊖总的来看，与这相关的股份数量占据了 IBM 流通股的 5.5%。这里需要注意的是，鉴于 IBM 庞大的股份规模，巴菲特购买这只股票时，多少有点像其他投资者一样，即巴菲特在购买 IBM 普通股时，与一位大众投资者无异。依据他在 CNBC "财经论坛"的访谈所言，从个人的关系来看，巴菲特和彭明盛并不熟。所以，在这项投资里，巴菲特更像一位普通投资者那样看待这家公司。

对于这次购买行为而言，传统的估值倍数如表 20-4 和表 20-5 所示。

表 20-4　企业价值的计算

股票价格（美元）	169.87
流通股数量①（百万）	1 228
市价总值（10 亿美元）	208.6
净金融负债和养老金赤字②（10 亿美元）	29.8
企业价值（10 亿美元）	238.4

① 基于 IBM2010 年年报第 16 页上所呈的 2010 年 12 月 31 日的流通股信息。

② 包括 117 亿美元的现金和可转让证券，286 亿美元的短期和长期负债，以及 129 亿美元养老金赤字净值。

表　20-5

	2010（实际）	2009（实际）
每股利润（稀释）(美元)	11.52	10.01
市盈率	14.7	17.0
息税前利润（10 亿美元）	20.1	18.5
企业价值/息税前利润	11.9	12.9
基于市价总值的自由现金流收益率①（%）	7.8	7.2

① 我用的是 IBM 报告的 163 亿美元的自由现金流，这和我计算的自由现金流大致相同（基于税后现金利润减预估的维护性资本支出）。2009 年年报报告的自由现金流是 151 亿美元。

⊖ 就像伯克希尔 - 哈撒韦在 2011 年年报里所示，63 905 931 份 IBM 股票的收购成本是 108.56 亿美元。

鉴于 IBM 看起来像是一家品质优秀的企业（过往优异的财务业绩和成熟的管理层），所以这个估值看起来虽不便宜，但还算合理。就利润倍数（11.9 倍的企业价值 / 息税前利润和 14.7 倍的市盈率）来看，如果 IBM 还是沿着前 10 年的那种曲线增长的话，那么，它的股票价格肯定没有完全反映其利润增长的价值。同时，还要留意 IBM 的自由现金流的收益率。这里要留意这样一组因素的组合：IBM 所需的维护性资本支出少于类似企业的折旧和摊销（部分是由于所用硬件数量少于从前），以及低于正常的税率（部分是由于海外业务和原来的税收亏损结转）。这些意味着 IBM 有一个异常高的利润现金转换率。根据我的分析，自 2003 年以来的每一年，IBM 源自息税前利润的现金利润转化率都超过了 80%。几乎 8% 的现金利润收益率是一种十分健康的业绩表现。考虑到管理层已经承诺，要把这个现金流的大部分，用作股份回购和股息发放，那么，这就特别有吸引力了。总的来说，作为 IBM 的潜在投资人，我会发现这项投资十分诱人。虽然我一直担心无法完全理解它业务的复杂性及其养老金计划所暗含的问题，但我还是特别喜欢它扎实的财务业绩、成熟的管理团队以及合理的估值。

巴菲特的视角

在数次访谈中，巴菲特谈到了他对 IBM 的投资，包括 2011 年 11 月那次在 CNBC "财经论坛" 的著名访谈——他在此首次公布了伯克希尔购买 IBM 股票的事宜。同时，在那年的年报里，伯克希尔也提及了这次对 IBM 的投资。在那份年报里，巴菲特把 IBM 称为一家非凡的企业，是他投资生涯的四大投资之一（其他 3 个是可口可乐、美国运通和富国银行）。巴菲特还特别评价道，在 IBM 转型的过程中，首席执行官郭士纳和彭明盛做得非常出色，并说他们的经营和财务管理成就的确非凡靓丽。在此，巴菲特进一步详述了 IBM 在若干年间，通过股份回购所体现出的资金配置的精明做法。他借此评述道，如果该公司的股价萎靡不振，他都不会介意，因为此时 IBM 会以相同的价格累积更多的股份，反而使每个现有股东的股份权重得以增加。

在那次 "财经论坛" 上，巴菲特说道，在他开始购买股份之前，他特别留意了彭明盛向股东承诺的那些非常明确的目标，即 IBM 在来年将会在财务上达成的成果。令人难忘的是，彭明盛果真实现了他设定的目标。巴菲特还提到，他和伯克希尔下属的几家 IT 机构谈过 IBM。他从这些交谈中得到的结论是：IBM 的确起到了重要的作用，而且这些关系都具有相当的"黏性"。

> （IBM 是）一家能够帮助 IT 部门把事情做得更好的公司……对于一家大公司，换审计师事务所、换律师事务所，都是一件大事。这些大公司的 IT 部门……与供应商的关系密不可分……有很强的持续性。
> ——巴菲特，在 CNBC "财经论坛"的访谈，2011 年 11 月 14 日

显然，巴菲特对 IBM 充满着热情。他说，这家公司对股东有着一种敬意，这是在大公司群里很难找到的一种素质。在这次访谈的结尾，当被问及 IBM 是一家高科技企业且其股价还处在历史高点，他为何还是要购买时，巴菲特回答道：他考虑所有类型的公司，包括技术类公司，只是之前他尚未找到一家他认为自己能看得懂的公司。当被问及以历史最高价位购买 IBM 股票的感觉如何时，巴菲特说，他绝对不担心这只股票的价格问题。他曾经以历史最高价位购买了政府雇员保险公司（GEICO）的控股权，对北伯灵顿公司的收购也是如此。

考虑到所有的这些情况，IBM 看起来是一个很独特的投资案例，潜在投资者的所见与巴菲特类似：优异的财务、出色的管理[⊖]、漂亮的现金流和以股息及股份回购形式表现的精明的资本配置。巴菲特在与伯克希尔下属公司的 IT 部门的交谈中，获得了额外的有益信息，使他进一步确信了自己对 IBM 这家企业的正面评价。但总体而言，他的决策是建立在前面所述的综合标准之上的。为此，他乐意为投资 IBM 支付一个公允的估值。

⊖ 多说一句，巴菲特宣布这个消息时，IBM 的高管正在经历管理层的更迭，彭明盛即将退休，罗睿兰即将上任。

IBM 的相关财务数据请参见表 20-6 ～表 20-8。

表 20-6　利润表（2010 年）(年度截止日为 12 月 31 日)

（单位：百万美元，除了每股数据外）

	2010	2009	2008
收入			
服务	56.868	55.128	58.892
销售	40.736	38.300	42.156
融资	2.267	2.331	2.582
收入总计	99.870	95.758	103.630
成本			
服务	38.383	37.146	40.937
销售	14.374	13.606	15.776
融资	1.100	1.220	1.256
成本总计	53.857	51.973	57.969
毛利			
支出和其他收益			
销售与管理费用	21.837	20.952	23.386
研究、开发和工程	6.026	5.820	6.337
知识产权和自定义开发收益	−1.154	−1.177	−1.153
其他支出 / 收益	−787	−251	−298
利息支出	368	402	673
支出和其他收益总计	26.291	25.647	28.945
未计所得税利润	19.723	18.138	16.715
所得税计提	4.890	4.713	4.381
净利润	14.833	13.425	12.334
普通股每股利润			
假定的稀释股	11.52	10.01	8.89
基本股	11.69	10.12	9.02
流通普通股的加权平均数			
假定的稀释股	1 287 355 388	1 341 352 754	1 387 797 198
基本股	1 268 789 202	1 327 157 410	1 369 367 069

资料来源：IBM, *2010 Annual Report*, 62.

表 20-7　资产负债表（2010 年)(年度截止日为 12 月 31 日）

（单位：百万美元）

	2010	2009
资产		
流动资产		
现金和现金等价物	10.661	12.183
可转让证券	990	1.791
应收（交易）票据和账款（扣除 3.24 亿美元和 2.17 亿美元的呆账拨备）	10.834	10.736
应收短期融资（扣除 3.42 亿美元和 4.38 亿美元的呆账拨备）	16.257	14.914
其他应收账款（扣除 0.10 亿美元和 0.15 亿美元的呆账拨备）	1.134	1.143
库存	2.450	2.494
递延税款	1.564	1.730
预付支出和其他流动资产	4.226	3.946
流动资产总计	48.116	48.935
厂房、租赁的机器和其他财产	40.289	39.596
减：累积折旧	26.193	25.431
厂房、租赁机器和其他财产（净额）	14.096	14.165
长期应收融资（扣除 0.58 亿美元和 0.97 亿美元的呆账拨备）	10.548	10.644
预付养老金资产	3.068	3.001
递延税款	3.220	4.195
商誉	25.136	20.190
无形资产（净额）	3.488	2.513
投资和杂项资产	5.778	5.379
资产总计	113.452	109.022
负债和权益		
流动负债		
税款	4.216	3.826
短期负债	6.778	4.168
应付账款	7.804	7.436
薪酬与福利	5.028	4.505
递延收益	11.580	10.845
其他应计费用和负债	5.156	5.223
流动负债总计	40.562	36.002
长期负债	21.846	21.932
退休和非养老金型退休后福利负债	15.978	15.953
递延收益	3.666	3.562
其他负债	8.226	8.819
负债总计	90.279	86.267
股东权益		

（续）

	2010	2009
普通股，每股 20 美元面值和实缴的追加资本①	45.418	41.810
留存收益	92.532	80.900
库藏股票，成本（股份：2010 年，933 806 510；2009 年，821 679 245）	−96.161	−81.243
累积的其他综合收益／亏损	−18.743	−18.830
股东权益总计	23.046	22.637
非控股权益	126	118
权益总计	23.172	22.755
负债和股东权益总额	113.452	109.022

①已授权股份：4 687 500 000；已发行股份：2010 年，2 161 800 054；2009 年，2 127 016 668。

资料来源：IBM, *2010 Annual Report*, 63.

表 20-8　现金流量表（2008 ～ 2010 年）(年度截止日为 12 月 31 日)

（单位：百万美元）

	2010	2009	2008
经营性现金流			
净利润	14.833	13.425	12.334
把净利润调节为净现金流的调整项（经营活动所致）			
折旧	3.657	3.773	4.140
无形资产摊销	1.174	1.221	1.310
股票奖励	629	558	659
递延税款	1.294	1.773	1.900
出售资产的所得／亏损和其他净值	−801	−395	−338
经营资产和负债变动额，扣除了收购／分拆部分：			
应收账款（包括融资应收账款）	−489	2.131	274
与退休相关的资产	−1.963	−2.465	−1.773
存货	92	263	−102
其他资产／其他负债	949	319	1.268
应付账款	174	170	−860
经营性现金流净额	19.549	20.773	18.812
投资性现金流			
厂房、租赁机器和其他财产支出款项	−4.185	−3.447	−4.171
处理厂房、租赁机器和其他财产进项	770	330	350
软件投资	−569	−630	−716
购买可转让证券和其他投资	−6.129	−5.604	−4.590
处理可转让证券和其他投资的款项	7.877	3.599	6.100
非经营性的应收融资（净额）	−405	−184	−16

（续）

	2010	2009	2008
业务拆分，扣除转出的现金	55	400	71
业务拆分，扣除收购的现金	−5.922	−1.194	−6.313
投资性现金流净额	−8.507	−6.729	−9.285
融资性现金流			
新负债进项	8.055	6.683	13.829
偿付债务的款项	−6.522	−13.495	−10.248
低于 90 天的还款 / 借款	817	−651	−6.025
普通股回购	−15.375	−7.429	−10.578
普通股交易，其他	3.774	3.052	3.774
已付现金股息	−3.177	−2.860	−2.585
融资性现金流净额	−12.429	−14.700	−11.834
汇率变动对现金和现金等价物的影响	−135	98	58
现金和现金等价物的净变动额	−1.522	−558	−2.250
1 月 1 日的现金和现金等价物	12.183	12.741	14.991
12 月 31 日的现金和现金等价物	10.661	12.183	12.741
补充数据			
已付所得税——扣除返还部分	3.238	1.567	2.111
已付债务利息	951	1.240	1.460
资本租赁义务	30	15	41

资料来源：IBM, *2010 Annual Report*, 64.

第四部分
经 验 总 结

第 21 章

巴菲特投资策略的演进

如同我回顾的那些著名案例所折射的，巴菲特的长期投资生涯，并没有定义在某一种投资形式或投资策略上。从 1957 年开始的最初投资合伙制到今天，他的投资方式显然是在不断演化精进。回溯那些具有不同投资特征的历程，能够帮助人们更好地理解这个演进内涵。

巴菲特早期所投公司的最大特点是：与它们所持资产的价值相比，它们的交易价格难以置信得低，如桑伯恩地图公司、登普斯特公司或伯克希尔－哈撒韦公司。但这并不总意味着支付了一个很低的市盈率（比如，大约 5 倍）。的确，在巴菲特投资时，桑伯恩地图公司和登普斯特公司的盈利很少，因而，会有一个很高的市盈率倍数。巴菲特并没有只是评估市盈率，他显然是在寻找市价总值明显低于所持资产可实现价值的公司。例如，桑伯恩地图公司所持的投资组合价值，要高于巴菲特为整个公司所支付的价格；就登普斯特公司来说，巴菲特知道它的存货是可以出售的；在伯克希尔－哈撒韦这个案例里，则有一组现金和可实现的经营资金。

除了便宜的投资，从其职业生涯的早期起，巴菲特就开始关注他所投公司的基本业务。他的兴趣不仅仅在于按照流动资产净值法选择标的，还关注那些具有正数利润和相关业务具有发展前景的企业。例如，桑伯恩地图公司就是因为市场的技术变化，而处在结构性衰退许多年的企业，但它是一家利润仍然为正数的企业，并且在投资的前几年已经稳定了下来。这意味着巴菲特不必担心企业会在无利润的情况下经营，逐渐消耗掉所有的现金。此外，巴菲特还能甄别出企业的经营是否正处在改善之中，或他能否成为这种积极发展的催化剂。

巴菲特投资策略的另一个重要方面是，即便是在合伙制年代的早期，他都很关注企业的管理团队。虽然他评估这种团队的标准与时俱进，但在他最早期的投资项目里（如，登普斯特公司和伯克希尔－哈撒韦公司），他就在挑选一流的经营经理人方面，付出了很大的精力。在他早期的投资里，巴菲特也不仅仅只有一技之长，只是一心寻找便宜的公司。就像得州石油的投资所示，巴菲特还投了兼并套利的项目（体现在固定收益产品里），而且，他对风险的详细分析和理解，显示了他对这种投资的熟稔。他还涉足控股权投资，积极为企业带来所需的变化。例如，在登普斯特公司和伯克希尔－哈撒韦公司，他控股这些企业之后，在影响企业的经营方面起到了关键的作用。

这里概括一下巴菲特早期的投资策略：他最关注的是找到市价总值低于其所持资产可实现价值的公司，但他还是熟悉其他类别的投资，并追寻看起来很有吸引力的那些企业。后来，他对投资的一些思考的真正基础似乎是他从企业所有者的角度对每一个投资案例（许多都是具备有形资产的较小的企业）认真审视的结果。他会评估相关企业的关键人物和核心资产，并会评价他们（和它们）对企业未来发展的可能影响。从伊始，他的策略就是要较多地介入，而不仅仅是格雷厄姆风格：仅仅按照流动资产净值法计算目标公司的价值。

及至职业生涯的中期（1968～1990年），巴菲特似乎把更多的权重放在了企业的品质上。他把焦点从企业的资产价值转到评估企业可持续的盈利能力。看看巴菲特这个时期的投资项目（无论是对喜诗糖果的私募投资，还是政府雇员保险公司那种扭亏为盈的情况或是可口可乐的那种品牌授权经营），这里关键的投资理由都是这些标的蕴含极具吸引力的长期盈利能力。当这类机会出现的时候，巴菲特总是会以较高的估值购买一流的公司，乐意支付更高的市盈率（如，在几个实例里的市盈率都是15倍）——这可不是多数价值投资者所考虑的投资项目。

在评估企业的品质方面，巴菲特的品质定义既包括定量的内容，也涵盖定性的内涵。在定量方面，他逐渐注重具有下述数据特征的企业：持续的增长；已用有形资金的高收益率。巴菲特的核心标准是，在可理解的结构性因素的驱动下，十分稳定的 5% 的增长幅度。他并没有只是盯在极高的增长速度或极端有吸引力的估值上。无疑，这就是对那几个具有品牌产品的公司投资的决策依据。当巴菲特于 1987 年投资可口可乐时，不断增长的全球消费帮助该公司在前 10 年的 9 年中，取得了收入和经营利润的增长。类似地，他于 1976 年收购的喜诗糖果公司也是如此——他公布的该公司的财务数据显示，该公司不断增长的店内收入使它获得了持续 5 年的收入增长和 5 年中 4 年的利润增长。即便是在巴菲特以便宜价格（相对于利润）购买公司时，往往还是能看到这种持续的增长。例如，在巴菲特收购后的时期里，《华盛顿邮报》的收入是 10 年中有 10 年的增长，经营利润是 10 年有 8 年的增长。在他投资生涯中期的几乎所有这些案例里，巴菲特投资的那些公司都能持续地创造税后高于 20% 的已用有形资金收益率。投资于可持续增长且已用有形资金收益率高的公司，意味着巴菲特着实是投了一些复利生成器—— 一些有长期持续增长记录的可靠企业。

和他的企业定量评估的演化一样，巴菲特逐渐把更多的决策权重放在自己的这样一种能力上：理解企业经营的定性要素。随着他对美国运通和随后的政府雇员保险公司的投资，他投资组合中一个较大部分的决策，就是基于一些关键性的洞见，而且是他人和市场还无法看到的内生要素。在美国运通这个案例里，他知道"色拉油丑闻"不会对公司的盈利能力产生长远影响，而且，他意识到该企业的其他部分（如，新的信用卡部门）将会在未来大幅推动公司的增长。至于政府雇员保险公司，他认识到，该企业在保险业上有着与生俱来的竞争优势，扭亏为盈的可能性很大。

《布法罗晚报》是巴菲特受定性洞见驱动而出手的另一项投资。巴菲特购买这家企业并非主要是基于它过往的利润（这会使得这项估值显得太过分），而是基于他对这个企业最终会怎样的深层理解：一个利润率更高和回报率更高、收入的黏性很强，而且有相当定价权的企业。他谙熟这些，部分是因为他在媒体的经历、其精神导师凯瑟琳·格雷厄姆在《华盛顿邮报》和汤姆·墨菲在大都会广播公司的经历。在短短的几年时间里，这项投资印证了巴菲特对自己定性洞察力的信任感，因为在他收购之后的几年间，这家公司的利润翻了10倍多！

最后，在他投资生涯的中期，巴菲特不仅把自己的焦点转到了品质更好的企业，而且，他还不断回头光顾几个相关的业务领域，累积起越来越多的专业知识（尤其是保险、媒体和零售品牌）。虽然他还投了其他行业的公司，但在这几个具体的领域，巴菲特对相关的业务结构有着很强的理解力。例如，通过审视损失、费用和综合费率来评估保险公司的承保业务以及评估管理团队所涉的相关风险类型，巴菲特磨砺出了一种非常敏锐的眼光。就这个领域的投资，就有关如何确定保险公司管理浮动资金的能力，巴菲特都有非常清晰的视角。

在这些行业里，巴菲特的专业知识并不局限于那些相关的概念，他还构建了一个人脉网——都是一些足智多谋之人，包括许多 CEO。例如，在媒体行业，在帮助他发现和评估投资机会上，与像凯瑟琳·格雷厄姆和斯坦·利普西的这种亲密关系，肯定使巴菲特受益良多。在他的投资决策中，对管理层的信任始终起着核心的关键作用，但在他投资生涯的中期阶段，他不仅开始关注管理层的可信任性和经营能力，而且也很在意他们理智配置大额资金的能力。像在某些案例上（如与凯瑟琳·格雷厄姆在《华盛顿邮报》项目上的合作），就如何谨慎小心地进行收购和资本支出，巴菲特就给出一些指导性的意见。

在巴菲特职业生涯的晚期（自 1990 年以来），他的挑战变成了要为伯克希尔－哈撒韦投出不断增长的资金规模。此时他的投资策略上一个明显的相关变化是：投资重心更多地放在了大公司身上。但就投资风格而言，巴菲特似乎仍然维持着他在中期所形成的、以定性要素为决策依据的策略。不知道是否是因为没有准确地预期到富国银行面临的抵押贷款危机或是像他自己承认的那样没能理解美国航空所面临的竞争态势，巴菲特后来主要关注自己的这种能力：在基本面的认知上，比其他投资者更胜一筹。为此，他会再次光顾（他在十几年前就成为专家的）相同行业——有时，甚至是相同公司。

这里可以用通用再保险公司的收购做例解。巴菲特在投资它之前，伯克希尔本身就有了规模不小的保险业务，而且已经拥有了像政府雇员保险公司等一些保险公司了。此外，巴菲特还认识通用再保险公司的所有者。这种丰富的经历和资源使得他对这个企业的理解要胜过大多数分析师。即便是面对通用再保险公司的管理层，他的相关知识仍然显得熠熠生辉。就像这个故事所说，当巴菲特首次面见这个管理团队、讨论收购该公司的相关事宜时，他说道："我会完全放手。由你们这些人经营自己的企业。我不会干涉。"但当他随后开始谈论政府雇员保险公司的情况并引用一些数据时，整个团队都惊愕不已！当时的首席承保官泰德·蒙特罗斯惊叹道（只用了几个字）："天啦！这叫完全放手！"⊖ 由此看来，巴菲特总是坚持在他的能力圈里发力，他在这些领域的能力总是令人难忘，而且往往会超出他承认的范畴。

总体来看，虽然巴菲特始终遵循着同样的投资哲学，并继续在他大量的专业知识中添加某些行业的新料，但巨量的资金迫使他不断演进他的投资策略。首先，巴菲特要投的公司不仅要非常大和更加成熟，而且它们还要有理智配置大额资金的表现。巴菲特有些近期投资（像中美能源和北伯灵顿）就是这种新方式的诠释。

就像本书前面所述，中美能源公司在美国和全球范围建设和运营几十座发电厂。相关的基础设施需要数十亿美元来建设和维护。当巴菲特在 1998 年投资这家企业时，中美能源公司的账面上有 42 亿美元的财产厂房和设备，占其该年收入的 166%。由于该企业巨额的资本需求，它的税后收益率虽然相对稳定，但比较一般（通常是在单位数的高位或双位数的低位）。对巴菲特而言，这里的价值显然是他能够有序地部署大量的资金，并获得一个合理的收益率。巴菲特在此所用的独特架构（涉及几种不同的股份类别并使某些收益多少得到了保障），使这种价值被进一步地放大。

类似地，在像北伯灵顿这种铁路企业的案例里，对资金的需求量也是巨大的。由于铺设和维护铁路之故，该公司面临着下述项目的持续资金需求：机车，货运车厢以及院场、车站和调度中心等辅助设施。虽然铁路资金的边际收益率要高于已用总资金收益率，但这仍然是一家几年之内就需要数十亿美元投资的企业。与中美能源公司一样，巴菲特为伯灵顿铁路所付价格的市盈率也在 15 倍以上，与其早期的一些廉价投资相比不可同日而语。相反，就这两个

⊖ Alice Schroeder, *The Snowball: Warren Buffett and the Business of Life* (New York: Bantam, 2008), 673.

企业（伯克希尔很快就持有了它们百分之百股权）来说，这种投资案例的要点是：需要大量的投资，且产生了合理的收益。

　　巴菲特部署巨额资金的进一步证据是，把这些投资构架为具有固定收益特征的优先股或可转换证券。相关的例子有美国航空的投资（本书的案例之一），以及高盛、通用电气、美洲银行和汉堡王（本书都没有涉及）。在后来的那些年份，巴菲特为了布局这些巨额的资金，也乐意接受稍低一点的收益率了。

　　总而言之，我的研究所发现的最令人惊异的是：巴菲特的投资没有仅限于便宜的股票或资金收益率高的企业，也不局限于某个特定的方面（如，增长）或深厚的价值。实际上，巴菲特的投资生涯处在持续的演进之中——究其原因，部分是受市场机会的驱动，部分是由于巴菲特自身的精进，部分则是由于他所管资产的资源属性和局限性。与此同时，有些投资标准则贯穿于其整个投资生涯，诸如诚信和称职的管理团队。其他方面，像持续的增长、公司创造复利的能力或公司对巨额资金的需求，则是随着时间的推移而演化精进的结果。这种演化精进使巴菲特从成功地管理一家私募投资合伙企业，转型到成功运作一家全球最大的投资机构之一！

第 22 章

我们能从巴菲特身上学到什么

在过往的这些年间，巴菲特几乎论述过所有相关的投资话题——或是通过他给股东的信函，或是在访谈或文章里。从这些论述中，你可以总结编辑出一张投资忠告清单，内容从如何看待风险和回报，到如何考虑组合账户的配置问题。由于本书的关注点是聚焦投资分析师在考虑巴菲特所投标的时之所见，所以，我就把我的学习要点和经验总结指向那些有利于成为更好投资者的关键问题。这些经验总结代表了我分析巴菲特 20 个主要投资案例（本书所呈）时的全心解读，包括我发现的一组非常有深度的看法，以及一些非常基础但值得复述的条理——虽然它们对深谙价值投资内涵的投资人并非什么新料。同样地，这份清单本质上（或至少部分）是主观的。所以，我鼓励读者能够根据所呈证据形成自己的观点，总结出更多的投资智慧。

A. 信息的质量

多数以巴菲特为榜样的价值投资者都知道，他相信做基础调研的重要性，而且，一旦做完这种调研，他就会以一种聚焦的方式进行投资。按照巴菲特的说法，投资之路就像是一张只有 20 个孔所用的穿孔卡片，每个孔位都代表着一位投资者一生中的一次投资。不过在此，有两点关键问题并没有被大众充分理解：好的调研对巴菲特意味着什么；相比于投资的多元化，为何巴菲特更钟情聚焦于几个行业。

在我分析巴菲特的上述投资案例时，有一个促使其成功的重要因素，会频频突兀地出现在我的脑海：他所掌握的所投公司的信息质量。以北伯灵顿公司为例。在巴菲特准备投资该公司时，他所掌握的信息（我敢说任何一位尽心尽力的分析师都能获得）质量非常高。在可以公开得到的北伯灵顿年报里，不仅包括了该公司详尽的财务信息，而且还有与铁路业务相关度很大的经营指标。除了其他信息，这里还包括吨英里运输收入、每千吨货运收入以及客户满意度分值。在过往的好几年间，这些指标都持续地出现于该公司的报表之中，所以，如果潜在投资者想真切地了解这家企业的逐年业绩表现，都能找到所需的客观数据。而且，更重要的是，这份年报（由长期担任首席执行官和董事长的马修·罗斯所写）清晰地阐述了该公司业务的主要方面及其关键的驱动要素。例如，他详述了消费品业务构成的 90% 是国内和国际商品运输（它的量取决于国际贸易的货运量）和 10% 的汽车产品分销（它的量取决于地区轿车行业的成功程度）。他继续细述了该企业长期的资本需求，并说明为何这些产品类别通过铁路运输的效率要好于其他的替代方式（主要的卡车运输）。像这样可资利用的可验证的客观数据，足以支持一项健康投资所需的深刻见解。在这个案例里，巴菲特的深刻见解是：在这类铁路企业里，未来的资本密度会随着网络密度的走高而下降，意味着已用资金边际收益率会持续得到改善，而且随着不断提升的铁路运输效率，在未来几十年所有产品的运输份额中，铁路的份额可能会继续提升。

在一次又一次的各种不同的投资案例里，巴菲特揭示的那个亘古不变的内涵是：对处在质疑中的公司，会有很多相关的客观数据，供人们研究判断。就美国运通来说，巴菲特掌握了不少的信息，支持他对下述业务内涵的定见：信用卡和旅行支票具有巨大长期的发展潜力；"色拉油骗局"只会为公司带来地域性和短期性的损害。类似地，就可口可乐来说，有客观的数据使巴菲特确信：国际扩张和不同国家不断增长的消费（每年8盎司的饮用量）会促使该公司业务的持续增长。所以，虽然巴菲特会极力获取相关企业所有方面的信息（这的确不假），但他特别关注的却是有客观扎实数据支撑的关键信息。

实际上，这类信息不总是来自企业的年度报告，还会来自相关行业的数据。美国铁路协会每月会发布美国主要铁路公司详细的经营数据（诸如，运营比率和故障次数等）。这不仅给投资者提供了一家铁路公司逐月和逐年的运营表现如何的指标尺度，而且还能使投资人知道如何把研究的标的企业与其他铁路公司进行比较。类似地，在《布法罗晚报》的案例里，也可以在行业层面获得这份区域报纸的发行量和广告数据。巴菲特倾向于依靠行业信息源，因为这里所得数据的客观性比较高。这些都进一步支持了我们想要印证的投资智慧，即就成功的投资而言，高品质的信息至关重要。若没有高品质的信息支持你的定性见识，那么，最好的选择就是不要投相关的标的。

这种结果可能就是巴菲特所常用的策略：一次又一次地回头光顾某些行业。我的看法是：巴菲特越来越集中于几个精选行业的投资，是因为这能帮助他最大限度地加深理解这些关键信息的内含价值，并能更有效地反复利用这种知识。例如，知道《华盛顿邮报》详细的订阅数量、流失率和经营利润率，无疑会有助于评估《布法罗晚报》的投资项目。总之，看起来，巴菲特反复投资的那些行业（媒体、保险和品牌产品）都是有着丰富客观行业信息的行业。借助于大量的客观信息，巴菲特能够自信地进行那些他集中投资方式的巨额投资。

B. 利润增长的持续性

以巴菲特为榜样的多数投资者，都把自己定义为做"高品质"企业投资的类型——这里高品质代表具有经久不衰品牌的公司（像可口可乐或美国运通）或那种资金收益率高的"复利生成器"类的企业。虽然这两种标准都是巴菲特考虑的部分，但我想强调和我确信的是：这里更加重要的是经营业绩（特别是收入和利润）的可持续性。

为了更好地理解这个问题，让我来做一些相关的解释。多数价值投资者都在寻找具有"护城河"（可持续的竞争优势）的企业。对许多人来说，这意味着花时间去积极寻找网络效应、转移成本、规模效益和其他类似的优势表征。相关的定量内涵应该是当期详尽的利润和收益率分析。这里首选的指标（大致也是巴菲特关注的）应该是考虑了维持费（维持性资本的支出）后的现金利润。价值投资者关注的另一个定量指标是已用有形资金收益率（定义为上述利润除以已用资金总额或某种形式的已用边际资本）。虽然所有这些要素都有一定的相关性并值得仔细推敲，但从巴菲特投资案例分析所闪烁出来的智慧精华是：应该能够对标的公司的未来前景做出可靠的预测——而所有上述的一切都应该居于这个目标之下。

本书所述投资案例所涉的多数公司，都是在巴菲特投资之前的那些年份里，有着极为稳定的收入和利润增长。在这些公司里，许多都在过去的 10 年里有 9 年获得了收入或利润的增长——鉴于能做到这一点的企业寥寥无几，所以，这是一个很了不起的业绩！巴菲特十分看重过往持续的财务表现和良好的数据，并利用这些来理解一家企业持续增长（收入或利润）的定性原因以及这种业绩表现能够持续的基础。例如，他对美国运通的定性认知是：更多的国际旅行意味着对美国运通旅行支票的更大需求。对北伯灵顿公司而言，他的定性见解是：铁路货运将会继续从卡车货运中攫取市场份额，而且由于铁路运输燃油效率更高的内在属性，这种现象还会持续下去。但为何寻找持续优异表现的重要性，要高于寻找竞争优势或复利生成器或当期的利润呢？就此，我就来首先谈谈竞争优势问题。

就我的经验来说，想明白无误地找到竞争优势，是一件不靠谱的事情。有时，你可以清晰地分辨和理解某项实际的竞争优势，但你必须有持续的历史财务表现或某种数据来印证这种优势。否则，一味地寻找竞争优势会误导你去寻找并没有实际意义的护城河。例如，就曾经广为争论的例子黑莓（BlackBerry）来说，它曾经有自己的护城河：订阅模式和它自有的服务器。虽然有些是确有其事，但从财务表现来看，这基本上不管事，因为这家企业的收入在 2011 ~ 2014 年间萎缩了 80% 以上，而且，其利润变成了负值！⊖所以，以数

⊖ 黑莓（正式称谓是动态研究公司，即 RIM）报告的 2011 年收入是 248 亿加元，2014 年的收入则是 46 亿加元。

字和客观数据为依托，寻找相关的扎实证据，是判定一个企业是否具有真正结构优势的一个更靠谱的方式——不能仅仅依赖理论的方法。

当谈到复利生成器和当期利润（许多投资人会花过长的时间极尽能事地进行精确计算）时，我的看法就更加直接明了：确定当期利润很重要，它让投资者大致知晓企业的价值几何；了解企业的资金收益率也一样重要——如果企业资金收益率不能明显高于资金成本，那么，它就无法从事具有复利效益的经营。然而，一家企业的真正价值是其未来利润的某种合计值。一位投资者计算的当期利润值是否为精确的 80 美元或 82 美元或 79 美元，都无伤大雅；企业未来 5 年的利润是 700 美元或 15 美元或 3000 美元，则攸关决策！类似地，虽然较高的资金收益率是创造复利的一个前提条件，但如果一家公司的未来前景不明朗，那么，仅有较高的资金收益率显然不够。例如，具有梦幻般的50% 已用资金收益率，但收入和利润增幅为零的企业，（相比于收益率较低但增幅可观的企业来说）它的那种很高的资金收益率没什么益处，因为它无法把收益再投入到企业，使它获得进一步的发展。

因此，我十分确信的一点是：你与其花 80% 的调研时间去精确地计算企业去年的当期利润几何或精确地计算其资金收益率，还不如花更多时间去寻找利润增长稳定性很好的企业，并找到那些支持为何会如此的高品质数据。千万不要掉入精确而错误的陷阱！

C. 让机会驱动你的投资风格

在当今的投资行业，许多投资者把自己的投资策略定义为一种形式，诸如，"价值型""增长型"或"事件驱动型"。巴菲特超越了这种策略定义；他不仅按照流动资产净值法选择标的，或仅仅投高品质的企业或仅仅投优先股。相反，他是把自己的投资策略与市场状况和个人投资计划有机地进行匹配。

我们可以仔细看看巴菲特是如何做的。在他 1961 年年底的合伙人信函里，巴菲特详述了居于其合伙人投资策略核心的 3 种投资方式。第一种是"一般类型"：这是相比于其内含价值，被巴菲特认为价值已经大幅低估的证券。这包括大多数人们认定的经典价值投资方式：对与资产价值或利润相比，其价格更便宜的公司，只做长期投资。巴菲特说，这种价值低估的现象何时能够得到矫正，不会有明确的时间表，但从长期来看，他预期这类投资总体上是能够升值的。这种投资的可能结果是：投资者就其支付的价格得到很多额外的价值。巴菲特的经验是：这种股票是与市场相关联的，因此，当市场下降时，它的市值也会下跌；在市场上升时，这种股票就会获利。不过，鉴于它们是被低估的，所以，他预期这类股票会有一个较大的**安全边际**：当市场下跌时，这些股票的跌幅会小于市场的跌幅。

第二个要论述的类别是"套利型"。这类公司的特征是：它们的财务收益率取决于公司的下述行为：兼并、清算、重组、拆分等。根据巴菲特的说法，这类投资对市场的依赖性要小得多，而且，他预期的是一个在 10% ～ 20% 的稳定合理的平均收益率。因此，这类投资应该能大幅跑赢一个下跌的市场，但多半无法与一个强劲上升的市场相匹敌。而且，这些投资（不像被低估的那些类型）通常可以在一个可确定的时间内做完（与公司的相关行为基本同步）。

第三种巴菲特所说的投资是这样一种情形：合伙人要么可以直接控制被投公司，要么就是拥有足以对被投公司的运营产生积极影响的股份。虽然这种情形也可能产生于前述两类投资之一，但巴菲特这儿的关注点是对公司施加积极的影响，使它释放被束于下述科目的隐藏价值：资产、运营资金或（在后期投资）经营的改良。他称这类投资为"控股型"。

实际上，他的总体目标是：以组合的方式，运用这 3 种投资类型，以图从长远角度跑赢市场。他说，他的希望是：在一个大幅下跌的市场中，所受损失要比市场小；在一个快速走强的市场中，能够与这个市场同步获益或只是比这种市场表现略差一点。巴菲特指的是要酝酿系列的投资机会，因为最佳的投资类型要依据市场情形而定，投资者必须能够识别市场变迁的迹象并借此进行调整，以便甄别最有希望的机会。⊖虽然他考虑的投资类型比较灵活，但巴菲特始终坚持他的最低资本收益率标准。当不能以合理的价格购买一流的上市公司时，他就会投更多的兼并套利交易；当这些机会穷尽之后，他就会把眼光

⊖　巴菲特论述了这 3 种投资机会的相对丰富性，以及他在不同案例中把这些修改机会变为现实的能力。一个例子是他表述于 1961 年给合伙人的信函（发表日期是 1962 年 1 月 24 日）——在此，他论述了自己能够做更多"控股型"的投资，因为不断增加的可用资金使他能够这样做了。

投向非上市公司。在 1968 年，在他无法找到符合其标准的机会时，他宁可向合伙人返还资金，也不愿意降低他的投资标准。如果巴菲特的投资要求是对低估值项目要有 50% 的**安全边际**（相对于其内含价值），那么，在找到满足这种条件的机会之前，他一分钱也不会动。如果某个项目意味着，他对管理团队合理配置资金的能力，必须要有绝对的信任感，那么，他就绝对不会对此让步！

这里所总结的经验是：投资者不应该逆市场强推某种投资风格；相反，他们应该构建适于不同市场环境的不同投资风格的专业知识。在机会出现的时候，能够及时抓住机会；同时，在看不到机会的时候，不要降低投资标准而为之。

D. 一切都取决于管理层

虽然经过了这么多年的变迁，但巴菲特投资方式有一点是一如既往：对优秀管理层高度关注。其他著名的价值投资者（沃尔特·斯科罗丝和本杰明·格雷厄姆）通常不太在意评估管理层，但巴菲特会花大量的时间去理解和评估标的公司的管理层。在许多案例中，如国民保险公司的杰克·瑞沃茨、大都会广播公司的汤姆·墨菲甚至是所罗门兄弟的约翰·古弗兰（这里仅提几个），巴菲特在做出自己的投资决策之前，已经认识他们好多年了。而且，当他收购了一家公司后，如果需要的话，他还会拿出相当的时间来监督和支持管理层。巴菲特对这个方面的重视程度远远超出了我认为的一般范式，即便是在把管理层评估作为投资流程一部分的投资者当中，也是如此。

在评估管理层的过程中，巴菲特有一个很明确的标准：一次成功的企业经营经历。以国民保险公司的杰克·瑞沃茨为例。在 1940 年，瑞沃茨和自己的兄弟阿瑟共同创建了这家企业，而且，还是从零开始的。及至 1967 年，当巴菲特投资时，他经过了 25 年的时间，一直成功地经营着这家公司，掌控着风险和增长前景之间的平衡。相同的成功经历显见于巴菲特所投的那些较大上市公司的管理层：美国运通首席执行官霍华德·克拉克和可口可乐的首席执行官郭思达，都是至少已经为公司工作了好多年的成熟经理人。这些经理人的另一个类似之处是：由他们撰写的详尽而诚实的年度报告，都闪烁着对自己企业的非凡洞见。没有看到经理人过往的成功经历而投一家公司，这对巴菲特是不可思议的例外。一个著名的例子就是对《华盛顿邮报》的投资——当弗里茨·毕比意外去世之后，由凯瑟琳·格雷厄姆接管了这家企业。即便是在这个案例里，巴菲特还是逐渐熟知了掌管着业务运营的三个部门的经理——主管报纸的约翰·普雷斯科特、主管《新闻周刊》的欧斯本·伊利奥特和主管广播的拉瑞·伊斯雷尔。随后，他还对格雷厄姆进行了大量的相关辅导。

巴菲特似乎特别看重老板型的经理人——这种首席执行官要么是企业的老板，要么是全身心地经营企业的经理人。在这个问题上，有些案例表现得非常清楚：国民保险公司的杰克·瑞沃茨和内布拉斯加家具商场的罗斯·布鲁金，都是自己创建企业的老板型经理人。凯瑟琳·格雷厄姆也是，因为她是《华盛顿邮报》创始人的女儿。在其他几个案例里，相关经理人也是某种程度的老板型经理人：要么是通过直接的利润分享协议所激励鼓舞的，要么是基于与巴菲特的个人关系或与其企业的关系，由巴菲特亲手挑选的。这类经理人包括登普斯特的哈利·巴特勒、伯克希尔－哈撒韦的肯·切斯、《布法罗晚报》的斯坦·利普西以及中美能源的沃尔特·斯科特和大卫·索科尔。即便是在大公司明显有职业经理人的情况下，巴菲特所投企业的这些管理者不仅在其公司工作的时间很长，而且晋升通道清晰明了。大都会广播公司的汤姆·墨菲、富国银行的卡尔·莱卡特、通用再保险公司的罗纳尔多·弗格森和北伯灵顿公司的马修·罗斯，这些人在他们各自公司的工作经历都超过了 10 年，有的甚至超过了 25 年。巴菲特之所以青睐老板型的经理人，是因为作为企业的长期所有者，他们与巴菲特有着相同的利益诉求。

对于经理人，巴菲特还有几个其他的要求标准。他认为一个经理人应该具有绝对的诚信，否则，他们通过自以为是的方式对投资者造成的伤害，要远比他们愚笨之时来得重。他还看重有能力合理配置资金的经理人，虽然他也乐意教经理人他所信奉的慎重运用资金的方法，但从不一开始就坚持他们应该掌握这种方法。显然，巴菲特把好的管理层作为一流投资最重要的标准之一（或是最重要的标准）。他会花费大量的时间去熟悉、评估和指导这类经理人，寻找已被证实有成功经历且对他们领导的企业热爱至深的诚实的经理人。

最后的深思

解密巴菲特并非易事。然而,研究巴菲特的行为和策略所得的经验,能给我们带来非凡的洞见。在本书中,我一直设法采用一种特定的方式,探究沃伦·巴菲特投资生涯不同时期关键投资项目的细节。我关注的焦点主要是巴菲特在接触单个投资项目时所扮演的角色,并以第三方的视角来理解,在每种情形下他或任何投资者的所见。在这种语境之下,我还试图展示巴菲特作为一个投资者的长期演变过程。我的希望是:读者既可以从相关投资案例研究的具体证据中学到东西,同时,也能把巴菲特的投资方式演化过程与自己独特的投资经历联系起来。

通常,投资者频繁询问的一个问题是:在多大程度上,一个个体投资者能够复制沃伦·巴菲特的投资。在审视过这 20 个投资案例(我认为都是他投资生涯最重要的案例)后,我确信,实际上,有些可能适于私人投资者。即便是那些不适应多数投资者的私募股权投资,也仍然是我们可以从中学到很多经验的案例,而且有时还适用于同类上市公司的投资机会。最后,就我从全书案例所能看到的主要局限是:巴菲特每年平均仅能发现几个好的投资机会,而且这还是基于他全职投资工作的结果。但如果你愿意花大量的时间并有耐心,我确信你可以运用许多巴菲特的投资经验,改善自己的投资业绩。

附录 A

巴菲特有限合伙企业的业绩表现
（1957 ～ 1968 年）

年份	道琼斯指数的整体业绩（1）	合伙制企业的业绩（2）	有限合伙人业绩（3）
1957	−8.4%	10.4%	9.3%
1958	38.5%	40.9%	32.2%
1959	20.0%	25.9%	20.9%
1960	−6.2%	22.8%	18.6%
1961	22.4%	45.9%	35.9%
1962	−7.6%	13.9%	11.9%
1963	20.6%	38.7%	30.5%
1964	18.7%	27.8%	22.3%
1965	14.2%	47.2%	36.9%
1966	−15.6%	20.4%	16.8%
1967	19.0%	35.9%	28.4%
1968	7.7%	58.8%	45.6%
年度复合收益率	9.1%	31.6%	25.3%

注：1. 基于道琼斯指数的年度变化，加上该年度持有道琼斯指数所得的股息。该表包含了所有年份的合伙制企业的行为。

2. 1957 ～ 1961 年业绩包含了所有创始合伙人整年度经营的综合业绩（扣除了所有支出但尚未给合伙人分红或给普通合伙人的收益佣金）。

3. 1957 ～ 1961 年业绩计算的基础是前一栏的业绩扣除了应付普通合伙人的收益佣金（依据当期的合伙制协议），但在有限合伙人每月提款前。

资料来源：Buffett Partnership letter dated January 22, 1969.

附录 B

伯克希尔 – 哈撒韦公司的业绩表现（1965 ～ 2014 年）

年度百分比变化			
年份	伯克希尔每股面值	伯克希尔每股市值	标普 500（含股息）
1965	23.8	49.5	10.0
1966	20.3	−3.4	−11.7
1967	11.0	13.3	30.9
1968	19.0	77.8	11.0
1969	16.2	19.4	−8.4
1970	12.0	−4.6	3.9
1971	16.4	80.5	14.6
1972	21.7	8.1	18.9
1973	4.7	−2.5	−14.8
1974	5.5	−48.7	−26.4
1975	21.9	2.5	37.2
1976	59.3	129.3	23.6
1977	31.9	46.8	−7.4
1978	24.0	14.5	6.4
1979	35.7	102.5	18.2
1980	19.3	32.8	32.3
1981	31.4	31.8	−5.0
1982	40.0	38.4	21.4
1983	32.3	69.0	22.4
1984	13.6	−2.7	6.1
1985	48.2	93.7	31.6
1986	26.1	14.2	18.6
1987	19.5	4.6	5.1

（续）

年份	伯克希尔每股面值	伯克希尔每股市值	标普 500（含股息）
1988	20.1	59.3	16.6
1989	44.4	84.6	31.7
1990	7.4	−23.1	−3.1
1991	39.6	35.6	30.5
1992	20.3	29.8	7.6
1993	14.3	38.9	10.1
1994	13.9	25.0	1.3
1995	43.1	57.4	37.6
1996	31.8	6.2	23.0
1997	34.1	34.9	33.4
1998	48.3	52.2	28.6
1999	0.5	−19.9	21.0
2000	6.5	26.6	−9.1
2001	−6.2	6.5	−11.9
2002	10.0	−3.8	−22.1
2003	21.0	15.8	28.7
2004	10.5	4.3	10.9
2005	6.4	0.8	4.9
2006	18.4	24.1	15.8
2007	11.0	28.7	5.5
2008	−9.6	−31.8	−37.0
2009	19.8	2.7	26.5
2010	13.0	21.4	15.1
2011	4.6	−4.7	2.1
2012	14.4	16.8	16.0
2013	18.2	32.7	32.4
2014	8.3	27.0	13.7
年度复合收益率（1965 ~ 2014 年）	19.4%	21.6%	9.9%
总收益率（1964 ~ 2014 年）	751 113%	1 826 163%	11 196%

注：数据均按照日历年计，有两个例外：1965 和 1966 年——它们的年度截止日都是 9 月 30 日；
　　1967 年是 15 个月，截止日是 12 月 31 日。从 1979 年开始，会计准则要求保险公司按市场价值
　　计算它们持有的权益类证券，而不是按照成本和市场价值孰低计算（原会计准则要求）。在这
　　份表格里，伯克希尔 1978 年前的业绩根据变化的准则，已经做了追溯调整。除此之外，所有
　　的业绩计算都是采用最初报表的数字。标普 500 的数字都是税前的，而伯克希尔的数字是税
　　后的。如果像伯克希尔这样的公司完全拥有标普 500 指数的业绩，并应计相应的税款的话，那
　　么，在标普 500 收益为正的年份，其业绩会落后于标普 500；在标普 500 指数为负的年份，其
　　收益会超过标普 500 指数。这么多年下来，税收负担将导致它的总体收益显著落后。

资料来源：Berkshire Hathaway, *2014 Annual Report*, 2, reprinted.

参 考 文 献

Altucher, James. *Trade Like Warren Buffett*. Hoboken, NJ: Wiley, 2005.

Buek, Michael. "Why Index Funds Beat Active Strategies." http://www.bankrate.com /finance/ financial-literacy/why-index-funds-beat-active-strategies-1.aspx.

Buffett, Warren. Warren Buffett to Shareholders, 1997-2015. Berkshire Hathaway Inc., http://www.berkshirehathaway.com/letters/letters.html.

Graham, Benjamin. *The Intelligent Investor*. New York: HarperCollins, 2006.

Greenwald, Bruce C.N., Judd Kahn, Paul D. Sonkin, and Michael van Biema. *Value Investing: From Graham to Buffett and Beyond*. Hoboken, NJ: Wiley, 2001.

Kilpatrick, Andrew. *Of Permanent Value: The Story of Warren Buffett*. Mountain Brook, AL: AKPE, 2006.

Lowenstein, Roger. *Buffett: The Making of an American Capitalist*. New York: Random House, 2008.

Schroeder, Alice. *The Snowball: Warren Buffett and the Business of Life*. New York: Bantam, 2008.

资本的游戏

书号	书名	定价	作者
978-7-111-62403-5	货币变局：洞悉国际强势货币交替	69.00	（美）巴里.艾肯格林
978-7-111-39155-5	这次不一样：八百年金融危机史（珍藏版）	59.90	（美）卡门M.莱茵哈特 肯尼斯S.罗格夫
978-7-111-62630-5	布雷顿森林货币战：美元如何统治世界（典藏版）	69.00	（美）本·斯泰尔
978-7-111-51779-5	金融危机简史：2000年来的投机、狂热与崩溃	49.00	（英）鲍勃·斯瓦卢普
978-7-111-53472-3	货币政治：汇率政策的政治经济学	49.00	（美）杰弗里 A. 弗里登
978-7-111-52984-2	货币放水的尽头：还有什么能拯救停滞的经济	39.00	（英）简世勋
978-7-111-57923-6	欧元危机:共同货币阴影下的欧洲	59.00	（美）约瑟夫 E.斯蒂格利茨
978-7-111-47393-0	巴塞尔之塔:揭秘国际清算银行主导的世界	69.00	（美）亚当·拉伯
978-7-111-53101-2	货币围城	59.00	（美）约翰·莫尔丁 乔纳森·泰珀
978-7-111-49837-7	日美金融战的真相	45.00	（日）久保田勇夫

CFA协会投资系列
CFA协会机构投资系列

机械工业出版社陆续推出了《CFA协会投资系列》（共9本）《CFA协会机构投资系列》（共4本）两套丛书。这两套丛书互为补充，为读者提供了完整而权威的CFA知识体系（Candidate Body of Knowledge，简称CBOK），内容涵盖定量分析方法、宏微观经济学、财务报表分析方法、公司金融、估值与投资理论和方法、固定收益证券及其管理、投资组合管理、风险管理、投资组合绩效测评、财富管理等，同时覆盖CFA考试三个级别的内容，按照知识领域进行全面系统的介绍，是所有准备参加CFA考试的考生，所有金融专业院校师生的必读书。

序号	丛书名	中文书号	中文书名	原作者	译者	定价
1	CFA协会投资系列	978-7-111-45367-3	公司金融：实用方法	Michelle R. Clayman, Martin S. Fridson, George H. Troughton	汤震宇 等	99
2	CFA协会投资系列	978-7-111-38805-0	股权资产估值（原书第2版）	Jeffrey K.Pinto, Elaine Henry, Jerald E. Pinto, Thomas R. Robinson, John D. Stowe, Abby Cohen	刘醒云 等	99
3	CFA协会投资系列	978-7-111-38802-9	定量投资分析（原书第2版）	Jerald E. Pinto, Richard A. DeFusco, Dennis W. McLeavey, David E. Runkle	劳兰珺 等	99
4	CFA协会投资系列	978-7-111-38719-0	投资组合管理：动态过程（原书第3版）	John L. Maginn, Donald L. Tuttle, Dennis W. McLeavey, Jerald E. Pinto	李翔 等	149
5	CFA协会投资系列	978-7-111-50852-6	固定收益证券分析（原书第2版）	Frank J. Fabozzi	汤震宇 等	99
6	CFA协会投资系列	978-7-111-46112-8	国际财务报表分析	Thomas R. Robinson, Elaine Henry, Wendy L. Pirie, Michael A. Broihahn	汤震宇 等	149
7	CFA协会投资系列	978-7-111-50407-8	投资决策经济学：微观、宏观与国际经济学	Christopher D. Piros	韩复龄 等	99
8	CFA协会投资系列	978-7-111-46447-1	投资学：投资组合理论和证券分析	Michael G. McMillan	王晋忠 等	99
9	CFA协会投资系列	978-7-111-47542-2	新财富管理：理财顾问客户资产管理指南	Roger C. Gibson	翟立宏 等	99
10	CFA协会机构投资系列	978-7-111-43668-3	投资绩效测评：评估和结果呈报	Todd Jankowski, Watts S. Humphrey, James W. Over	潘席龙 等	99
11	CFA协会机构投资系列	978-7-111-55694-7	风险管理：变化的金融世界的基础	Austan Goolsbee, Steven Levitt, Chad Syverson	郑磊 等	149
12	CFA协会机构投资系列	978-7-111-47928-4	估值技术：现金流贴现、收益质量、增加值衡量和实物期权	David T. Larrabee	王晋忠 等	99
13	CFA协会机构投资系列	978-7-111-49954-1	私人财富管理：财富管理实践	Stephen M. Horan	翟立宏 等	99